Vom Kino lernen
Internationale Perspektiven der Filmvermittlung

D1663281

Bettina Henzler / Winfried Pauleit /
Christine Rüffert / Karl-Heinz Schmid /
Alfred Tews (Hg.)

Vom Kino lernen

Internationale Perspektiven der Filmvermittlung

BERTZ + FISCHER

Bibliografische Information der Deutschen Nationalbibliothek
Die Deutsche Nationalbibliothek verzeichnet diese Publikation in der
Deutschen Nationalbibliografie; detaillierte bibliografische Daten
sind im Internet über <http://dnb.d-nb.de> abrufbar.

**Gefördert mit Mitteln der nordmedia Fonds GmbH
in Niedersachsen und Bremen, der Universität Bremen,
des Kino 46 / Kommunalkino Bremen e.V., des Instituto
Cervantes Bremen und des Institut Français de Brême**

Redaktion / Lektorat deutsche Fassung:
Bettina Henzler, Viktor Kittlausz

Redaktion / Lektorat englische Fassung:
Mark Belcher, Christine Rüffert, Nancy Schrauf, Queralt Vila

Übersetzungen ins Englische:
Brian Currid, Helen Ferguson, Renée von Paschen, Alison Plath-Moseley

Übersetzungen ins Deutsche:
Johannes Beringer, Andrea Kirchhartz, Vera Toro, Wilhelm Werthern

Redaktionelle Mitarbeit:
Marco Heiter, Barbara Heitkämper, Juli Mettler, Matthias Weiß, Hanna Wolf

Filmausschnitte und Intro E-Book:
Dennis Heinrichs

Realisierung E-Book, Endredaktion deutsche Fassung und Satz:
Maurice Lahde

Ein herzliches Dankeschön des Verlages an:
Cordula Döhrer, Petter Latta (Deutsche Kinemathek – Museum für Film und Fernsehen)

Fotonachweis:
archive.org (48), Autor/innen (19, 20, 22, 84-86), Fred Benenson (23), Filmmuseum Berlin (12),
Richard Kozarski (21), Maya Stendahl Gallery (122), Österreichisches Filmmuseum (50, 51, 53, 55,
56, 123-125, 127-129, 134), Stroemfeld Verlag (15), David Toccafondi (25)
Alle anderen Fotos: DVD-/Video-Prints.

Inhalt

Vorwort   7
Filmvermittlung, eine Bestandsaufnahme
Von Bettina Henzler und Winfried Pauleit

Zur Geschichte der Filmvermittung

Dritter Bildungsweg: Ausgang Kino   11
Von Heide Schlüpmann

Negotiating Pirate Waters   18
Hollywood und die Universität
Von Peter Decherney

Film als bildendes Medium

Diesseits der Leinwand   29
Differenzerfahrung als
Persönlichkeitsbildung im Kino
Von Winfried Pauleit

Andante con moto quasi allegretto   39
Musikalische (Um)Erziehung im Kino
Von Marc Ries

Filmvermittlung als »Geschichtslabor«   47
Über die Arbeit mit Filmdokumenten im Filmmuseum
Von Michael Loebenstein

Die DVD als Instrument einer aktiven   58
Pädagogik und Filmforschung
Von Alain Bergala

ich du er sie es   66
Intersubjektivität in der Filmvermittlung
Von Bettina Henzler

Vermittlungsarbeit mit Kindern und Jugendlichen

Stop »Using« Film!   78
Wie man *Literacy* für Medien mit bewegten Bildern vermittelt
Von Cary Bazalgette

Wie die Cinémathèque française   89
Kinder in die Filmkunst einführt
Von Nathalie Bourgeois

Zum pädagogischen Potenzial kreativer Filmarbeit   101
Das spanische Schulfilmprojekt *Cinema en curs*
Von Núria Aidelman und Laia Colell

Die KurzFilmSchule   110
Ein Projekt künstlerischer Filmvermittlung
an Hamburger Schulen
Von Nina Rippel und Manuel Zahn

Im Kino   121
Filmvermittlung für Schulen im Österreichischen Filmmuseum
Von Dominik Tschütscher

Filmvermittelnde Filme und kuratorische Praxis

»Writing a Text that Will Be Read with the Body«   126
Kuratieren als somatischer Akt
Von Christine Rüffert

Filmvermittlung im Medium Film   137
Zum Beispiel M – EINE STADT SUCHT EINEN MÖRDER
Von Stefan Pethke und Stefanie Schlüter

Berliner Schule   149
Zur Lehrkraft des Kinos in PLÄTZE IN STÄDTEN
und DIE INNERE SICHERHEIT
Von Wenke Wegner

Über die Autorinnen und Autoren   160
Index   162

Vorwort
Filmvermittlung, eine Bestandsaufnahme

Die Idee der Filmvermittlung ist so alt wie der Film selbst. Seit Anfang der Filmgeschichte wird er als Instrument der Bildung eingesetzt. Dies gilt insbesondere für den wissenschaftlichen Film und den Lehrfilm, die ausgehend von den Bewegungsanalysen Étienne-Jules Mareys wissenschaftliche Experimente aufzeichnen und ihre Ergebnisse veranschaulichen. Film ist hierbei ein exaktes Medium der Aufzeichnung von raum-zeitlichen Ereignissen. Daran anschließend wird seit den 1910er Jahren der Film als Instrument auch im Kontext der ästhetischen Erziehung eingesetzt, um Kunst und kulturelle Phänomene zu vermitteln.

Hieraus entsteht das Genre des Kulturfilms. Aber auch die Wochenschau und die Propagandafilme: Im faschistischen Deutschland wurde der »Unterrichtsfilm« per Dekret in die Schulen gebracht. Außerdem wurden seit 1934 in Konkurrenz zum Kirchgang sonntägliche Jugendfilmstunden eingeführt. Nach dem Zweiten Weltkrieg wird Film von den Alliierten zur Umerziehung eingesetzt. Es entstehen die Re-Education-Filme.

Jenseits dieser instrumentellen Formen der Filmvermittlung gestaltet sich das Kino als Ort des massenkulturellen Vergnügens zunächst im Kontext des Jahrmarkts – später auch in eigenen Lichtspielhäusern. Aber dieses Kino der Massenkultur hat keinen Vermittlungsauftrag. Man zahlt dort für ein Vergnügen. Gleichwohl ist das Kino in den ersten Jahrzehnten des 20. Jahrhunderts Ausdruck einer neuen Ökonomie und Gesellschaft, deren Individuen im Vergnügen nach Ablenkung, aber auch nach Reflexion und Projektion von sich und der Welt verlangen. In dieser Hinsicht wirkt das Kino seit seinen Anfängen persönlichkeitsbildend. Die Kopplung von Schaulust und biografischer Formation ist bis heute ein treibendes Moment von Film und Kino.

Siegfried Kracauer hat diesem Verhältnis in seinem Essay *Die Photographie* von 1927 einen emblematischen Ausdruck verliehen, in dem er die Fotografie der Großmutter mit der der Filmdiva vergleicht. Großmutter und Filmdiva erscheinen darin als zwei Figuren, an denen sich das Ich ebenso herausbildet wie das Wir. Als Verkörperungen eines Gegenübers und als Teil eines kollektiven Gedächtnisses spielen demnach beide in der Persönlichkeitsbildung eine bedeutende Rolle.

Zwischen der instrumentellen Filmbildung und dem kommerziellen Film als Massenvergnügen haben sich im Laufe der Geschichte auch andere Ansätze herausgebildet: In den 1920er Jahren etabliert beispielsweise die Filmavantgarde den Film als Kunst jenseits kommerzieller Verwertung und lotet damit seine ästhetischen Potenziale aus. Und umgekehrt entdeckt die Kunstavantgarde den Film als Ausdrucksmittel. Später folgt der Autorenfilm und die zweite Filmavantgarde der 1970er Jahre. Film als Kunst wird anschlussfähig an die institutionelle Kunstvermittlung. So wird Film bereits in den 1920er Jahren ins Curriculum des Bauhaus integriert. Gleichzeitig finden erste, Disziplinen übergreifende Ausstellungen statt, beispielsweise *Film und Foto* (Stuttgart 1929, ebenfalls im Bauhaus-Kontext). In den 1930er Jahren werden von begeisterten Zuschauern die ersten Kinematheken gegründet, die den Film als Kulturgut sammeln, um ihn damit jenseits kapitalistischer Verwertung erneut zugänglich zu machen. Dieses *cinephile* oder cineastische Anliegen treibt auch die Kinoklub-Bewegung der 1950er Jahre an. Die Gründung kommunaler Kinos in den 1970er Jahren (zumal in Deutschland) erweitert es um explizit politische Fragen.

Als Institutionen, deren Aufgabe das Sammeln, Restaurieren, Erforschen und Vermitteln von Filmen ist, haben Kinematheken, Filmmuseen und Kommunalkinos eigene Ansätze der Vermittlung des Films und des filmkulturellen Erbes entwickelt, die neben der pädagogischen Arbeit auch Aspekte des Programmierens und Kuratierens umfassen. Die Universitäten – an denen seit den 1970er Jahren auch Film gelehrt wird – haben ihrerseits im Schnittfeld zwischen Filmforschung, Lehre und Lehrerausbildung andere, meist eher implizite Ansätze der Vermittlung entwickelt. So entstanden in den letzten

Jahren Studiengänge, in denen Filmvermittlung eine zentrale Rolle spielt, beispielsweise *Didactiques de l'image* an der Université Paris III oder der Masterstudiengang Kunst- und Kulturvermittlung an der Universität Bremen. Schließlich sollte auch die Filmvermittlungsarbeit der Institution Fernsehen nicht unerwähnt bleiben: Vor allem in der Nachkriegszeit entstanden im Auftrag des Fernsehens zahlreiche filmvermittelnde Filme zu Geschichte, Persönlichkeiten und Ästhetik des Kinofilms.

Gegenüber diesen Formen institutioneller, außerschulischer Filmvermittlung sah sich die Schule im Konflikt zwischen einer Nutzung des Films als Mittel schulischer Bildung (Mediendidaktik) und seiner Ablehnung als Medium der Massenunterhaltung (Bewahrpädagogik, kritische Medienpädagogik). Dieser Konflikt verstellte lange Zeit den Zugang zu einer ästhetischen Filmvermittlung, wie sie von den Filminstitutionen schon seit den 1930er Jahren entwickelt wurde.

Heute stellt sich die Situation anders dar: In ganz Europa unternimmt man Anstrengungen, Film und Kino als schützenswertes Kulturgut nicht nur zu musealisieren, sondern auch in die schulischen Lehrpläne aufzunehmen. In Deutschland wird dies von zahlreichen Initiativen vorangebracht. In der gegenwärtigen Situation ist dabei neu und bemerkenswert, dass sich neben Pädagogen und Wissenschaftlern auch die gesamte Filmbranche für dieses Unternehmen einsetzt – mit den positiven Effekten einer Breitenwirkung ebenso wie der problematischen Seite einer zunehmenden Kommerzialisierung der Filmvermittlung. Es wird allmählich erkannt, dass gerade dem Film eine Schlüsselfunktion im Zuge der Medialisierung und Digitalisierung der Gesellschaft zukommt.

Internationale Perspektiven der Filmvermittlung

Ausgangspunkt für dieses Buch war der Wunsch, die in den unterschiedlichen Institutionen entwickelten Formen der Filmvermittlung vorzustellen und miteinander ins Gespräch zu bringen. Dabei lag der Fokus vor allem auf der außerschulischen Filmvermittlung, die im Laufe der Geschichte vielfältige Ansätze und Vermittlungspraktiken hervorgebracht hat. Filmvermittlung ist im Brennpunkt bzw. Schnittfeld von Universität, Hochschule, Schule, Vermittlungsprojekten, Filmmuseum, Kino, Fernsehen angesiedelt; Institutionen und Arbeitszusammenhänge mit sehr unterschiedlichen Schwerpunkten und Zielsetzungen.

Umso wichtiger erschien es uns für die Weiterentwicklung der Filmvermittlung, einen internationalen Austausch der unterschiedlichen Praxis- und Diskursfelder zu initiieren. Dabei waren drei Fragestellungen zentral: die Frage nach der Persönlichkeitsbildung durch Kino und nach einem kinospezifischen Denken, die Frage nach geeigneten Methoden der Filmvermittlung sowie die Reflexion der institutionellen Rahmenbedingungen. Unser Anliegen war es, sehr unterschiedliche Reflexionsformen und Praxiserfahrungen miteinander in Beziehung zu setzen: Von einer detaillierten Beschreibung der konkreten Vermittlungsarbeit mit Kindern und Jugendlichen bis hin zur theoretischen Reflexion der Filmvermittlung, von der kuratorischen Praxis im Kino, im Museum oder auf Vermittlungs-DVDs, bis hin zu Fragen des Copyrights bei Filmsichtungen an Universitäten.

Der Einstieg (*Zur Geschichte der Filmvermittlung*) erfolgt schlaglichtartig über zwei historische Perspektiven auf die Filmvermittlung: Heide Schlüpmann skizziert die Entwicklung der Filmvermittlung in Europa und schildert dabei das Kino als eine »Bildungsinstitution«. Peter Decherny stellt dagegen die Beziehungen zwischen Hollywood und den Universitäten in den USA als eine Hassliebe dar, wobei insbesondere die auch heute im Kontext der schulischen und universitären Filmvermittlung noch brisante Frage des unterstellten Copyright-Missbrauchs im Zentrum steht.

Die von Heide Schlüpmann bereits aufgeworfene Frage nach der Bildungsfunktion von Film und Kino ist zentral für den theoretischen Teil unseres Buches: *Film als bildendes Medium*. Winfried Pauleit und Marc Ries reflektieren in ihren Texten das Spezifische der Kino-Erfahrung in Hinblick auf die Persönlichkeitsbildung: Pauleit geht dabei von dem Konzept des Kinos als eines hybriden Mediums aus, das dem Zuschauer eine »Differenzerfahrung« ermöglicht, während Ries die oft vernachlässigten Aspekte von Ton und Musik in den Fokus nimmt und das Kino als einen Ort der musikalischen Erziehung beschreibt. Michael Loebenstein und Alain Bergala konzentrieren sich dagegen in ihren Beiträgen auf das filmische Material: Inwiefern können Filme als zeithistorische Dokumente Geschichte(n) erzählen und gerade im Vermittlungskontext des Filmmuseums zur Formierung von (kritischer) Öffentlichkeit beitragen? Loebenstein erläutert dies anhand seiner Untersuchungen zu »ephemeren Filmen«. Inwiefern können Filmausschnitte Ausgangspunkt für eine Analyse und Reflexion des Kinos sein, die nicht primär von theoretischen Konzepten ausgeht? Bergala erörtert diese Frage, indem er anschaulich die Konzeption seiner DVD *Le point de vue* zur Perspektive im Kino vorstellt. Ähnlich wie in einem kunsthistorischen Seminar wird mit der DVD dabei ein vergleichendes Sehen von bewegten Bildern ermöglicht. Bettina Henzler widmet sich schließlich der konkreten Vermittlungssituation: Anhand von Roland Barthes' Rezeptionsästhetik und der Film-Konzeption französischer Cinephiler entwirft sie eine intersubjektive Filmvermittlung, die von der individuellen Seherfahrung und der emotionalen Berührung durch ein Kunstwerk ausgeht.

Diese theoretisch reflektierte Vermittlungssituation wird in dem folgenden praxisorientierten Teil konkret beschrieben: Vertreter von Filmmuseen und freien Projekten stellen darin ihre *Vermittlungsarbeit mit Kindern und Jugendlichen* vor, wobei die methodische Umsetzung im Mittelpunkt steht. Dabei wurden vor allem in den verschiedenen Filmmuseen unterschiedliche Ansätze entwickelt. Cary Balzagette, Initiatorin der pädagogischen Arbeit des British Film Institute, geht von dem Konzept der *Literacy* aus und situiert Filmvermittlung damit im Kontext einer umfassenderen Strategie zur Förderung von »Lesekompetenz«. Sie stellt Unterrichtsmaterialien und aktuelle Kurzfilmprogramme vor, die sie für kleine Kinder entwickelt hat. Nicht als Text, sondern als Kunstwerk begreift Nathalie Bourgeois von der Cinemathèque française den Film. Sie hat eine Reihe von Projekten, Workshops und Materialien konzipiert, die es Kindern und Jugendlichen ermöglichen, in Beziehung zum kulturellen Filmerbe zu treten. In ihrem Beitrag geht sie ausführlich auf die Konzeption und Durchführung eines Workshops ein, der über die Untersuchung von Größenverhältnissen (klein/groß) in ausgewählten Filmausschnitten eine grundlegende Einführung in die Kinokultur ermöglicht. Dominik Tschütscher vom Österreichischen Filmmuseum wiederum fokussiert den Film als Tonkunst: Er stellt ein Modul vor, mit dem Schüler/innen von THE AVIATOR bis zu den Filmen von Georges Méliès (Blockbuster bis Stummfilm) die Wirkung und Geschichte des Tons im Kino vermittelt wird. Zwei Texte widmen sich der praktischen Filmarbeit mit Kindern: Núria Aidelman und Laia Colell reflektieren anhand des spanischen Schulkinoprojektes *Cinema en curs* das Potenzial der kreativen Filmarbeit. Und Manuel Zahn und Nina Rippel stellen ein Konzept der künstlerischen Filmvermittlung der KurzFilmSchule Hamburg vor und setzen sich insbesondere mit der Rolle des Künstlers als Vermittler an Schulen auseinander.

Im abschließenden Teil *Filmvermittelnde Filme und kuratorische Praxis im Kino* rückt die Filmvermittlung durch Filme in den Blickpunkt. Dabei werden bereits früher angesprochene Aspekte fortgeführt: So wird die Frage nach der Auswahl von Filmen, die jeder schulischen wie nichtschulischen Vermittlungsarbeit zugrunde liegt, von Christine Rüffert in Bezug auf das Kuratieren von Experimentalfilmprogrammen gestellt. Sie schlägt damit einen Bogen zwischen der Filmvermittlungsarbeit im Kino (als Projektionsort) und dem Museum (als Ausstellungsraum). Die von Bergala mit seinem DVD-Projekt reflektierte Analyse von Filmen mit dem Material Film wird von Stefan Pethke und Stefanie Schlüter in Bezug auf das Medium des filmvermittelnden Films fortgesetzt: Sie diskutieren verschiedene Formate und Verfahren anhand von filmvermittelnden Filmen zu Fritz Langs M – EINE STADT SUCHT EINEN MÖRDER und befragen sie auf implizite Vermittlungsmethoden, die auch für die pädagogische Filmvermittlung nutzbar sind. Wenke Wegner schließlich analysiert Filmvermittlung als Motiv in zwei Spielfilmen der Berliner Schule. In DIE INNERE SICHERHEIT und PLÄTZE IN STÄDTEN werden nicht nur Filme vermittelt, sondern die schulische Filmvermittlung selbst in den Blick genommen.

Bei aller Vielfalt der vorgestellten Ansätze, Methoden und Projekte zeichnen sich zwei rote Fäden ab, die immer wieder aufgegriffen werden. Zum einen wird die Individualität oder Subjektivität als zentrales Moment der Filmvermittlung nicht nur in den Texten zur Persönlichkeitsbildung von Pauleit und Schlüpmann thematisiert. Das von Henzler postulierte Prinzip der Intersubjektivität im Vermittlungsprozess konkretisiert sich in Bourgeois' Beschreibung der Vermittlungssituation als eines Spiels zwischen (scheinbar) gleichberechtigten Teilnehmern wie auch in Rippels und Zahns Reflexion des Vermittlungsprozesses als eines künstlerischen Akts: Der Künstler wird zum Vermittler, und die Vermittlung wird zu einer kreativen Aufgabe. Christine Rüffert und Wenke Wegner beziehen sich beide auf Bergalas Figur des *passeurs* – des Vermittlers also, der die eigene Persönlichkeit, ja den eigenen Körper einsetzt – um die Rolle des Kurators bzw. Lehrers zu reflektieren.

Zum anderen kehrt die Vorstellung von einem »Kinodenken«, das heißt einem spezifischen Denken, das (nur) durch das bewegte und montierte Bild hervorgebracht wird, immer wieder: in Pauleits Konzeption des Films als eines hybriden Gebildes ebenso wie in Bergalas Reflexion der Perspektive im Kino durch die Montage von Filmausschnitten; in den von Pethke und Schlüter vorgestellten Filmanalysen im Medium Film wie in Bazalgettes Konzept einer umfassenden *Literacy* (Lesekompetenz), die auch die Sprache der filmischen Bilder einschließt.

Film als Text, als Kunst, als Musik, als Dokument – der Vielfalt der Ansätze entspricht die Vielfalt der besprochenen Filme: von frühen Stummfilmen der Brüder Lumière oder Georges Méliès bis zu THE AVIATOR (Tschütscher), von Steven Spielbergs JURASSIC PARK bis Maren Ades ALLE ANDEREN (Pauleit), von Jean-Luc Godards PRÉNOM CARMEN bis Stanley Kubricks A CLOCKWORK ORANGE (Ries), von Kiarostamis NAN VA KOUTCHEH bis Alfred Hitchcocks NORTH BY NORTHWEST von KING KONG bis THE SHINING (Bourgeois), von einem der ersten filmvermittelnden Filme WIE SICH DAS KINO RÄCHT (Schlüpmann) bis zur *Berliner Schule* (Wegner), von Kurzfilmen (Bazalgette) über Experimentalfilme (Rüffert) bis zu den randständigen Bereichen des Amateurfilms und der *home movies* (Loebenstein).

Nicht zuletzt möchte dieses Buch auch (die Lust auf) Filme vermitteln!

Bettina Henzler und Winfried Pauleit

Dritter Bildungsweg: Ausgang Kino

Von Heide Schlüpmann

Das Kino gilt im Allgemeinen nicht als Bildungseinrichtung. Es stellt sich aber gleichwohl die Frage, ob ihm als massenkulturellem Phänomen nicht doch ein Bildungsmoment eignet, das durch das Raster unserer Vorstellung von Bildung fällt. Immerhin haben sich die Gebildeten und Bildungsbeauftragten von Anfang an in die Geschichte des Kinos eingemischt, es bekämpft, es benutzt und schließlich sich auch als Bildungsgut zu eigen gemacht. Vom Kino in Bildungseinrichtungen und von einer Film-Bildung lässt sich ohne Weiteres sprechen [1]. Nicht so leicht zu fassen ist es, *wie* das Kino bildet; oder vielleicht wollen die eingebildet Gebildeten das auch nicht. Auch heute – da durch die Übermacht der neuen Technologien, den Übergriff des Digitalen auf das Kino und den technologisch gesehen alten, »veralteten« Film die Form des Kinos infrage steht – verlagert sich tendenziell die Diskussion unter dem Stichwort der Filmvermittlung auf den einfacheren Diskurs des Films als Gegenstand von Unterricht. Als ob das, was das Kino, die »Vermittlung« des Films durch seine Projektion im dunklen Raum und die Projektionisten wie Projektionistinnen als Vermittler, nicht mehr bietet, durch Methoden der Wissenschaft und Lehre wiederhergestellt oder ersetzt werden könnte.

Ein Rückblick auf das Kino in Einrichtungen von Wissenschaft und Bildung

Einen großen Anteil an der Filmproduktion hatte von Anfang an der wissenschaftliche Film. Insbesondere Medizin, Biologie und Zoologie nutzten das neue Medium als Aufzeichnungsinstrument – beispielsweise von Operationen – und als Analysewerkzeug. Als solches war der Film von Étienne-Jules Marey entwickelt worden, der an Bewegungs- und Zeitforschung arbeitete. Das Labor, der Lehrsaal, verwandelte sich in einen dunklen Raum für die Filmprojektion – nicht nur in den Universitäten und Forschungsinstituten, auch bald in den Schulen. Schon in den 1910er Jahren arbeitete ein Rektor Lemke mit Film und gründete die erste deutsche Lehrfilmfachzeitschrift *Die Lichtbildkunst in Schule, Wissenschaft und Volksleben*. Enthielt der Kinoabend zu Beginn des Jahrhunderts in seinem Kurzfilmprogramm selbstverständlich und ohne pädagogischen Hintersinn dokumentarische Aufnahmen neben Trick- und Spielfilmen, so formierte sich später das Genre des »Kulturfilms«. Mit ihm gelangte der pädagogisch wertvolle Film neben den Wochenschauen ins Vorprogramm der abendfüllenden »Langfilme«, die in den 1920er Jahren die Regel wurden. Zu dieser Zeit nahm sich auch die staatliche Erziehungspolitik des Films als eines Unterrichtsinstruments an. In der Bundesrepublik erlebten einige Schülergenerationen die FWU-Filme vor allem im Biologieunterricht – *Film in Wissenschaft und Unterricht* war die Nachfolgeorganisation der nationalsozialistischen *Reichsstelle für den Unterrichtsfilm* (gegründet 1934). Eine große Rolle spielte der Film auch in der »Volksbildungsbewegung« und in den Volkshochschulen, eine frühe Einrichtung war die Lichtbilderei des Volksvereins für das katholische Deutschland, die seit 1912 eine eigene Zeitschrift für den Film, *Bild und Film*, herausgab. Standen der wissenschaftliche Film und der Lehrfilm im Kontext der exakten Wissenschaften und deren Vermittlung, so wurden filmische Aufnahmen von Natur, kulturellen Phänomenen und von Kunst auch in den Kontext einer ästhetischen Erziehung aufgenommen, die mit Protagonisten wie Adolf Lichtwark, Leiter der Kunsthalle Hamburg, gegen Ende des 19. Jahrhunderts populär wurde. Im Zusammenhang mit der Lebensreformbewegung tauchte um diese Zeit auch ein Bildungsbegriff auf, der dem Kino näher zu stehen scheint, weil er den »Genuss« einbezieht. Doch die Distanzierung vom »Materiellen«, »Niedrigen« zugunsten des »Edlen« und »Geistig-Sinnlichen« hielt die Ablehnung des Kinos als Vergnügungsort der Masse aufrecht. Statt sich diesem Massenphänomen zu öffnen, versuchten

1. Jahrgang.   Nr. 16.   1. Dezember 1912.

Die
Lichtbildkunst

Die
Lichtbildkunst
in
Schule, Wissenschaft und
Volksleben.

Herausgeber:
Hermann Lemke
Storkow (Mark).

Die erste deutsche Lehrfilmfachzeitschrift: *Die Lichtbildkunst in Schule, Wissenschaft und Volksleben*

Kunst, Autorenfilm, Avantgarde, experimentelles
oder unabhängiges Kino sind nur einige Begriffe,
unter denen dieses »andere Kino« verstanden wird.
In diesem Zusammenhang entsteht auch die Figur
des »Cinephilen« oder auch »Cineasten« – das ist
jemand, der Film-Bildung sammelt. Er unterscheidet sich vom Kinogänger dadurch, dass er sich zwar
auch im Kino »bildet«, aber den Filmgenuss mit der
Diskussion, der Reflexion, der Lektüre verbindet
und – als Cineast – auch selber Filme macht. Der
Cinephile hat die Neigung, die Bildung durch das
Kino, die er ja mit der Masse teilt, in ein Spezia-
listentum in Sachen Film zu verwandeln, und das
durch Informationen und Diskurse, die außerhalb
des Kinos liegen. Kritiken, Essays, filmtheoretische
Schriften entstehen in großer Zahl. Darüber hinaus
aber sind Cineasten und Cinephile verantwortlich
für die Entstehung einer spezifischen Art von Kino,
nämlich eines von der Macht der Produzenten und
Verleiher unabhängigen. Aus ihrem Interesse an
filmgeschichtlicher Bildung gehen schließlich die
Kinematheken hervor, beispielhaft ist die Cinémathèque française, die für Generationen von Kritiker/
innen, Filmmacher/innen, Filmtheoretiker/innen
oder auch einfach Filmliebhaber/innen Lehr- und
Bildungsstätte war.

Cinephile Filmbildung hat in die Schulen zunächst keinen Eingang gefunden, wohl aber in die
Universitäten. Die Filmwissenschaft, die sich in
Frankreich und den angelsächsischen Ländern in
den 1970er Jahren etablierte – in Deutschland
gab es erste Filmprofessuren erst Ende der 1980er
Jahre –, kommt aus der Kino-Bildung. Aus ihr beziehen die Filmwissenschaftler/innen ihre ästhetische Kompetenz und ihr historisches Wissen. Sie
treten in eine Universität ein, die gerade in ihren
Bildungsformen und Zielen erschüttert wurde.
Die Verschränkung von Krise der Universität und
Entstehung der Filmwissenschaft ist mehr als eine
zeitliche. Cinephile tragen in die verunsicherte
Hochschule eine andere Bildungserfahrung hinein,
auf die Reformen rekurrieren können, während sie
andererseits selber dort den Halt von Wissenschaft
suchen, ein Instrumentarium, um ästhetische und
historische Bildung gegen die Vereinnahmung des
Films durch kommerzielle und politische Interessen
zu behaupten. Filmwissenschaft fand im Kontext

die Pädagogen selber, »Musterkinos« zu errichten,
die ihren Bildungsvorstellungen entsprachen. Damals
tauchte der Begriff des »Gemeindekinos« auf. Das
»Kommunale Kino« der 1970er Jahre nahm etwas
von diesem alten Projekt wieder auf.

Filmbildung

Die Frühzeit des Kinos enthält schon alle Bemühungen, den Film und das Kino in die Bildung einzubeziehen, zugleich weist sie aber gerade besonders
deutlich eine bis heute nicht aufgehobene Trennung
zwischen Film im Bildungskontext und dem Kino
als massenkultureller Vergnügungseinrichtung auf.
Doch mit den 1920er Jahren formierte sich innerhalb des Massen-Kinos und aus ihm heraus eine
Gegenbewegung gegen dessen Vereinnahmung
durch die kapitalistische Filmindustrie. Film als

einer Welle kritischer Wissenschaft und Bildung Eingang in die Universität. Ihr selbstverständlicher Bildungsauftrag war es, den autonomen Umgang mit dem Film zu vermitteln und damit auch ästhetische Erfahrungen, die nach wie vor im Kino stattfinden sollten, zu ermöglichen.

Von der Filmwissenschaft führte der Weg nur zögernd oder gar nicht in die Schulen. Frankreich, das klassische Land der Cinephilie, bildet eine gewisse Ausnahme. Allerdings sind in jüngster Zeit, nachdem ihr schon längst die Medienwissenschaft den akademischen Rang abgelaufen hat, europaweit Initiativen zu beobachten, Film und Kino in die Lehrpläne aufzunehmen. Bislang scheinen diese Initiativen aber nicht sehr erfolgreich. Zudem beschränken sie sich im Allgemeinen auf Filme als Lehrgegenstände, wodurch das ganz andere Lernen nicht so recht zum Zuge kommen kann. Ein Beispiel für eine solche Anpassung des Films an traditionelle Unterrichtsformen ist die Zusammenstellung eines Kanons von 35 Filmen auf Initiative der Bundeszentrale für politische Bildung und mit Unterstützung des Kulturstaatsministeriums im Rahmen des Projekts *Kino macht Schule* (in den nach all den Jahren feministischer Filmwissenschaft und Erforschung des frühen Kinos kein Film einer Regisseurin und auch kein Film aus der Zeit vor 1920 aufgenommen wurde). Doch können solche Initiativen Anlass sein, sich erneut Gedanken darüber zu machen, ob und in welcher Weise Kino »bildet«. Ansätze zu derartigen Überlegungen lassen sich seit seinen Anfängen finden. Sich ihrer zu erinnern ist wichtig, damit die alten Cinephilen, aus denen Wissenschaftler und Vermittler geworden sind, nicht nur von ihrer Kinogeschichte zehren und sich ansonsten aber in die Institutionen fügen. Denn es wäre doch ihre erste Aufgabe, die angeeignete Geschichte wieder für alle zu öffnen – und das hieße, ganz im Gegensatz zur Philosophie Platons, in die Höhle zurückzuführen.

Kino als Bildungseinrichtung

Der Zugriff der Pädagogen auf das Kino hat schon zu seiner Anfangszeit in der Regel damit geendet, ihm herrschende Bildungsvorstellungen und Begriffe überzustülpen, auch wenn manche unter ihnen

sich nicht nur aus Annexionsinteressen, sondern auch aus wirklicher Neugier auf das Kino einließen. Das Verständnis für ein spezifisch Bildendes im Massenkino kam daher von Kritiker/innen, Theoretiker/innen, Schriftsteller/innen, Künstler/innen, Filmemacher/innen. Es geht aus von dem Vergnügen, der Lust, deren Versprechen die Leute ins Kino zieht – Kinder wie Erwachsene. Denn dieses Versprechen unterscheidet das Kino von den bestehenden Bildungsinstitutionen, in denen es die Lust immer schwer gegenüber der Pflicht hat. Diese Lust wird in ihren Facetten von Texten der 1910er und frühen 1920er Jahre reflektiert und zu fassen versucht: die Lust am Spielerischen, Leichtwerden aller Dinge und Ereignisse im Film, aber auch die schwerblütige Lust, die triebhafte Wollust, oder wiederum die Lust des Traums und der Regression in die Kindheit. Den Bogen zur Bildung schlagen explizit erst Schriften aus den 1920er und 1930er Jahren. Béla Balázs veröffentlicht 1924 eine Theorie des Films, in der er die Bedeutung des Kinos für die Sprachbildung emphatisch herausstellt [2]: Der modernen Gesellschaft ist die Körper- und Gebärdensprache verloren gegangen, im Kino der stummen Filme können wir sie wiedergewinnen – zumal eine Sprache der Erotik. Einher mit den neuen Ausdrucksmöglichkeiten geht auch ein verändertes Denken, denn unsere Gedanken sind sprachabhängig. Walter Benjamin reflektiert in seiner Mitte der 1930er Jahre geschriebenen Abhandlung *Das Kunstwerk im Zeitalter seiner technischen Reproduzierbarkeit* das ästhetische Potenzial des Kinos, allerdings nicht im Sinne der Wiederbelebung und Kultivierung leiblicher Sprachbegabung. Das kinospezifische Bildungserlebnis besteht vielmehr darin, dass unsere Wahrnehmung »modernisiert« wird, sodass wir der gesellschaftlichen Wirklichkeit des 20. Jahrhunderts wahrnehmend begegnen können. Die Nähe zu revolutionären Volksbildungskonzepten der sowjetischen Filmavantgarde ist ebenso deutlich wie die Anschlussfähigkeit an heutige Medienwissenschaft. Siegfried Kracauer wiederum geht vom Kino als Phänomen der Zerstreuung und der Zerstreuungssucht aus, um darin die Möglichkeit einer Erkenntnisbildung, einer Selbstreflexion des Menschen in der Masse, zu entdecken: Das Kino macht ihm seine eigene Wirklichkeit – die Zerstückelung des Lebens, die er alltäglich erfährt; prototypisch dafür ist die Fließbandarbeit – in der Zerstreuung »offenbar« [3]. Es handelt sich um eine moralische Bildung. In den gleichzeitigen Texten der französischen Filmavantgarde wiederum, etwa in denen Germaine Dulacs, kommt der lebensphilosophische Einfluss Henri Bergsons zur Geltung [4]: Mit den Möglichkeiten des Films, die innere Zeit, eine zugleich physische wie psychische Dynamik, sichtbar zu machen, geht es um Lebensbildung. Zum Kino, als deren Form – wie als Form von Sprach-, Sinnen- und Erkenntnisbildung –, könnten Wissenschaft, Forschung und Lehre in der Tat wieder zurückführen, wenn sie denn mit den herrschenden, expliziten und impliziten »Zielvereinbarungen« ihrer Institutionen brechen würden. Eine kinematografische Bildungseinrichtung ist nicht durch Ziele fixiert, sie ist ephemer, weil allein die Dynamik der Filme und des Publikums in ihrem Zusammenspiel sie ausmachen. Das Feste an ihr ist nichts Ideelles, es ist die Umbauung des Dunkels und der technische Bewegungsapparat.

Das anstößige Objekt: Institution als Bildungshemmnis

Nicht allein in namhaften Schriften finden sich Einblicke und Erkenntnisse im Hinblick auf das andere Bildungsmoment des Kinos – das Kino hat aus sich schon früh ein Selbstbewusstsein der Lebensbildung vermittelt. Ich möchte hier nur einen Blick auf die Rolle der Komik und des Witzes als eine mögliche Form solcher Vermittlung lenken. Selbstverständlich gibt es eine außerfilmische Tradition, in der die Genreformen des Komischen herausgebildet und vom Kino adaptiert wurden. In den frühen Filmen geschieht aber mehr, als dass traditionelle Formen mit aktuellen Inhalten gefüllt werden. Sie manifestieren vielmehr eine Affinität des Lachens, der Komik, des Witzes zu ihrem geheimen Subjekt, dem Subjekt Kino. Vor allem zwei Momente dieser Affinität sind entscheidend: das Soziale, der soziale Zusammenhang – im Unterschied zum sich in sich versteifenden, dem erhabenen Individuum –, an dem das Lachen wie das Subjekt Kino hängen, und die körperliche Reaktion, die von einem Gegenstand, ja der Kälte der Gegenständlichkeit, ausgelöst wird.

Auf ganz unterschiedliche Art und Weise schreiben Bergson und Freud zur Zeit des frühen Kinos darüber, wie Komik und Witz durch und durch soziale Phänomene sind [5]. Sie konstituieren sich in der Gesellschaft und zugleich in einem Überschreiten, im Transzendieren der Gesellschaft, wie sie ist. Im Lachen verbirgt sich ein Utopisches – die Einbildung einer gesellschaftlichen Freiheit von den Verdinglichungen der Institutionen, der Professionen, der sozialen Rollen, einer Aufhebung der Verdrängung und Leugnung des Trieblebens. Diese Einbildung wird von außen provoziert und entsteigt nicht der romantischen Seele. Sie wird hervorgerufen vom Anblick alltäglicher »Versteifungen« oder vom Witz, den jemand macht – über einen Dritten macht, der in ihm zum Objekt wird.

Freud wie Bergson sprechen also im Grunde auch von einer Anstößigkeit falscher Objekte – nämlich solchen, die das gesellschaftliche Selbstverständnis vom menschlichen Subjekt und Objekt verwirren. Diese Situation der Verwirrung steht im Zentrum von Helmuth Plessners sehr viel später verfassten Schrift über Lachen und Weinen [6].

Am Anfang verstörte die moderne kinematografische Massenkultur in ihrem lebendigen Chaos das kulturelle Bewusstsein und Selbstbewusstsein des Bürgertums. Weder als bloßes Produkt des technisch-wissenschaftlichen Fortschritts noch als Nachläufer von »Volks-« und Unterhaltungskulturen ließ sich das neue Phänomen fassen. Verwirrte das Kino das Selbstbewusstsein bürgerlicher Gesellschaft, so reagierte sie nicht mit Lachen darauf, vielmehr mit der Geste der Beherrschung: Das Subjekt versteift sich und geht als lebendig menschliches unter in der reinen Form von Machtausübung. In ihr identifizierte sich schon um 1900 die um ihre Stellung fürchtende Schicht der Gebildeten. Plessner erfasst das Lachen als menschliche Reaktion, die immer dann einsetzt, wenn die Person in ihrem Subjektverhältnis zur Welt versagt. Dann tritt der Leib an die Stelle der Person, reagiert für sie und rettet sie. Nicht mit Lachen wurde das Kino von den Kulturträgern empfangen. Gerade sie vertrauten nicht auf die Leiblichkeit, überließen sich im Scheitern des Subjektanspruchs nicht der Reaktion ihrer Sinne und Sinnlichkeit. Aus dieser Reaktion wäre ihnen, gleich der Masse der Menschen, die Passion des Kinogängers, der Kinogängerin erwachsen. Handelt es sich am Anfang nur um Kapitulation, so wird dann mehr und mehr die Erfahrung einer Befreiung daraus. Das Versagen des Subjekts wird zur Attraktion – es wieder und wieder zu erleben verlockt, um sich dem Leib und seinem Reaktionsvermögen überlassen zu können. Kino macht süchtig.

Nicht die Kulturgesellschaft reagierte auf das Kino mit Lachen, aber wohl das Kino auf diese Gesellschaft: Es schuf damit einen Ort des Außerhalb, an dem die sich in sich versteifende Gesellschaft leicht werden konnte. Plessner schrieb über das Lachen 1941 angesichts unfassbarer Taten der deutschen Gesellschaft. Und besteht das Unfassbare nicht gerade darin, dass die humane Gesellschaft sich in ein Ornament der Masse und mehr noch in einen Vernichtungsapparat menschlichen Lebens verkehrt? In frühen Filmen scheint die Komik vergleichsweise harmlos, geht es doch nicht um das nackte Leben. Sie rücken die Verkehrung der Bildungsgesellschaft in einen Automat der Vernichtung von Bildung in den Blick, und sie sind voll Vertrauen, dass sie durch Lachen eine Korrektur der Versteiften bewirken können. Heute, da wir wissen, dass dies nicht geschah, erscheint die Versteifung unserer Forschungs- und Bildungsinstitutionen alles andere als harmlos, und das Licht, das das Kino auf sie wirft, lässt aufatmen. Allerdings, welche Filme lassen die Bildungsträger heute über sich lachen – viele Jahre nachdem Jerry Lewis, 1962 nämlich, THE NUTTY PROFESSOR (Der verrückte Professor) drehte? Wissenschaft wiederum scheint eher ein Gegenstand von Horrorfilmen geworden zu sein.

Ein frühes Beispiel von Lachen über die Bildungsversteifung

WIE SICH DAS KINO RÄCHT (1912/1913; R: Gustav Trautschold) versucht, den steifen Bürger zum Lachen zu bringen. Hintergrund des Films ist die Schieflage der Kinoreformbewegung. In Deutschland beginnt sie etwa um 1907 mit einem Bericht der Hamburger Lehrerkommission für »lebende Bilder«, der auf die Gefahren des Kinematografen für Sitte und Gesundheit aufmerksam machen soll. Gleichfalls 1907 gründet die Filmbranche die Zeitschriften *Der Kinematograph* und *Erste inter-*

»Josef, du auch in diesem Film ...?«:
WIE SICH DAS KINO RÄCHT

nationale Kinematographen-Zeitung, 1908 folgt *Die Lichtbild-Bühne*, in denen die Auseinandersetzungen um das Kino teilweise ihr Echo finden. So antwortet beispielsweise die *Erste internationale Kinematographen-Zeitung* auf die Hamburger Lehrerschaft unter dem Titel *Vorsicht der Wolf kommt* und mokiert sich über die *Schulmeister ante portas*. 1910 veröffentlicht Pastor Conradt das Büchlein *Kirche und Kinematograph*, und es folgen Veröffentlichungen von Juristen, Ärzten, Erziehern, Ästhetikprofessoren mit Titeln wie: *Schundfilms. Ihr Wesen, ihre Gefahren, ihre Bekämpfung* (1911) oder *Der Kinematograph als Volkserzieher?* (1911/12) und *Der Kinematograph vom ethischen und ästhetischen Standpunkt* (1912). Man kämpfte zuerst gegen das Kino – den dunklen Raum –, dann gegen die »Kinodramen«, die allesamt Verbrechen und Sexualität zeigen. Wenn diese Reformeifrigen ins Kino gingen, dann um die Missstände zu sehen und im Anschluss anzuprangern. Weil aber das Kino unaufhaltsam war, konzentrierte man sich schließlich darauf, Einfluss auf Gegenstand und Form der Filme zu gewinnen, das Kino zu reglementieren.

Wie sich das Kino rächt, zeigt Trautscholds gleichnamiger Film am Beispiel von Professor Moralski, einem Kinoreformer. Er versucht, die Öffentlichkeit gegen die »Schundfilms« zu mobilisieren. Die Filmbranche plant, ihn mit den eigenen Mitteln zu Fall zu bringen. Ein Team von Kameramann, Regisseur und Schauspielerin folgt dem älteren Herrn auf die Reise zu einem Kongress, der in einem Seebad stattfindet. Während die Schauspielerin Moralski am Strand verführt, wird aus sicherem Abstand heraus eifrig gekurbelt. Später spielt der Produzent den Film dem Professor als weiteres Beispiel der im Kino um sich greifenden Unsittlichkeit zu. Die öffentliche Vorführung, eingeleitet durch die Rede eines Pädagogen, folgt: *Der Tugendbold im Seebade*. Der Titel erscheint auf der Leinwand, während Moralski noch in genüsslicher Erwartung neben seiner Gattin im Publikum sitzt. Bald bricht der Tumult los ... Am Ende verteilt die Produktionsfirma Werbezettel für den neuen Schlager der Saison.

Einige Momente des Films fallen mir auf: Auch die negative Projektion auf das Kino schafft eine Verbindung zu ihm – sie schafft die Voraussetzung dafür, dass das Kino etwas mit seinem Verächter anfangen kann. Es macht Professor Moralski, der sich erhaben über das gemeine Publikum und seine Filme dünkt, zum Objekt des Films (Strategie der Degradierung). Ich mag den Zwischentitel, der die Ehefrau zu Wort kommen lässt: »Josef, du auch in diesem Film ...?« Die Ehefrau entdeckt das Skandalon, nicht nur im Schritt vom Wege, sondern eben auch darin, dass die Autorität des Erziehers zum Gegenstand der Kamera gemacht wurde –, der Beginn schon, ihn in seiner Leiblichkeit zu entblößen. Das Pathos der Aufklärung, sonst den Bildungsinstitutionen vorbehalten, nimmt hier die Filmproduktion auf – und wendet es gewissermaßen auch *gegen* jene Institutionen. Der Irrtum führt zur Aufklärung der »Umwelt« des Professors, des Ansehens, das er genießt. Gleichzeitig mit dieser Geschichte sehen wir, wie die Filmproduktion sich der Projektion der Moralisten – mit einem Augenzwinkern – annimmt: Demonstrativ wird die Sittlichkeit in Gestalt der Aufnahme der blonden, sittsam-hell gekleideten Schauspielerin betont, die lesend in ihrem lichten Heim sitzt.

Das Wissen, das der Film vermittelt

Vielleicht waren auch schon Sprechenlernen und Alphabetisierung durch Verlust geprägt, aber erst der Stummfilm rückt Bildung wieder aus der Vorstellung des Kulturfortschritts heraus. Bildung ist nicht die fortschreitende Verbesserung des Individuums, vielmehr in ihren gelungenen Momenten die Aufhebung eines Verlusts. In diesem Licht gesehen, hat Kino nicht nur mit ästhetischer, moralischer und sprachlicher Bildung zu tun, sondern auch mit Wissensbildung. Wir gewinnen das Verlorene im Wissen zurück oder, besser gesagt, neu. Es handelt sich nicht um ein positives Wissen. Der Erfahrungsgehalt des neuen Wissens ist der des Verlorenen und des Verlusts zugleich. Dieses Wissen, das der Film vermittelt, vermögen Worte und Schrift nicht zu fassen, sondern nur die Körpersprache. Um welche Art Wissen handelt es sich? Um ein Alltagswissen, ein situationsgebundenes Wissen, das mir hilft, mich in einer Situation zu verhalten einem anderen gegenüber. Eben um ein moralisches Wissen.

Gemeinsam ist allen Vorstellungen vom Bilden des Kinos, dass es sich hier um eine »Selbstbildung« handelt, die gerade nicht auf Kinder beschränkt ist. In ihrem Hintergrund steht die Wahrnehmung einer Diskrepanz zwischen der zunehmend durch

Institutionen und ökonomische Prozesse bedingten – globalen – Vergesellschaftung und einem Verlust an selbstreflexivem gesellschaftlich »Mündig«-Werden der einzelnen Menschen aus ihrer jeweiligen leiblich-seelischen und geschichtlich-geografischen Existenz heraus. Die moderne Gesellschaft produziert eine Bildungsnot eigener Art, die sie mit ihren pädagogischen Einrichtungen eher vergrößert als lindert, gegen die das Kino aber etwas auszurichten vermag.

Der Faschismus in Europa insbesondere, aber auch der Stalinismus in der Sowjetunion und die Hollywoodindustrie in den USA störten die Verbindung von Massenkino mit emphatischen Bildungsvorstellungen. Doch scheinen sich diese in die vielen Film- und Kinoinitiativen zerstreut zu haben, welche sich in der Nachkriegszeit entfalteten: Filmclubs – an Volkshochschulen, Universitäten –, alternative Kinos, autonome Verleiher, die »Neuen Wellen« eines Autorenkinos und vieles mehr. Es gab in dieser Zerstreutheit bis in die späten 1970er Jahre hinein ein ungeheures Zutrauen in das Kino und seine Möglichkeiten, auch und gerade, wenn es einherging mit dem Misstrauen in das »herrschende Kino«. Während öffentlich die kritischen Diskussionen von Bildungsklischees

– ästhetische versus politische Bildung – bestimmt wurden, entstanden Undergroundszenen, in denen die alte Kinolust wieder in ihre Rechte eingesetzt wurde. Sie wirkte in der Film- und Kinolandschaft als Ferment, das Erinnerungen an das ganz andere Bildungsmoment Kino freisetzte. Die Frage ist, wo wir es heute finden.

Anmerkungen

1   Die Ausführungen hier folgen vor allem den deutschen Diskursen.
2   Béla Balázs: Der sichtbare Mensch. Wien 1924
3   Siegfried Kracauer: Kult der Zerstreuung [1926]. In: S.K.: Das Ornament der Masse. Frankfurt/Main 1963, S. 311-317.
4   Vgl. Freunde der Deutschen Kinemathek (Hg.): Germaine Dulac. L'Invitation au Voyage. Kinemathek Heft 93, Oktober 2002.
5   Henri Bergson: Das Lachen. Ein Essay über die Bedeutung des Komischen. Darmstadt 1988 (Originaltitel: Le rire. 1904); Sigmund Freud: Der Witz und seine Beziehung zum Unbewussten [1905]. In: S.F.: Studienausgabe. Bd. IV: Psychologische Schriften. Hg. von Alexander Mitscherlich, Angela Richards und James Strachey. Frankfurt/Main 1982, S. 9-220.
6   Helmuth Plessner: Lachen und Weinen [1941]. Berlin 1961.

Negotiating Pirate Waters

Hollywood und die Universität

Von Peter Decherney

Seit der Zeit Thomas Edisons ist Piraterie Teil der Entwicklung der Filmindustrie wie sie schon immer natürlicher Teil der Entwicklung und kulturellen Akzeptanz jeder neuen Technologie war [1]. Debatten über Piraterie sind oft Debatten darüber, wie man eine neue Technologie assimilieren und disziplinieren kann. Durch die Bemühungen, Piraterie überhaupt erst einmal zu definieren, werden einige Eigenschaften neuer Technologien domestiziert, während andere geächtet werden. Ungefähr seit 100 Jahren sind Hollywood und Universitäten unwahrscheinliche und manchmal auch unwillige Partner sowohl im Prozess der Definition von Piraterie als auch bei der Assimilation neuer Medien. Diese Partnerschaften sind ein Beispiel dafür, wie Universitäten einen direkten Einfluss auf die Verbreitung und Rezeption von Medienproduktionen haben. Durch ihre Auseinandersetzungen mit Hollywood über die Frage, was im digitalen Zeitalter Piraterie ausmacht, transformieren Universitäten heute wiederum aktiv die Film- und Medienproduktion und deren Verbreitung.

Die Erfindung des Drehbuchschreibens an der Columbia University in den 1910er Jahren

Die amerikanische Filmindustrie beispielsweise gründete sich auf einer Praxis, die wir heute als eine Form der Piraterie bezeichnen würden. In den ersten beiden Jahrzehnten der Filmproduktion in den USA waren die meisten Filme Adaptionen. Zu den Quellen gehörten unter anderem Comics in Zeitungen, Romane und Theaterstücke. Natürlich gibt es auch heute noch Adaptionen, die von niemandem als Piraterie angesehen werden. Aber es ist auffallend, dass vor 1911 Filmproduzenten sehr selten um Erlaubnis nachsuchten, existierende Werke für den Film zu adaptieren, und auch die ursprünglichen Autoren nicht bezahlten. Und vielleicht noch überraschender ist, dass Autoren, Verlage und Theater sich kaum dagegen wehrten.

Doch dann machte die Kalem Company, ein Mitglied des Edison Trust, einen Film nach Lew Wallaces Roman *Ben-Hur*. *Ben-Hur* war ein internationaler Bestseller, und er wurde auch zu einem sehr erfolgreichen Theaterstück am Broadway umgearbeitet. Die Produzenten Klaw und Erlanger schufen eines der größten Spektakel in der Geschichte des Broadway; es gab sogar lebende Pferde, die auf riesigen Laufbändern galoppierten. Zahlreiche Tourneetheater übernahmen die Produktion, und Aufführungen in anderen Städten waren zahlreich.

Als Kalem 1907 die Filmadaption herausbrachte, taten sich der Verlag, die Theaterproduzenten und Lew Wallaces Erben zusammen, um den Film aus den Kinos zu holen. Eine komplizierte und langwierige Schlacht um die Urheberrechte war die Folge. Der Edison Trust, der erkannte, dass die Gerichte hier über das Schicksal seines wichtigsten Geschäftsmodells entschieden – die Produktion von unautorisierten Bearbeitungen – und es also nicht nur um diesen einen Film ging, bezahlte Kalems erhebliche Anwaltskosten [2].

Der Fall wurde schließlich 1911 mit einer Entscheidung des Obersten Gerichtshofs beendet. Der brillante Richter Oliver Holmes Jr. löste die komplizierten juristischen Fragen dieses Falles und entschied schließlich zugunsten des Verlags und der Theaterproduzenten. Als Folge des *Ben-Hur*-Falles begannen Filmproduzenten für das Recht, Werke für die Leinwand zu bearbeiten, zu bezahlen [3].

Wie man sich vorstellen kann, erschütterte der Fall die amerikanische Filmindustrie. Filmgesellschaften begannen, exklusive Vereinbarungen mit Verlagen und Broadway-Produzenten zu treffen. Die außerordentlich erfolgreiche Allianz zwischen dem Theaterproduzenten David Belasco, dem Regisseur Cecil B. DeMille und dem Produzenten Jesse Lasky ist nur ein Beispiel für eine solche Vereinbarung [4]. Obwohl dies im Allgemeinen nicht Teil der offiziellen Geschichte ist, würde ich behaupten, dass die *Ben-Hur*-Entscheidung der wichtigste Faktor im Zusammenbruch des Edison Trust war, der nur ein paar Jahre später stattfand. Einige Mitglieder des Trusts konnten sich an die durch den Fall geschaffene neue Situation anpassen, aber die meisten Firmen, einschließlich Edisons, konnten sich nicht darauf einstellen, dass ihre Hauptform des Filmemachens illegal geworden war.

Ein weiteres wichtiges Ergebnis dieses Rechtsstreits war die Etablierung des Berufs Drehbuchautor. In der Absicht, hohe Kosten für die Bearbeitungsrechte zu vermeiden, begannen Produzenten, sich nach neuen Geschichten umzusehen, die sie erzählen könnten. Diese Suche führte zu dem, was manche das »Drehbuchfieber« nennen – damals fing es an, dass jeder ein fertiges Drehbuch in der Schublade hatte, das er an Hollywood verkaufen wollte [5].

Kommerzielle Drehbuchschulen, an denen man lernen konnte, wie man Drehbücher schreibt und sie den Studios anpreist, sprossen allerorts aus dem Boden. Die Produzenten Jesse Lasky und Adolph Zukor, die später die Paramount-Studios gründeten, schlossen sich der fieberhaften Manie an und entschlossen sich, Filmkurse an der Columbia University in New York zu unterstützen. Neue Mitglieder des Lehrkörpers an der Columbia gaben die ersten amerikanischen Seminare im Drehbuchschreiben (sie nannten es damals Fotografieschreiben); sie begründeten eine Sammlung von Drehbüchern, die erhalten bleiben und zum Studium zur Verfügung stehen sollten, und sie unterrichteten eine frühe Form der Filmgeschichte und der Wertschätzung des Films [6].

Zukor und Lasky selbst wiederum luden Professoren und Studenten ein, ihre Studios in Kalifornien zu besuchen; sie schickten Vertreter nach Columbia, die sich mit Studenten zusammensetzten, und sie kauften Optionen auf Drehbücher einiger Studenten und machten sie zu Filmen.

Columbia revanchierte sich für das Mäzenatentum, indem die Drehbücher von Lasky und Zukor gelobt wurden, in Anthologien aufgelegt, und in den Büchern der Professoren über Techniken des

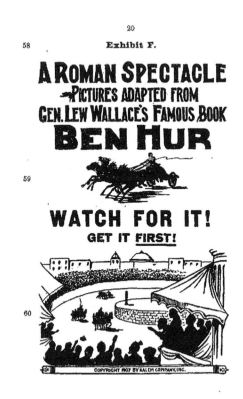

Anzeige für BEN HUR (1909): Ausstellungskopie des Supreme Court

Drehbuchschreibens wurden Laskys und Zukors Filme herausgestellt.

Es ist bedeutsam, dass das von der Columbia-Fakultät herausgebrachte Lehrbuch zum Drehbuchschreiben sich zu weiten Teilen dem Urheberrechtsgesetz widmet. Es warnt beispielsweise junge Drehbuchautoren davor, gemeinfreie Werke zu bearbeiten: Produktionsfirmen würden solche Filme kaum machen, da sie befürchten müssten, dass ein Konkurrent seine eigene Version herausbringen könnte. Medienübergreifende Monopole auf den Inhalt und die Produktion originaler Drehbücher ersetzten den umkämpften Markt für Bearbeitungen, den es vor der *Ben-Hur*-Rechtssache gab. Der Supreme Court hatte die Grenzen der Piraterie neu definiert, und Hollywood und Columbia reagierten darauf, indem sie zusammenarbeiteten, um ein neues Modell des Geschichtenerzählens zu erschaffen [7].

Die aufsteigenden Hollywood-Mogule nutzten die Kurse an der Columbia angemessenerweise für die Bildung und Ausbildung. Gemeinsam mit der Universität professionalisierten die Studios die Kunst des Drehbuchschreibens, und sie veränderten die Art, wie Geschichten verkauft wurden. Vom Publikum wurde nicht mehr erwartet, dass es die Handlung von populären Theaterstücken und Romanen kannte, bevor es ins Kino kam. Drehbuchautoren lernten, neue Geschichten zu erzählen und alle für die Geschichte relevanten Informationen ins Drehbuch zu schreiben.

Die Zusammenarbeit von Columbia mit Lasky und Zukor war die erste zwischen Hollywood und einer amerikanischen Universität, und sie setzte einen Prozess in Gang, der sich mehr oder weniger über die nächsten 45 Jahre erstrecken sollte. Hollywood outsourcte sozusagen die professionelle Ausbildung von Filmemachern. Die University of Southern California, die Harvard Business School und andere Universitäten begannen bald damit, die technischen, ästhetischen und betriebswirtschaftlichen Aspekte des Filmemachens zu lehren, und übernahmen so schließlich eine Aufgabe, die während der Aufbauphase und des Goldenen Zeitalters

Pferd auf Laufband: Entwurfsskizze für die *Ben Hur*-Bühnenproduktion

des Studiosystems die Studios selber erledigt hatten. Die Zusammenarbeit kulminierte in dem Aufstieg der sogenannten *Film School Generation* – Francis Ford Coppola, Martin Scorsese und ihre Kollegen – in den 1960er Jahren [8].

In der Folge der *Ben-Hur*-Entscheidung des Supreme Court erfanden Hollywood und einige Universitäten das Filmemachen neu. In den heutigen Debatten über Filmpiraterie ist Hollywood in der Defensive, und wir sind immer noch mitten im Prozess, digitale Piraterie zu definieren. Wir haben noch nicht ganz einen definitiven *Ben-Hur*-Moment erreicht. Aber wiederum sind Universitäten im Mittelpunkt der Bemühungen, das Filmemachen und die Filmerfahrung angesichts sich verändernder Vorstellungen von Piraterie und neuen Medien neu zu definieren.

Es gibt allerdings einige bedeutsame Unterschiede. In den 1910er Jahren wandte sich Hollywood an die Universitäten, um dort eine neue Klasse von Studiopersonal ausbilden zu lassen. Im letzten Jahrzehnt hat Hollywood nicht darum gebeten, dass die Universitäten Filmemacher ausbilden, sondern vielmehr das Publikum und die Konsumenten. Universitätsstudenten sind schließlich sowohl die besten Kunden von Hollywood als auch wilde Tauscher von Dateien – sie sind die sogenannten Piraten des digitalen Zeitalters. Diese neue Partnerschaft zwischen den Universitäten und Hollywood ist deutlich stürmischer und auch konfliktreicher, weil Hollywood, oder, um genauer zu sein, sein Lobby-Zweig – die Motion Picture Association of America, die MPPA –, fordert, dass Hochschuhlehrer und Studenten ihre Nutzung digitaler Medien einschränken und ihre Communitys beaufsichtigen. Trotzdem denke ich, dass die Universitäten wieder einmal die Wiege eines neuen Hollywoods sein werden.

Ich möchte an zwei Beispielen zeigen, wie die MPAA versucht, amerikanische Universitäten zu benutzen, um Piraterie neu zu definieren, und wie die Universitäten ihre eigenen Ansätze zu den digitalen Medien entwickelt haben. Ein Beispiel ist persönlich und hat mit dem Digital Millennium Copyright Act zu tun, dem Gesetz zum digitalen Urheberrecht. Das andere ist die sich immer noch entwickelnde Geschichte des Filesharings auf dem Campus.

Hollywood gegen Filmprofessoren

Der Digital Millennium Copyright Act von 1998 machte es in den USA illegal, den Kopierschutz auf digitalen Medien zu umgehen. Man darf beispielsweise keinen digitalen Filmausschnitt von einer DVD herstellen, denn dafür müsste man das digitale Schloss – den Kopierschutz – auf der DVD umgehen oder entfernen. *Fair Use* [9] und Ausnahmen für Schulen und Hochschulen im Urheberrecht gelten im DMCA nicht. Haben Sie schon je eine Aufschrift »Kopieren verboten« auf einer DVD gesehen? Nein? Es gibt keine legale Möglichkeit, eine kommerziell veröffentlichte DVD zu kopieren. Viele Länder in der ganzen Welt haben ähnliche Anti-Umgehungsvorschriften erlassen, dazu gehört auch die Europäische Urheberrechtsrichtlinie von 2001.

In den Anhörungen im Kongress, die vor der Verabschiedung des DMCA abgehalten wurden, argumentierte Hollywood, dass die Antiumgehungsmaßnahmen notwendig seien, um Piraterie im digitalen Zeitalter zu beenden [10]. Die Rechteinhaber, so wurde behauptet, brauchten diesen Schutz, um sich sicher zu fühlen, ihr Material in digitaler Form oder online zu veröffentlichen. Der DMCA allerdings hat die Piraterie nicht gestoppt. Die Tools, die man benötigt, um die Verschlüsselung zu umgehen, sind inzwischen leicht verfügbar, seit das Gesetz verabschiedet wurde, und unverschlüsselte Kopien von Filmen zirkulieren auf Datei-Tauschbörsen. Kopierschutz stoppt keine Piraten, aber er ist ein Hindernis für Konsumenten, Lehrer und Hochschullehrer sowie Studenten [11].

Der Kopierschutz ist mehr als nur ein Hindernis, er macht eine Reihe von früher allgemein üblichen Mediennutzungen illegal. Beispielsweise hat der DMCA viele übliche Praktiken, die zuvor in die Kategorie *Fair Use* fielen, illegal gemacht, wie beispielsweise das Herstellen von Filmausschnitten für Lehrzwecke, das unter Filmprofessoren weit

Frances Taylor Patterson, Screenwriting Instructor bei Columbia, präsentiert dem Präsidenten Jack Cohn ein Drehbuch

verbreitet war. Der DMCA hat Hollywood und anderen Rechteinhabern die Möglichkeit gegeben, alle Anwendungen ihrer Medien zu kontrollieren, und es überrascht nicht, dass Hollywood den Kopierschutz verwandt hat, um die Nutzungen sehr viel enger einzuschränken, als vom Gesetz vorgeschrieben (vgl. Film clip no. 1).

Bei der Verabschiedung des DMCA durch den Kongress wurde allerdings ein Sicherheitsventil eingebaut. Der Kongress ermächtigte das US Copyright Office, alle drei Jahre Anhörungen zu veranstalten und dann Regeln zu erlassen und dort Ausnahmen zuzulassen, wo *Fair Use* vom DMCA beschädigt wurde.

Während der ersten beiden Anhörungen 2000 und 2003 ließ das Copyright Office nur vier Ausnahmen zu. Die Internetrechte-Interessengruppe Electronic Frontier Foundation boykottierte die dritte Anhörung 2006 und beschwerte sich, dass die Hürde für Ausnahmen zu hoch gesetzt worden sei – zumindest für Ausnahmen zugunsten von Konsumenten [12]. Nichtsdestotrotz entschieden zwei Kollegen und ich uns 2006, eine Ausnahme für Hochschullehrer der Film- und Medienwissenschaften zu beantragen, die für ihre Kurse Filmausschnitte machen. Es war eine eng definierte Ausnahme, aber wegen der strengen Regeln des DMCA dachten wir, es sei unmöglich, mehr zu beantragen. Die meisten Experten dachten, selbst dieser Antrag gehe zu weit.

In unserem Antrag zeigten wir, dass Medienprofessoren digitale Bilder von hoher Qualität benötigen, und verwiesen darauf, wie wichtig es ist, in der Lehre Ausschnitte zu verwenden. Wir bemühten uns sehr, die Ausnahmen so zu definieren, dass sie den strengen Kriterien des Copyright Office entsprachen [13].

Wer könnte schon gegen solch eine harmlose Ausnahme für Film- und Medienwissenschaftler sein, die Ausschnitte für die Lehre machen wollten? Dies ist schließlich eine Praxis, die seit den frühen Kursen an der Columbia University üblich ist. Als die Zeit für die Anhörung in Washington kam, war ich überrascht, dass ich Vertretern der MPAA, von Time-Warner, Pioneer und der DVD Copy Control Association gegenübersaß, die alle das Herstellen von Ausschnitten als Piraterie definieren wollten. Ihre Argumente gegen die Ausnahme boten einen

Einschlägiger Hinweis auf einer DVD

Einblick, warum Hollywood wissenschaftliche Nutzungen von digitalen Medien kontrollieren will.

Pioneer Electronics zum Beispiel wollten uns einfach nur eine DVD-Jukebox verkaufen – eine Maschine, die offenbar nicht einmal besonders gut funktionierte. Pioneer findet offenbar, dass es dem Markt überlassen bleiben sollte, alle Probleme zu lösen. Aber der Markt für Technologie für die Geisteswissenschaften ist nicht bedeutend genug, um diese Art von Entwicklung zu stützen. Außerdem brauchten wir ja gar keine neuen Technologien, sondern lediglich Zugang zu bereits existierender Technologie.

Time Warner schlug vor, Wissenschaftler könnten jedes Mal, wenn sie einen Filmausschnitt brauchten, um Genehmigung bitten. Dieses Modell einer »Genehmigungskultur« wird von Hollywood immer häufiger als notwendig propagiert, jetzt, wo die Tools für den Vertrieb und das Remixen von Medien demokratischer werden. Es gibt etliche Gründe, warum ein umfassendes Genehmigungssystem nicht wünschenswert ist, aber der wichtigste Grund, sich gegen ein solches System zu stellen, ist, dass es zu einer Form der Zensur werden könnte. Literaturwissenschaftler brauchen nicht jedes Mal eine Erlaubnis einzuholen, bevor sie im Seminar ein Zitat vorlesen – warum sollten dann Medienwissenschaftler eine Genehmigung benötigen, um Ausschnitte zu zeigen?

Die DVD-CCA ist die Organisation, die für die Lizenzvergabe der Dekodierungsschlüssel verantwortlich ist, die es DVD-Playern erlauben, Kopierschutz zu umgehen und DVDs abzuspielen. Kein DVD-Player kann ohne eine Lizenz der DVD-CCA kommerziell herausgebracht werden. Die DVD-CCA wollte, dass wir unser eigenes Gerät bauen. Aber als wir fragten, ob sie einen Dekodierungsschlüssel für uns lizenzieren würden, meinten sie, dass dies unwahrscheinlich sei. Technologische Lösungen benötigen auch Genehmigungen.

Das MPAA, das die Hollywood-Studios vertritt, reagierte am extremsten auf die von uns beantragte Ausnahme. Ihr Vertreter argumentierte, dass Wissenschaftler überhaupt keinen Zugriff auf digitale Medien benötigten. Analoge Medien seien für die Lehre vollkommen ausreichend. Meine erste Reaktion darauf war der Hinweis, dass analoges Video, VHS, als Format praktisch obsolet ist. Sogar einem Bericht der MPAA zufolge sind die Verkaufszahlen von VHS statistisch unbedeutend [14]. Aber viel wichtiger ist, dass die Mitglieder der MPAA jedes Jahr Milliarden von Dollar ausgeben, um qualitativ hochwertige Filme zu machen und sie in hochauflösenden Formaten auf den Markt zu bringen. Es gibt keinen guten Grund, warum die Film- und Medienwissenschaften irgendwo Mitte der 90er Jahre des letzten Jahrhunderts stehen bleiben und keinen Zugang zu digitalen Medien haben sollten.

Gegen das Digital Rights Management protestierender US-Student

Mit anderen Worten wollen Hollywood und die Technologiefirmen jegliche Nutzung der Medien komplett unter ihrer Kontrolle behalten, sowohl in Privathaushalten als auch in Klassenzimmern und Seminarräumen. Es ist eine neue Form der Fernkontrolle, die sie nie zuvor hatten, und stellt das zweischneidige Schwert der digitalen Medien dar: Mit beweglicherem Vertrieb und der Möglichkeit, Medien zu manipulieren, kommt auch die Möglichkeit für stärkere Überwachung und Kontrolle.

Die Kontrolle über die Nutzung von Medien in Klassen- und Seminarräumen ist ein wichtiges Schlachtfeld, denn Universitäten führen den Studenten neue Medienanwendungen vor und etablieren Normen, die Studenten übernehmen und dann auch erwarten. Ein weiterer Grund, warum Hollywood die wissenschaftliche Nutzung kontrollieren will, ist, dass Universitäten wichtige *Wächter* für Informationen sind. Strittige Fragen über *Fair Use* schaffen es selten bis zu den Gerichten. Solche Wächter können Verlage, Filmverleiher oder Versicherungen sein. Im Kontext von Universitäten sind Bibliothekare, IT-Manager, die Verwaltung und die Rechtsabteilung solche Wächter. Diese Wächter sind diejenigen, die täglich Entscheidungen über *Fair Use* treffen; und sie, viel mehr als Kopierschutz oder das Gesetz, bestimmen, was unter *Fair Use* erlaubt ist.

Dementsprechend waren diese Wächter am meisten betroffen, als zur allgemeinen Überraschung die Ausnahme für Lehrende der Film- und Medienwissenschaften genehmigt wurde. Wir gingen davon aus, dass, wenn die Ausnahme auch bei der Anhörung des Copyright Office durchgehen würde, diese Ausnahmen nur Aktivitäten legalisieren würden, die sowieso schon hinter verschlossenen Türen stattfanden. Tatsächlich ermächtigte die Ausnahme die Wächter an den Universitäten, auch denjenigen Lehrenden zu erlauben, Filmausschnitte herzustellen, denen das zuvor verboten gewesen war. Zudem lenkte die Entscheidung einige Aufmerksamkeit auf die Einschränkung wissenschaftlicher Arbeit, die vom DMCA ausging. Als Folge der Entscheidung brachte ein Abgeordneter des Repräsentantenhauses ein Gesetz ein, das eine erweiterte Version der Ausnahmeregelung kodifiziert hätte, und Regierungen von Neuseeland und Singapur verabschiedeten solche Gesetze [15].

Hollywood hat den DMCA mit Erfolg dazu eingesetzt, die Konsumentenanwendung der neuen Medien einzugrenzen, und es konnte die meisten früheren Ausnahmen blockieren. Aber der Versuch, auch die wissenschaftliche Nutzung zu kontrollieren, ging zu weit, und Universitätswissenschaftler waren eine der wenigen Gruppen, die sich erfolgreich gegen die Kontrolle des DMCA wehren konnten. Neben den Medienwissenschaftlern beantragten auch Computersicherheitsforscher erfolgreich eine der Ausnahmen von 2006.

Die wissenschaftlichen Auswirkungen der Art von Kontrolle, die Hollywood mithilfe des DCMA erreicht hat, sind sehr viel weitergehend als nur die Eingrenzungen bei der Lehre. Der DMCA begrenzt nämlich auch viele andere Formen der wissenschaftlichen Arbeit wie Forschung, Vorlesungen und Vorträge sowie Online-Publikationen.

Der DMCA grenzt auch das studentische Arbeiten ein. In geisteswissenschaftlichen Kursen an Universitäten werden immer häufiger auch Multimedia-Aufgaben gestellt. Studenten »schreiben« heute mit Bildern und Ton. In einer Umfrage unter Mitgliedern der internationalen Society for Cinema and Media Studies gaben über die Hälfte der Befragten an, dass sie ihren Studenten Multimedia-Aufgaben wie beispielsweise kurze Videoessays oder Übungen stellen [16]. Die University of Pennsylvania hat ein Multimedia-Zentrum, das Information Commons, spezifisch eingerichtet, um Studenten dabei zu helfen, multimediale Arbeiten für ihre Kurse anzufertigen. Im letzten Frühlingssemester allein benutzten über 300 Studenten das Zentrum für ihre wissenschaftlichen Arbeiten.

Während der 2009er Anhörung und Regelerstellung, die gerade stattfindet, haben meine Kollegen und ich eine Ausnahme für Studenten, die innerhalb ihrer Kurse Multimedia-Arbeiten anfertigen, beantragt und zusätzlich das Copyright Office gebeten, die Ausnahmegenehmigung von 2006 zu erneuern und zu erweitern. Durch ihre Kurse finden viele Studenten Zugang zu der Welt dessen, was Lawrence Lessig, Henry Jenkins und andere Remix- oder teilnehmende Kultur nennen [17]. Die Universität ist nicht nur ein Ort, wo Studenten die Tools für das Remixing kennenlernen (wenn sie sie nicht bereits kennen), Universitäten tragen auch dazu bei, neue Formen des Ausdrucks zu legitimieren und zu kontextualisieren, und sie verleihen so der Remix-Kultur institutionelle Akzeptanz, indem sie sie in die Tradition des wissenschaftlichen Austauschs einreihen. So wie Hollywood und Columbia in den 1910er Jahren gelernt haben, neue Geschichten zu erzählen, definieren heute Universitäten, wie die nächste Welle des kreativen Ausdrucks aussehen wird: Sie bestimmen, wie digitale Medien im wissenschaftlichen Diskurs zitiert und genutzt werden können. Dieses Mal allerdings lassen sich Universitäten und Hollywood eher als Antagonisten denn als Kooperationspartner beschreiben.

Filesharing auf dem Campus

Dasselbe lässt sich auch über Filesharing auf dem Campus sagen. Und in der dritten und letzten Geschichte, die ich erzählen will, geht es darum, wie die MPAA mit Universitäten gearbeitet (und oft mit ihnen gestritten) hat, um die Anwendung von Filesharing-Software durch Studenten zu kontrollieren und einzuschränken. Die Reaktion auf Filesharing ist ein weiteres Beispiel dafür, wie Professoren, Mitarbeiter und Studenten an Universitäten Piraterie und Kreativität überdenken, und zwar so, dass sie das Modell für die Verbreitung, den Vertrieb und den Konsum von digitalen Medien erneuern.

Die Versuche von Film- und Musikfirmen, Filesharing an Universitäten zu blockieren, durchliefen in den vergangenen Jahren mehrere Phasen.

Die erste und umstrittenste Maßnahme war, dass die Musik- und Filmindustrie mit der Forderung an die Universitäten herantrat, sie mögen Studenten einen Brief schicken, in dem diese des illegalen Filesharings von Musik- und Videodateien bezichtigt würden und ihnen ein Angebot eines außergerichtlichen Vergleichs und einer Zahlung angeboten würde, bevor man Klage einreiche. Wie haben die Universitäten reagiert? Viele Universitäten leiteten den Brief einfach an die Studenten weiter. Andere, wie beispielsweise die University of Wisconsin-Madison, lehnten es ab, als Mittelsmänner zu agieren, und leiteten die Briefe nicht weiter [18]. Es ist wichtig zu wissen, dass nur eine der 30.000 Klagen gegen Konsumenten – und keine der Klagen gegen Studenten – vor einem Geschworenengericht verhandelt wurde. Es ist ein Fall, der gerade noch durch die Instanzen verhandelt wird. Die Geschworenen entschieden, dass Jammie Thomas das Urheberrecht gebrochen und Piraterie begangen habe, und verhängten eine hohe Geldstrafe. Aber dann änderte der Richter in diesem Fall seine Meinung. Er hinterfragte die Definition von Piraterie der Musikfirmen, die er ursprünglich akzeptiert hatte, und entschied, der Fall müsse neu verhandelt werden [19].

Weigle Information Commons: Lernen mit digitalen Medien an der University of Pennsylvania

In der Klage wurde den Filesharern vorgeworfen, dass sie »Dateien zum Herunterladen verfügbar« gemacht haben. Wenn man jedoch eine Datei verfügbar gemacht hat, aber nicht bewiesen werden kann, dass sich wirklich jemand diese Datei heruntergeladen hat, gab es dann wirklich einen Austausch? Diese Frage ist im amerikanischen Recht ungelöst, und sie zeigt die Unzulänglichkeiten der aktuell geltenden Gesetze auf, was die Regulierung der Verbreitung neuer Medien über das Internet angeht.

Über die Klagen hinaus haben viele Universitäten interne Methoden entwickelt, wie sie ihre Studenten und Netzwerke überwachen. Einige Universitäten haben ihr Netzwerk neu konzipiert, damit sie so wenig wie möglich darüber wissen, was dort passiert. Einige Universitäten haben ein gestaffeltes Sanktionssystem installiert. Stanford beispielsweise erhebt von seinen Studenten ansteigende »Wiederverbindungsgebühren«, wenn sie einen Brief von einem Filmstudio oder einer Plattenfirma erhalten. Einige Universitäten haben sich überreden lassen, Filter auf ihren Netzwerken zu installieren, die verhindern sollen, dass Dateien illegal ausgetauscht werden. Aber viele Mitglieder des Lehrkörpers, IT-Experten und Rechtsabteilungen sind von dieser Lösung wenig überzeugt, denn keine Filtersoftware kann sehr genau zwischen legal und illegal übermittelten Dateien unterscheiden [20].

Andere Universitäten haben reagiert, indem sie Dienste wie Napster Inc. (die jetzt gebührenpflichtige Reinkarnation der bahnbrechenden Filesharing-Software) abonnierten. Die Aboleistungen bieten unbegrenzten Zugriff auf Bibliotheken von Musik und Filmen, aber sie sind unter den Studenten unpopulär, weil die Musik und Videos sich nicht auf iPods herunterladen lassen, die Auswahl nicht groß genug ist und die Mediendateien verschwinden, nachdem man das Studium abgeschlossen und die

Universität verlassen hat. Im Februar schloss der populärste campusweite Medienabodienst Ruckus [21]. Studenten erwarten, dass ihnen die wichtigsten kommerziellen Medien zur Verfügung stehen, und zwar in dem Format, das sie bevorzugen. Das mag nach einer gierigen Forderung klingen (auf einer Ebene mit den Forderungen der MPAA nach kompletter Kontrolle), aber es ist eine Forderung, die technologisch in Reichweite liegt, wenn nur die rechtlichen Details gelöst werden können.

Unzufrieden mit den Reaktionen der Universitäten, haben sich RIAA und MPAA beim Kongress und bei den Regierungen der Bundesstaaten dafür eingesetzt, die Universitäten dazu zu zwingen, sich stärker zu engagieren. Und sie sind damit erstaunlich erfolgreich. Letztes Jahr enthielt der Federal Higher Education Act, also das Bundesgesetz über die Hochschulbildung, eine Klausel, die von Universitäten verlangt, dass sie eine Alternative zum Filesharing anbieten, allerdings ohne zu spezifizieren, wie diese Alternative auszusehen hat. Und ein kürzlich in Tennessee verabschiedetes Gesetz verlangt von den Universitäten in diesem Staat, fragwürdig scheinende Filter-Software zu installieren, um die Verletzung von Urheberrechten zu verhindern [22].

Hollywood und die Musikindustrie scheinen sich auf das Filesharing an Universitäten eingeschossen zu haben, weil Universitäten kleiner und weniger risikofreudig sind als große private Internetprovider. Universitäten sind, kurz gesagt, ein leichtes Ziel [23].

Aber der Angriff auf die Universitäten könnte sich als eine Fehlkalkulation erweisen. Erstens hat keine der Maßnahmen die steigenden Zahlen von Filesharern eingedämmt. Zudem sind die Universitäten zumeist sehr zögerlich, wenn es darum geht, auf die Forderungen von RIAA und MPAA einzugehen, und etliche Universitäten wehren sich geradezu dagegen. Diese Gegenwehr ist nicht dem Wunsch geschuldet, Filesharer zu schützen, sondern vielmehr der wachsenden Sorge, dass die Kontrolle von Campusnetzwerken im Hinblick auf Urheberrechtsverletzungen eine unmögliche Aufgabe ist: Sie zwingt die digitalen Medien künstlich dazu, unter denselben Beschränkungen zu funktionieren, die die Zirkulation dinglicher Medien kontrollieren.

Die Angriffe auf Filesharing greifen auch in die Kultur der Universitäten ein. Im Juli 2007 antworteten zwei Jura-Professoren aus Harvard RIAA und MPAA mit einem offenen Brief, in dem sie Harvard beschworen, keine Zahlungsforderungen an Studenten weiterzuleiten. Die Professoren, Charles Nesson und John Palfrey, argumentierten, dass man nicht von Universitäten verlangen könne, als Polizisten für kommerzielle Interessen zu agieren, denn dies kompromittiere die Mission der Universitäten, den offenen Austausch von Wissen zu fördern. »Universitäten«, so schreiben sie,

»[...] sind besondere Orte, wo Studenten eine Erfahrung machen, die die meisten von ihnen nicht wieder bekommen werden: zusammen in einer Gemeinschaft zu lernen, die Offenheit mehr als alles andere schätzt. Wenn die Universität sich als Handlangerin irgendeiner bestimmten Industrie erweist, dann senden wir an die Studenten die Botschaft, dass die Universität bereit ist, die Einmischung kommerzieller Interessen zu erlauben.« [24]

Bei einer späteren Tagung knüpfte Nesson an dieses Statement an und forderte Vertreter der RIAA, die auch teilnahmen, offen heraus und suchte dann nach einer Klage gegen einen Studenten wegen Filesharings, bei dem er zusammen mit seinen Studenten die Prozessvertretung übernehmen wollte. Allerdings bekam Harvard wundersamerweise keine Briefe mit Forderungen mehr [25].

In diesem Herbst entschied sich Nesson dann, den Fall eines Studenten einer anderen Universität zu übernehmen. In einem weithin publizierten Schlagabtausch argumentierte er, das Gesetz, auf das sich die Klagen gegen Studenten stützten, sei nicht verfassungsgemäß [26]. Des Weiteren führt Nesson aus, diese Klagen seien nicht nur Angriffe auf die offene Kultur der Universitäten, sie seien ebenso Angriffe auf die Offenheit der Internetplattform. »Es bleibt die Spannung«, erklärt Nesson,

»dass unser antiquiertes Rechtssystem noch nicht mit der gesellschaftlichen Realität von ›Digital Natives‹ aufgeschlossen hat ... Ein besseres Verständnis davon, wie die heutigen Generationen mit den digitalen Medien umgehen, wird uns helfen, die regulatorischen und pädagogischen Rahmenbedingungen so zu schaffen, dass sie dem öffentlichen Interesse dienen.« [27]

Mit anderen Worten: Wenn wir verstehen, wie Studenten mit neuen Medien umgehen, können wir auch verstehen, wie wir die neuen Medien regulieren müssen. Und Universitäten sind in einer einmaligen Lage, das offene Modell digitaler Netzwerke auszunutzen.

In mancherlei Hinsicht könnte Nessons Angriff zu spät gekommen sein. Ende 2008 teilten die Musik- und die Filmindustrie mit, sie würden keine neuen Klagen gegen Filesharer mehr anstreben [28]. Die Studios und Plattenfirmen hoffen, dass sie, statt sich mit individuellen Klagen herumzuschlagen, sich mit Internetprovidern (einschließlich Universitäten) einigen können, graduelle Reaktionssysteme einzuführen, wie das Provider in Frankreich getan haben.

Universitäten haben allerdings nicht nur das Ansinnen zurückgewiesen, unmögliche disziplinäre Methoden auf das Filesharing anzuwenden. Universitäten sind auch Labore, um neue Systeme für den Umgang mit digitalen Medien zu entwickeln. In einem der vielversprechendsten Beispiele haben Universitäten Verhandlungen mit einer Firma namens Choruss über eine freiwillige kollektive Lizenzierung für kommerzielle Medien auf dem Campus begonnen. Wenn das Filesharing nicht unterbunden werden kann, kann es doch vielleicht in ein System umgewandelt werden, mit dessen Hilfe Musiker und Filmemacher entlohnt werden [29].

Bereits jetzt zahlen Universitäten in gemeinsame Töpfe für Musikaufführungen auf dem Campus, für Radiosender und für Campus-Kabelfernsehsysteme ein. Agenturen, an die das Geld von den Universitäten abgeführt wird, verteilen es dann an die Künstler. Wenn kollektive Lizenzierungen für andere Formen der Verbreitung funktionieren, gibt es keinen Grund, warum das nicht auch für die Übermittlung von Dateien über digitale Netzwerke funktionieren sollte. Und sobald kollektives Lizenzieren für Filesharing an Universitäten allgemein üblich ist, werden Absolventen nach Abschluss ihres Studiums genauso damit rechnen.

Wenn Hollywood und Plattenstudios ursprünglich Universitäten ins Visier nahmen, in der Hoffnung, dass sie leichte Ziele seien und umstandslos Hollywoods Definition von Piraterie akzeptieren würden, scheint nun das Gegenteil eingetreten zu sein. Universitäten übernehmen die Führung, wenn es darum geht zu bestimmen, wie die Medien im digitalen Zeitalter gemacht und verbreitet werden. Und Universitäten lassen die Waage weg von totaler Kontrolle und allgemein vorhandenen Genehmigungssystemen hin zu einem geschmeidigeren Austausch und einer offeneren Nutzung von Medien ausschlagen.

Fazit

Diese Art von Training für Medienproduzenten und -konsumenten ist seit den 1910er Jahren eine Aufgabe der Universitäten. Universitäten haben immer als Versuchsgelände für das Ausbalancieren der Möglichkeiten neuer Medien mit den Feinheiten neuer Regulierung fungiert. Wenn das Gesetz eine Linie zwischen Piraten und Innovatoren zieht, dann haben Universitäten in ihrer Geschichte immer wieder auf die Wege verwiesen, wie die heutigen Piraten die Medienkünstler, Mogule und Konsumenten von morgen werden können.

Übersetzung aus dem Englischen:
Wilhelm Werthern

Anmerkungen

1　Peter Decherney: Copyright Dupes: Piracy and New Media in Edison v. Lubin (1903). In: Film History 19.2., New York 2007, S. 109-124; Lawrence Lessig: Free Culture: How Big Media Uses Technology and the Law to Lock Down Culture and Control Creativity. New York 2004 (Kapitel 4).

2　Kerry Segrave: Piracy in the Motion Picture Industry. Jefferson, New York 2003, S. 47-48.

3　Über den *Ben-Hur*-Fall siehe Siva Vaidyanathan: Copyrights and Copywrongs: The Rise of Intellectual Property and How it Threatens Creativity. New York 2001. Ebenso Paul Goldstein: Copyright's Highway: From Guttenberg to the Celestial Jukebox. Stanford 2003, S. 46-47 (überarbeitete Ausgabe).

4　Über die Demille-Lasky-Belasco-Beziehung siehe Sumiko Higashi: Cecil B. DeMille and American Culture: The Silent Era. Berkeley 1994.

5　Der Ausdruck »scenario fever« stammt von Edward Azlant: The Theory, History, and Practice of Screenwriting, 1897-1920. Dissertation, University of Wisconsin-Madison, 1980.

6　Peter Decherney: Hollywood and the Culture Elite: How the Movies Became American. New York

2005 (Kapitel 2). Die Informationen der folgenden Absätze stammen aus diesem Buch.

7 Frances Taylor Patterson: Cinema Craftsmanship: A Book for Photoplayrights. New York 1920, S. 81.

8 Für eine lebendige Darstellung des Aufstiegs der *Film School Generation* siehe Peter Biskind: Easy Riders, Raging Bulls: How the Sex-Drugs-and-Rock'n'roll Generation Saved Hollywood. New York 1998.

9 Jessica Litman: Digital Copyright. Amherst, New York 2001 (Kapitel 11).

10 Anmerkung des Übersetzers: »Als *Fair Use* (dt.: *Angemessene Verwendung*) bezeichnet man eine Rechtsdoktrin des anglo-amerikanischen Copyright-Systems, die bestimmte, nicht autorisierte Nutzungen von geschütztem Material zugesteht, sofern sie der öffentlichen Bildung und der Anregung geistiger Produktionen dienen.« (Zitiert aus: de.wikipedia.org/wiki/Fair_Use)

11 Er ist auch ein großes Hindernis für den kommerziellen Markt, denn er erlaubt es Firmen, Softwareformate mit Hardwareplattformen zu verknüpfen.

12 Electronic Frontier Foundation: DMCA Triennial Rulemaking: Failing the Digital Consumer. 1. Dezember 2005 (www.eff.org/IP/DMCA/copyright-office/DMCA_rulemaking_broken.pdf).

13 Für eine detaillierte Darstellung des Verfahrens für Ausnahmeregelungen siehe Katherine Sender/ Peter Decherney: Defending Fair Use in the Age of the Digital Millennium Copyright Act. In: International Journal of Communication 1, 2007; DMCA Triennial Rulemaking: Failing the Digital Consumer, 1. Dezember 2005 (vgl. Anm. 12).

14 Motion Picture Association of America: 2007 US Entertainment Industry Market Statistics (mpaa.org/USEntertainmentIndustryMarketStats.pdf).

15 H.R. 1201: Freedom and Innovation Revitalizing U.S. Entrepreneurship Act of 2007, 1. Lesung am 27 Februar 2007; Chua Hian Hou: Copyright Law Amended. In: The Straits Times (Singapur) 18.12.2008 (www.straitstimes.com/Breaking+News/Singapore/Story/STIStory_316063.html); Paul Sweeting: Circumventing Down Under. In: ContentAgenda (www.contentagenda.com/blog/1500000150/post/490036049.html?q=new+zealand+media+wonk).

16 Umfrage durchgeführt vom Public Policy Committee of the Society for Cinema and Media Studes (April 2007).

17 Lawrence Lessig: Remix: Making Art and Commerce Thrive in the Hybrid Economy. New York2008; Henry Jenkins: Textual Poachers: Television Fans and Participartory Culture. New York 1992.

18 Ron Kramer (Chief Information Officer): RIAA and University of Wisconsin-Madison (Mai 2008; www.cio.wisc.edu/riaa/#fff).

19 Vgl. David Kravets: Judge Declares Mistrial in RIAA-Jammie Thomas Trial. In: Wired Magazine OnLine, 24.9.2008 (blog.wired.com/27bstroke6/2008/09/not-for-publica.html).

20 Stanford University: File Sharing Policies (rescomp.stanford.edu/info/dmca/#stanobligations).

21 Jason Kincaid: College Music Service Ruckus.com Shuts Down. In: TechCrunch Blog, 6.2.2009.

22 H.R. 4137: Higher Education Opportunity Act, 110th Congress; RIAA Presseerklärung: RIAA CEO Joins Tenn. Governor and State Music Leaders in Welcoming Enactment of First-Ever Campus Downloading Bill, 12.11.2008 (riaa.org/newsitem.php?news_month_filter=&news_year_filter=&resultpage=2&id=72240403-D51A-209F-142F-98DC98F7AE18).

23 Fred von Lohmann erörtert in seinen Bemerkungen bei der EDUCAUSE Western Regional Conference die Gründe dafür, dass Medienfirmen sich auf Urheberrechtsverletzungen an Universitäten konzentrieren (zu hören unter connect.educause.edu/Library/Abstract/DontDownloadThisPanel/46532 [Letzter Zugriff: 15.1.2009]).

24 Charles Nesson / John Palfry: Universities to RIAA: Take a Hike. In: The Filter(Harvard), 9.7.2007 (cyber.law.harvard.edu/node/479). »Universities are special places, set off in time and space for students to have an opportunity most will not again have: to learn together in a community that cherishes openness above all else. If the university is perceived as doing the bidding of any particular industry, the message we're sending to students is that the university is willing to let commercial interests intrude.«

25 David Kravets: File-Share With Immunity: Go to Harvard. In: Wired Magazine Online, 2.5.2008.

26 Gerichtsdokumente und eine Erörterung des Falles RIAA gegen Tenenbaum unter joelfightsback.com.

27 Charles Nesson: The RIAA's Prosecution of Copyright Law is Unconstitutional. In: Mass High Tech, 28.11.2008 (www.masshightech.com/stories/2008/11/24/editorial2-The-RIAAs-prosecution-of-copyright-law-is-unconstitutional.html).

28 Greg Sandoval: RIAA Drops Lawsuits; ISPs to Battle File Sharing. In: CNET 19.12.2008 (news.cnet.com/8301-1023_3-10126914-93.html).

29 Eliot Van Buskirk: Three Major Record Labels Join the »Choruss«. In: Wired Magazine On-Line, 8. Dezember 2008 (blog.wired.com/business/2008/12/warner-music-gr.html).

Diesseits der Leinwand

Differenzerfahrung als Persönlichkeitsbildung im Kino

Von Winfried Pauleit

In fast allen offiziellen Programmen zur kulturellen Medienbildung begegnet man den Begriffen »Medienkompetenz« und »Persönlichkeitsbildung«. Was damit benannt werden soll, bleibt häufig unklar. Der Begriff der Medienkompetenz hat sich, durch seine Häufung und durch die Verwendung in verschiedenen Kontexten mit zahlreichen unterschiedlichen Konnotationen, inzwischen weitgehend entleert. Persönlichkeitsbildung erscheint demgegenüber (zumindest in Deutschland) wie ein neuer Trend-Begriff, der dort Anwendung findet, wo »Medienkompetenz« versagt. Mit dem Begriff »Persönlichkeit« verbinden sich Entwicklungshoffnungen, die auf das Individuum setzen. Rückbesinnungen auf das bürgerliche Subjekt sind darin enthalten, die wahlweise den Bogen zum Modell antiker Helden oder zur Konfiguration der zeitgenössischen »Ich-AG« spannen können. Wesentlicher Kernpunkt einer solchen Orientierung ist Handlungsfähigkeit.

Folgt man solchen Überlegungen, so stellt sich die Frage, welche spezifischen Akzente der Film im Rahmen einer Persönlichkeitsbildung setzen könnte. Oder zugespitzter formuliert: Wie kann die Filmvermittlung persönlichkeitsbildende Prozesse begünstigen oder initiieren? Diese zentrale Frage wird meist mit einem Glaubensbekenntnis beantwortet. Es heißt dann, Film ist zentraler Teil unserer heutigen Kultur, deshalb muss man sich mit ihm beschäftigen, deshalb muss man die »Sprache« des Films auf die Agenda der Bildungsinstitutionen setzen. Im strengen Sinne ist der Film jedoch keine Sprache. Die Rede vom ABC des Kinos ist vielmehr bis heute eine Metapher geblieben! Gleichwohl hält man daran fest – insbesondere in Bildungs- und Vermittlungskontexten. Das Glaubensbekenntnis besteht aus dem fundamentalen und ebenso legitimen Wunsch, sich Filmerfahrung zunächst einmal begreifbar zu machen. Weiter steckt darin die Vorstellung, dass man Film erlernen kann wie eine Sprache – und schließlich geht es um die Überzeugung, dass mit der Filmvermittlung in der Schule begonnen werden muss, wie mit dem ABC oder dem Einmaleins. Wenn der Film aber gar keine Sprache ist, sondern eine Industrie oder eine Kunst, was macht dann seine Besonderheit aus, und was bedeutet das für die Filmvermittlung? Im Folgenden möchte ich zunächst einige Gedanken zur allgemeinen Gegenstandsbestimmung des Films skizzieren, die aus meiner Sicht die Grundlagen für die »Vermittlung« mitbestimmen. Daran anschließend geht es mir um eine Beschreibung der spezifischen Erfahrungsform von Film und Kino. Schließlich möchte ich den Gedanken ins Spiel bringen, dass es beim Thema Filmvermittlung weniger um Persönlichkeitsbildung im klassischen Sinne einer »Formung« oder Herausbildung von handlungsfähigen Individuen geht, sondern vielmehr um die persönlichkeitsbildenden Möglichkeiten einer radikalen Differenzerfahrung.

1. Zur Gegenstandsbestimmung von Film und Kino

Bereits früh in der Geschichte von Film und Kino finden sich Überlegungen dazu, dass der Film eine andere Form der Alphabetisierung möglich machen könnte, weil er eben auch den Analphabeten oder den einer Landessprache nicht kundigen Immigranten zugänglich ist. Film und Kino werden als ein neues weltumspannendes Esperanto imaginiert [1]. Später auch als ein Medium, welches den Gedanken einer »Family of Man« proklamiert (Kracauer) [2]. Und Jean-Luc Godard hat von dem Experiment geträumt, auf Cuba nach der Revolution die Alphabetisierung mit der Kamera anzugehen, anstatt auf einen klassischen Sprachunterricht zu setzen [3]. Neben diesen empirischen und utopischen Befunden findet sich die Vorstellung von einer Sprache des Films direkt oder indirekt in vielen Schriften, die sich der Einführung in den Film widmen. Dort wird der sprachähnliche Charakter des Films beispielsweise an den Einstellungsgrößen festgemacht: Totale, Halbnah und Großaufnahme – oder auch an seinen Wirkungsweisen, denen Begriffe wie Spannung, Dynamik, Suspense etc. zugeordnet werden. Allerdings hat sich auch die Begrenztheit dieser Übertragungsversuche immer wieder gezeigt. Film und Kino, so lässt sich konstatieren, sind keineswegs sprachkongruent – auch wenn sie sprachliche Elemente enthalten. Die Rede von einer Sprache des Films erscheint vielmehr wie ein Behelf, um eine Vorstellung von Film und Kino zu gewinnen, um also über etwas sprechen zu können, was man (noch) nicht recht versteht. Was man mit dieser Umschreibung außer Acht lässt, sind weitergehende Überlegungen zum besonderen Gegenstand von Film und Kino.

Schon in historischer Perspektive wurde die Bestimmung des Films – und damit die Grundlage für eine wissenschaftliche Beschäftigung mit diesem – immer wieder infrage gestellt. Formuliert wurden ontologische Ansätze, die sich in André Bazins grundlegender Frage »Was ist Film?« bzw. »Was ist Kino?« verdichten. In den 1970er Jahren wurde der Film im Kontext semiologischer und poststrukturalistischer Überlegungen als Text gefasst, zum Beispiel von Christian Metz. Die textuellen Ansätze wurden in den 1990er Jahren wiederum durch neuere Ansätze ersetzt, die wie Rick Altman den Film als Ereignis konzipieren oder wie Vivian Sobchack eine phänomenologische Perspektive einnehmen, die den Körper ins Zentrum stellt [4]. Anders formuliert: Unsere Vorstellung von Film ist selbst historisch geprägt und unterliegt einer ständigen Befragung, die selbst Teil der Konstitution des Gegenstands Film ist. Auch die Digitalisierung stellt eine neue Herausforderung dar, die die Bestimmung dessen, was unter Film verstanden wird, grundlegend verändert. Die Problematik der Gegenstandsbestimmung zeigt sich auch im Diskurs um die Methoden der Filmanalyse. Die bislang existierenden Modelle erscheinen angesichts der Diversifizierung des Films – auf der Produktionsseite, auf der Distributionsseite und auf der Rezeptionsseite – veraltet. Sie ziehen zudem eine klare Grenze zwischen Werk und

Kontext, obwohl sich zeigt, dass eine konsistente Abgrenzung oder Operationalisierung des filmischen Artefakts für die Analyse nicht so einfach zu haben ist und dass diese Operationalisierung selbst den Gegenstand verändert, ohne ihn jedoch eindeutig von den ihn umgebenden Diskursfeldern unterscheiden zu können [5].

In Bezug auf den Begriff Kino wird die Problemlage noch deutlicher. Ich will mich hier auf wenige Aspekte beschränken, zum Beispiel darauf, dass unter Kino im internationalen Diskurs mehr verstanden wird als ein Kinosaal mit seiner spezifischen Projektionsanordnung – also mehr als ein Gebäude, in dem Filme vorgeführt werden. Mit dem Begriff »Kino« wird im englischen oder französischen Sprachgebrauch (*cinema*, *cinéma*) ein weiter Horizont von Film und Kino abgesteckt, zum Beispiel das Kino als Summe aller Filme. In diesem Kontext werden damit auch eine kulturelle Institution und eine spezifische Kulturtechnik bezeichnet. Institution und Kulturtechnik bringen kulturelle Formen und Praxen hervor. Konkret meint das die vielfältigen Formen des Filme-Machens, des Filme-Zeigens und der Aneignung des Films durch die Zuschauer. Kino zeichnet sich dabei auch durch Hybridität aus. Heterogene Elemente stehen schon im Film nebeneinander, verbinden sich miteinander oder treffen kontrastiv aufeinander. Der Begriff »Kino« zielt insbesondere auf die Erfahrungshorizonte des Zuschauens, die zugespitzt schließlich auch als »Kino-Denken« gefasst werden können. Kino-Denken, das meint jenseits konkreter Filme ein assoziatives, vom Film inspiriertes Denken in Montagen von Texten, Bildern, Körpern, Tönen, Geräuschen, Geschichten, Zeiten und Räumen, die sich nicht auf ein abgeschlossenes filmisches Artefakt zurückrechnen lassen.

Gleichwohl steht man immer wieder vor der Herausforderung, eine Gegenstandsbestimmung zu versuchen, um damit arbeiten zu können. Meine Arbeitshypothese lautet: Kino transportiert Gefühle und Wissen auf *foto- und audiografischer* Basis durch Räume und Zeiten [6]. Inzwischen geschieht dies zunehmend digital [7]. Das Kino ist im Laufe des 20. Jahrhunderts zu einer Institution der Sammlung und Weitergabe geworden, zu einem kulturellen Speicher, neben den Bibliotheken und Museen, die die kulturellen Sprachwerke und Objektwelten beherbergen. Das Besondere des Kinos ist, dass es Bibliotheken und Museen – also Objekt- und Text-welten – im Grunde mit umfasst. Deshalb ist sein spezifischer Charakter mitunter so schwer zu fassen. Auch die Bibliothek umfasst ja die Objektwelten des Buches und die der Textualität [8].

Filmische Artefakte lassen sich demgegenüber als dreigliedrig beschreiben: Eine Filmrolle hat Objektcharakter. In ihrer spezifischen linearen Anordnung von Ton und Bild ist sie durchaus mit einem geschriebenen Text vergleichbar. Als spezifische Form der Kinematografie geht sie in der Filmaufführung über den Status von Sammlungsobjekt und Textualität hinaus. Film ist in der Lage, sich sowohl Objektwelten als auch Texte sowie Töne und Geräusche einzuverleiben – und schließlich auch andere Künste. Dadurch wird der Film selbst zu einem imaginären Ort der Sammlung kultureller Phänomene. Das Kino ist dabei, ähnlich wie Museum und Bibliothek, der materielle und imaginäre Ort einer kulturellen Institution. (Und alle diese Institutionen werden gegenwärtig von der Digitalisierung erfasst.) Das bedeutet auch, dass das Kino in der Kunst nicht aufgeht, sondern sich ähnlich auffächert wie ein weit gefasster Begriff des Bildes, der Textualität oder des Sounds. Es verzweigt sich in andere gesellschaftliche Bereiche hinein und ist ebenso Teil der Ökonomie und der Sozialgeschichte. Wenn man es zuspitzen wollte, so könnte man es so formulieren: Kino buchstabiert sich aus Mythos, Politik und Popkultur. Es zeigt uns Geschichte. Diese großartige Geschäftsidee setzt sich heute in den Neuen Medien fort.

2. Zur spezifischen Erfahrungsform von Film und Kino

In medienpädagogischen Diskussionen werden uns die Sprengkraft des Films und seine Besonderheit immer wieder vor Augen geführt. Der zentrale Punkt in diesem Diskurs ist die Gewaltwahrnehmung, die sich in Theater, Literatur, Kunst und Musik zwar auch stellen kann, aber nicht in gleicher Weise wie im Film und in den audiovisuellen Medien. Die Filmwissenschaftlerin Miriam Hansen hat versucht, diesen Aspekt mit Blick auf Steven Spielbergs JU-

RASSIC PARK (1993) auf den Punkt zu bringen: *Dinosaurier sehen und nicht gefressen werden* heißt ein Aufsatztitel von ihr [9]. (Hansen ergänzt, dass es beim Film natürlich auch um das Hören geht!). Mit dieser einfachen Formel fasst Hansen die spezifische Wahrnehmungsform des Films zusammen. Sie führt den Gedanken wie folgt aus:

»Damit meine ich zunächst einmal die strukturelle Möglichkeit, im Film Phänomene zur scheinbar unmittelbaren Darstellung zu bringen bzw. dem Zuschauer zum sinnlichen Genuss anzubieten, die in realen Situationen das wahrnehmende Subjekt zertrümmern oder verschlingen würden. Die Bedingung dieser Möglichkeit ist die absolute Trennung des raum/zeitlichen Bereichs des Dargestellten vom raum/zeitlichen Bereich des Zuschauers, also die filmische Steigerung des dramatischen Prinzips der ›vierten Wand‹. Anders als im Theater, wo es sich um eine nur phänomenale Trennung der Bereiche handelt, impliziert der Effekt der Gegenwärtigkeit des Dargestellten im Kino einen zeitlichen Sprung, eine notwendig gespaltene Zeitstruktur: Wenn Kamera und Darsteller anwesend sind, ist der Zuschauer abwesend und umgekehrt. Markiert die Leinwand die unüberschreitbare Grenze zum Reich der Illusionen, so bietet sie zugleich auch Schutz gegen die als real dargebotenen Illusionen.« [10]

Nun geht es Hansen nicht um eine allgemeine Bestimmung der Möglichkeit der Gewaltwahrnehmung im Film, sondern um »das Verhältnis von filmischer Sehstruktur und gewaltbezogenem Affekt in seinen historischen, gesellschaftlichen und politischen Dimensionen« [11]. Also auch um historische Diskurse, die sich verändern. Zunächst merkt sie an, dass der Film anknüpft an »die Rolle der Gewalt in den Traditionen populärer Unterhaltungskunst [...] den altbeliebten öffentlichen Exekutionen ... freak shows ...« etc [12]. Und sie nennt eine Reihe von Beispielen von gefilmten Hinrichtungen aus dem frühen Kino um 1900. Dass alle diese Filme nachgestellt sind, zeigt bereits die Ambivalenz des Films, der einerseits an die Gewaltdarstellungen anknüpft und die Schaulust befriedigen kann, die reale Gewalt aber gleichzeitig mildert. Dank Filmtrick kommt in diesen Filmen niemand zu Tode.

Hansen skizziert anhand der Theorien von Walter Benjamin und Siegfried Kracauer eine Ambivalenz

in deren Diagnosen von Gewaltwahrnehmung im Film. Diese wird einerseits als Betäubung begriffen, wenn gesellschaftliche Schockerfahrung nur reproduziert und damit im einfachen fotografischen Sinne fortgeschrieben wird. Andererseits bringt die Gewaltwahrnehmung den Körper der Zuschauer ins Spiel und erübrigt durch »eine Art ›Probehandeln im Geiste‹ [...] ein Ausagieren der Gewalt in der Praxis« [13]. Zentrales Moment der Überlegungen, das Hansen von Kracauer adaptiert, ist »das Spiel, die spielerische, fiktive Konfrontation der Zuschauer mit der filmisch artikulierten Gewalt, die immer schon auch andere und tödlichere Quellen hat« [14]. Hansen vertritt hier die Position, dass Gewalt nie allein aus dem Film kommt, sondern in der Regel bereits in der Gesellschaft vorhanden ist.

Es geht mir mit diesem Beispiel aber nicht primär um die Gewaltwahrnehmung im Film und die daran anschließende medienpädagogische Debatte, sondern um die Möglichkeiten des Spiels, die der Film eröffnet, eröffnen kann, um Erfahrungen – auch die Erfahrungen von Gewalt – zu bearbeiten. Und diese Möglichkeiten des filmischen Spiels umfassen nicht nur *mind games*, also philosophische Spielereien, sondern auch die Auseinandersetzung mit materiellen Phänomenen. Holzschnittartig formuliert: Im Film sprechen uns die Dinge scheinbar direkt und körperlich an, obwohl sie tatsächlich abwesend sind. Darin besteht die Besonderheit seiner Erfahrung.

JURASSIC PARK macht sich nun die Möglichkeiten des filmischen Spiels auf besondere Weise zu Nutze. Der Film zeigt nicht nur einfach, wie man »Dinosaurier sehen kann, ohne gefressen zu werden«, sondern er präsentiert auch das Kino selbst als eine Möglichkeit zum Probehandeln. Das heißt, der Film zeigt uns einen Film im Film, genauer einen »Kulturfilm«, der uns als Zuschauern und den Protagonisten im Film erklärt, wie man Dinosaurier aus fossilen DNA-Spuren züchten kann (vgl. Film clip no. 2). In dieser Film-im-Film-Konstruktion wird das Prinzip der vierten Wand zunächst verdoppelt und dann auf der innerfilmischen Ebene scheinbar außer Kraft gesetzt. Dies geschieht mithilfe einer Inszenierung, die die Verletzbarkeit auch über die Grenze der Leinwand hinweg behauptet: John Hammond (Richard Attenborough), Gründer und Erfinder vom Jurassic Park, schaut sich gemeinsam mit den Protagonisten den besagten Lehrfilm an, in dem er selbst als Figur auf der Leinwand erscheint. Und dann tritt er seinem Alter Ego gegenüber und beginnt einen Dialog, der darin gipfelt, dass der John Hammond vor der Leinwand dem John Hammond auf der Leinwand mit einem kleinen Stich in den Finger scheinbar ein wenig Blut abnimmt. Und der John Hammond auf der Leinwand kommentiert diese Handlung mit dem Satz: »John, that hurts!«, bevor er sich umgeben findet von seinen eigenen Klonen, die mittels der seit Georges Méliès bekannten filmischen Tricktechnik plötzlich die Leinwand bevölkern.

Spielberg präsentiert mit seinem Lehrfilm aber nicht nur einen Diskurs über das Klonen. Er erinnert auch daran, dass das Kino schon immer eine andere, erweiterte Form der Lebensschilderung verfolgt hat. Zahlreiche Theoretiker haben auf die andere, »biografische« Dimension des Kinos hingewiesen: Panofsky, Kracauer, Bazin, die dabei nicht nur auf die fotografische Basis des Films Bezug nehmen – die uns heute veraltet erscheint –, sondern auf die Fähigkeit des Kinos, materielle Phänomene – oder das Leben selbst – zu vermitteln. (Bazin spricht in diesem Kontext vom Film als »Mumie der Veränderung«, wobei er explizit auf die Metapher der Reanimation eines in Bernstein erstarrten Insekts anspielt, die Spielberg in seinem Lehrfilm aufgreift) [15]. In dieser Perspektive tritt Spielbergs Lehrfilm das Erbe einer spezifischen Form des Lernens an: der Anschauungspädagogik, die heute im Begriff des Sachunterrichts ihre Fortsetzung findet. Ein bekanntes Beispiel für diese Tradition des Kultur- und Lehrfilms im deutschen Fernsehen ist *Die Sendung mit der Maus*. Es ist bezeichnend (und in gewisser Weise auch folgerichtig), dass sich ein großer Teil deutscher Filmpädagogik in der Tradition dieses Verständnisses von Lehr- und Kulturfilm auf die Vermittlung von spezifischen »Sachthemen« konzentriert: also beispielsweise auf die Behandlung von Themen wie dem Ersten Weltkrieg oder ähnlichem. Dass in JURASSIC PARK immer wieder auf die Anschauungspädagogik referiert wird, zum Beispiel in der Szene, in der ein Dinosaurier aus dem Ei schlüpft, oder wenn es um die Schwarmformationen der laufenden Dinosaurier geht, legt möglicherweise eine falsche Fährte für die Erkenntnisfunktion des Films.

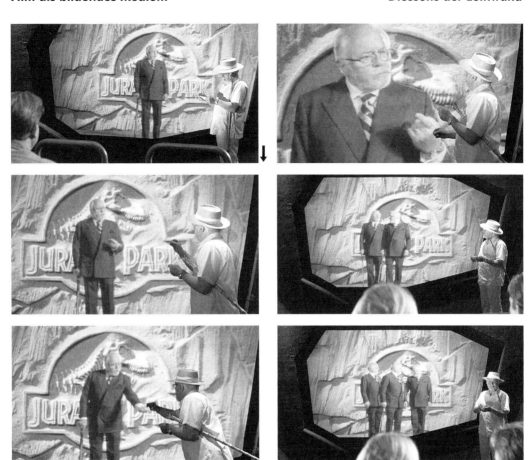

Verletzbarkeit über die Leinwandgrenzen hinweg: John Hammond nimmt in JURASSIC PARK seinem Leinwand-double Blut ab

Der eigentliche Erkenntnisgewinn des Lehr-films in JURASSIC PARK für die Filmvermittlung ist in meinen Augen ein anderer. Er liegt zum einen in der behaupteten Verletzbarkeit über die Grenze der Leinwand hinweg (die auch für die Zuschauerseite gilt) und zum anderen in der Interaktion (des Zu-schauers) mit sich selbst, die uns am Beispiel von John Hammond gezeigt wird – und die, so könn-te man behaupten, prototypisch für das Kino die Filmwahrnehmung strukturiert. Denn die Begeg-nung mit sich selbst auf der Leinwand ist trotz des inszenierten Dialogs immer eine Begegnung mit der (eigenen) Vergangenheit und der eigenen Verletz-

barkeit [16]. Wobei hier das »Eigene« weniger auf die literarisch-biografische Erzählung Bezug nimmt, die der Film JURASSIC PARK auch erzählt – John Hammonds Karriere hat mit einem Flohzirkus an-gefangen, und er entwickelt dann einen Freizeit-park mit Dinosauriern –, sondern eher mit einer allgemein menschlichen, körperlichen Erfahrung zu tun hat, mit einem »if you're cut, you're gonna bleed« (wie es Curtis Mayfield formuliert) [17]. Weil Filmwahrnehmung in diesem (körperlichen) Sinne Vergangenheit aktualisieren und bearbeiten kann, ist sie verwandt mit den Märchen und der Psychoanalyse. Gerade in diesem Sinne ist der spie-

Strukturale Analyse des Klassenzimmers: ...

lerische Charakter des Films von Bedeutung, mit dem auch Erfahrungen bearbeitet werden können, die gemeinhin jenseits des kommunikativen Handelns im Alltag liegen.

3. Differenzerfahrung

Persönlichkeit bildet sich unter anderem in Prozessen von Anschauung und Nachahmung heraus. Das Kino, so könnte man behaupten, erweitert den Horizont unseres Lernens durch Anschauung und Nachahmung, indem es uns ein zusätzliches Repertoire an »Personen« oder *role models* erschließt und dank der Filmtechnik besonders nahebringen kann. Stars und andere filmische Figuren repräsentieren in dieser Hinsicht nicht nur »fehlgeleitete« Wünsche im Entfremdungsprozess der Moderne – also industrielle Idealvorstellungen, denen es nachzueifern gilt –, sondern eben auch ernstzunehmende Selbstbildungswünsche eines Massenpublikums. Godard hat mit seinem Protagonisten Jean-Paul

Belmondo in À BOUT DE SOUFFLE (Außer Atem; 1960) sehr schön gezeigt, wie dieser sich die Figur des Humphrey Bogart über körperlich-gestische Nachahmung aneignet.

Allerdings erscheinen auch in diesem Bereich die Möglichkeiten einer Anschauungspädagogik begrenzt. Deutlicher tritt eine spezifische Lernerfahrung auf den Plan, wenn das Scheitern von Kommunikation und das Nichtgelingen von Nachahmungsprozessen im Film gezeigt werden. Gerade dann eröffnet das Kino eine Möglichkeit der Differenzerfahrung, die bis hin zum extremen Dissens unvereinbarer Diskurse reichen kann. In seltener Klarheit hat François Truffaut das Misslingen von Kommunikation und Lernen als Dissens zwischen Lehrer und Schülern in Szene gesetzt.

Truffaut unternimmt in der ersten Szene seines Films LES QUATRE CENTS COUPS (Sie küssten und sie schlugen ihn; 1959) eine strukturale Analyse des Klassenzimmers in genau vier Einstellungen (vgl. Film clip no. 3). Er vermisst den Raum und zeigt dabei,

... Die vier Einstellungen der ersten Szene in LES QUATRE CENTS COUPS

welche Einstellungen und Positionen man in diesem Raum einnehmen kann. In der ersten Einstellung ist die Kamera auf der Seite der Schüler und schaut ihnen über die Schulter. Die Zuschauer teilen mit ihnen die Schulerfahrung: Es geht um das Schreiben einer Klassenarbeit, der Blick der Schüler ist gesenkt; es gibt zunächst keinen Kontakt zum Lehrer. Diese erste Einstellung ist gleichzeitig der *establishing shot*, und dient dazu, einen der Schüler, Antoine Doinel, herauszustellen. Mit dieser Szene beginnt die »Karriere« des Antoine Doinel, die schließlich im Erziehungsheim endet – eine Biografie, die sich in weiteren Filmen fortsetzen wird [18]. Mit dieser Szene beginnt aber auch die Karriere von François Truffaut und dem damals 14-jährigen Schauspieler Jean-Pierre Léaud, die damit auf dem Festival von Cannes den Grundstein für ein neues Kino legen: die Nouvelle Vague.

Die zweite Einstellung zeigt uns das Klassenzimmer aus der Position des Lehrers. Allerdings wechselt die Kamera erst in dem Moment in die Lehrerpo-

sition, als der Lehrer seinen Platz am Pult verlässt, um durch die Klasse zu schlendern. Wir sehen also keine subjektive Lehrerperspektive, sondern eine strukturelle, die mit einem Schienenwagen aufgenommen ist, der von rechts nach links fährt, und die ihren Blick durch die Fluchten der Sitzanordnung der Schüler wirft. Die dritte und vierte Einstellung zeigen das Klassenzimmer einmal von links und einmal von rechts und beschreiben das Verhältnis zwischen Lehrer und Schülern. Insbesondere die vierte Einstellung dient dazu, den aus der Klasse ausgegrenzten Antoine Doinel und das Scheitern der Kommunikation hervorzuheben.

Allein durch die formale Aufgliederung der Szene wird Dissens erfahrbar strukturiert. Ausgehend von einem Schuss-Gegenschuss-Verfahren wechselt die Kamera in eine dritte Position, die zwischen den Antagonisten Schüler und Lehrer »vermittelt« – jenseits der gescheiterten Kommunikation. Die Kamera bringt die Zuschauer als Dritte ins Spiel und öffnet damit den Erfahrungsraum diesseits der Leinwand.

Erst durch die geschilderte Verschaltung der unterschiedlichen Räume (von Schule und Kino durch die Kamera) steht Doinel schließlich allein den Zuschauern gegenüber. Dies macht seine Einsamkeit und Verletzlichkeit auch im Kinosaal körperlich spürbar, obgleich die Zuschauer mit der innerfilmischen

Misslungene Nachahmung: ...

Figur – anders als im Beispiel JURASSIC PARK – nicht kommunizieren können. In dieser Szene entfaltet sich gleichwohl das spielerische Moment des Kinos, wird die »spielerische, fiktive Konfrontation der Zuschauer mit der filmisch artikulierten Gewalt« wirksam, wie es Miriam Hansen formuliert [19].

Die zweite Szene im Klassenzimmer (die mit der zweiten Schulstunde kongruent ist) zeigt das Misslingen der Nachahmung (vgl. Film clip no. 4). Der Lehrer schickt Doinel hinaus. Die Kamera folgt diesem und zeigt, wie er das Klassenzimmer verlässt, und schwenkt dann um auf einen anderen Schüler, der innerhalb des Raums genau die Spiegelposition von Doinel innerhalb der Sitzordnung innehat. Nun wird dieser Schüler von der Kamera herausgestellt (wie vormals Doinel vom Lehrer). Dieses zweite Herausstellen hat eine andere Funktion: Sie mildert die

Ausgrenzung Doinels und zeigt, dass dieser nur einer unter anderen ist, der mit der Ordnung der Schule in Konflikt gerät. Gleichzeitig führt sie plastisch die misslingende Nachahmung vor – als Wechsel der Einstellungen vom Lehrer, der an die Tafel schreibt, und vom Schüler, der in sein Heft schreibt.

Während auf der Audiospur das Diktat des Lehrers als Wissensdiskurs Kontinuität und Sinnhaftigkeit für den Lernprozess behauptet, wird auf der Bildspur im Wechsel der Einstellungen die Diskrepanz zwischen Lehrerperformance und Aneignungsversuch des Schülers wie im Slapstick überzeichnet. Der tonangebende Diskurs des Lehrers steht der stummen Mitschrift eines Schülers als je unterschiedlicher Umgang mit der Schrift gegenüber: auf der einen Seite das Wissen als unhinterfragbare Position des Lehrers, dem die Schrift nur ein Mittel der Übertragung ist, auf der anderen die Auseinandersetzung mit der Schrift, die auf Seiten des Schülers eine zunehmende Eigendynamik gewinnt, wobei das gesicherte Wissen abhanden zu kommen droht im Kampf mit der Materialität von Tinte und Papier – und letztlich von der Aufzeichnung des Kinos ersetzt wird. Auch in dieser Szene wird die schulische Anordnung durch das Kino überformt. Erst die Aufgliederung in Ton und Bild, kombiniert mit dem Wechsel der Einstellungen, in denen spürbar wird, dass sich das Wissen nicht überträgt, sondern sich zwischen Tintenklecksen und herausgerissenem Papier verflüchtigt, vermittelt eine Differenzerfahrung. Die Anstrengung des Schülers ist im Kontext Schule ein Versagen. Im Kino wird sie zum Slapstick, der nun seinerseits einen eigenen Übertragungsprozess auslöst, der diesseits der Leinwand in den Zuschauern seine Resonanz findet.

Ein aktuelles Beispiel für die Konfrontation der Zuschauer mit einer filmisch artikulierten Gewalt und die Übertragung dieser Erfahrung in den Zuschauerraum findet sich in Maren Ades ALLE AN-

DEREN (2009). Der Film zeigt das Miteinander eines jungen Paares im Urlaub: Alltagsbilder, die anscheinend jede und jeder kennt, zumindest sofern sie oder er einer bestimmten Generation und Kultur angehört. Der Verleihtext beschreibt den Film wie folgt: »ALLE ANDEREN erzählt die Geschichte von Gitti und Chris, einem ungleichen Paar, das sich in abgeschiedener Zweisamkeit durch einen Urlaub kämpft. Wir lernen zwei Menschen kennen, wie sie nur sein können, wenn sie alleine sind: geheime Rituale, Albernheiten, unerfüllte Wünsche und Machtkämpfe. Ausgelöst durch ein scheinbar unwichtiges Ereignis – die Begegnung mit einem anderen Paar –, gerät die Beziehung ins Wanken. Die Anderen sind nicht nur erfolgreicher, sondern verstehen es zudem, eine konventionelle Mann-Frau-Rollenverteilung hinter einer modernen Fassade zu verstecken. Chris beginnt sich an den Anderen zu orientieren und versucht seiner eigensinnigen Freundin ihre Grenzen zu zeigen, wodurch Gittis Vertrauen in ihren Freund zutiefst erschüttert wird.« [20]

Dieser Plot findet seine Zuspitzung in einer einzigen symbolischen Handlung, einer Unterwerfungsgeste, mit der die beiden Männer in einer männerbündischen Übereinstimmung ihre bekleideten Frauen in den Swimmingpool werfen. In diesem Moment wird das vertraute Verhältnis des Paares zerstört und auch die Teilnahme der Zuschauer an diesem Miteinander. Gleichzeitig öffnet sich der Raum diesseits der Leinwand. Die Erschütterung überträgt sich in den Zuschauerraum und macht die »Gewalt« am eigenen Leib erfahrbar.

Kino braucht die Dinge nicht auf den Begriff zu bringen, sondern kann sie auch sinnlich-materiell in Ton und Bild – oder in Ton gegen Bild – erfahrbar und »bearbeitbar« machen. Darin besteht das Erfahrungspotenzial des Kinos, das immer dort aufzutreten scheint, wo die einfache Anschauungspädagogik scheitert. Insofern ist das Kino auch kein

»Fern«-Sehen und keine *Sendung mit der Maus*, die uns wie ein Kulturfilm anschauliche Erfahrung über Distanzen vermittelt. Im Kino geht es eher um eine andere Option: herauszutreten aus einer festgefügten Ordnung, sich lösen aus einer gescheiterten Kommunikation, aktualisieren der eigenen Verletzlichkeit,

... Die spiegelbildlichen Einstellungen in der zweiten Schulszene

einen »anderen« Ort im Sinne Foucaults betreten [21]. Heide Schlüpmann hat diese Erfahrung der Differenz einmal wie folgt beschrieben:

»So wie ich einerseits aus der Kindheit die Angst vor dem dunklen Raum, der Präsenz einer diffusen Masse, beim Betreten des Kinos erinnere, so gegenwärtig ist mir andererseits immer noch die spätere unerhörte Erfahrung, verloren, verstört, zutiefst ermattet und verunsichert ins Kino zu gehen, um es ›neu geboren‹, mit großem Wohlgefühl und wiedergefundener Lust zu verlassen.« [22]

In diesem Sinne trägt das Kino diesseits der Leinwand zur Persönlichkeitsbildung bei. Diese geht aus einer Differenzerfahrung hervor. Sie hat ihren Kern in der Filmwahrnehmung selbst oder in der dabei entstehenden Erfahrung, wie auch immer man diese bezeichnen mag.

Anmerkungen

1   Vgl. hierzu Robert Stam u.a.: New Vocabularies in Film Semiotics. Structuralism, Post-Structuralism and Beyond. London, New York 1992; hier insbesondere das Kapitel Cine-semiology, S. 28ff.

2   Vgl. Siegfried Kracauer: Theorie des Films. Frankfurt/Main 1985; hier der Abschnitt »The Family of Man«, S. 400ff.

3   Jean-Luc Godard: Einführung in eine wahre Geschichte des Kinos. Frankfurt/Main 1984.

4   Vgl. hierzu auch das Vorwort des Sammelbandes von Sabine Nessel und mir: Sabine Nessel u.a.: Wort und Fleisch. Kino zwischen Text und Körper. Berlin 2008; André Bazin: Was ist Film? Berlin 2004; Christian Metz: Der imaginäre Signifikant: Psychoanalyse und Kino. Münster 2000; Rick Altman: Cinema as Event. In: R.A.: Sound Theory / Sound Practice. London, New York 1992; Vivian Sobchack: The Address of the Eye: A Phenomenology of Film Experience. Princeton 1992.

5   Vgl. hierzu Winfried Pauleit: Die Filmanalyse und ihr Gegenstand. Paratextuelle Zugänge zum Film als offenem Diskursfeld. In: Andrzej Gwózdz (Hg.).: Film als Baustelle. Das Kino und seine Paratexte. Marburg 2009, S. 45-65.

6   Winfried Pauleit: Das ABC des Kinos. Foto, Film, Neue Medien. Frankfurt/Main 2009

7   Sabine Nessel / Winfried Pauleit: Das Neue in Film und Kino. Filmästhetik und Digitalisierung. In: Wolfgang Sohst (Hg.): Die Figur des Neuen. Berlin 2008, S. 331-356.

8   Winfried Pauleit: Kino/Museum. Film als Sammlungsobjekt oder Film als Verbindung von Archiv und Leben. In: Viktor Kittlausz / Winfried Pauleit (Hg.): Kunst – Museum – Kontexte. Aktuelle Positionen in der Kunst- und Kulturvermittlung. Bielefeld 2006, S. 113-135.

9   Miriam Hansen: Dinosaurier sehen und nicht gefressen werden. Kino als Ort der Gewalt-Wahrnehmung bei Benjamin, Kracauer und Spielberg. In: Gertrud Koch (Hg.): Auge und Affekt. Wahrnehmung und Interaktion. Frankfurt/Main 1995, S. 249-271.

10   Ebenda, S. 251.

11   Ebenda, S. 258.

12   Ebenda, S. 253.

13   Ebenda, S. 262

14   Ebenda, S. 266

15   André Bazin: Ontologie des photografischen Bildes. In: A.B.: Was ist Film? Berlin 2004, S. 33-42.

16   Erst die Installationen von Video bzw. Videoüberwachung (Closed Circuit Television) heben diese zeitliche Festlegung auf. Vgl. Winfried Pauleit: Photographesomenon. Videoüberwachung und bildende Kunst. In: Leon Hempel / Jörg Metelmann (Hg.): Bild – Raum – Kontrolle. Videoüberwachung als Zeichen gesellschaftlichen Wandels. Frankfurt/Main 2005, S. 73-90.

17   »There Really Ain't No Difference / If You're Cut You're Gonna Bleed / Might I Get A Little Bit Deeper / Human Life Is From The Semen Seed«. Curtis Mayfield: Mighty Mighty Spade and Whitey. 1969 Carnad Music (Bmi).

18   Die Lebensgeschichte von Antoine Doinel wird über einen Zeitraum von 20 Jahren weiter erzählt in: AN-TOINE ET COLETTE (1962), BAISERS VOLÉS (Geraubte Küsse; 1968), DOMICILE CONJUGALE (Tisch und Bett; 1970), L'AMOUR EN FUITE (Liebe auf der Flucht; 1978/79).

19   Hansen 1995, a.a.O.

20   Verleihtext von der Website (www.komplizenfilm. net/alle-anderen.html [Letzter Zugriff 1.6.2009]).

21   Michel Foucault: Andere Räume. In: Documenta X, 1997, Kassel: Das Buch zur Documenta X = politics-poetics. Ostfildern 1997, S. 262-272.

22   Heide Schlüpmann: Filmwissenschaft als Kinowissenschaft (www.nachdemfilm.de/no5/slu02dts.html).

Andante con moto quasi allegretto

Musikalische (Um)Erziehung im Kino

Von Marc Ries

»Musik ist eine Politik. Ohne Seele und ohne Transzendenz, materiell und relationell, die Musik ist die vernunftbegabteste Aktivität des Menschen. Die Musik macht und lässt in uns die Bewegung machen. [...] Sie ruft uns ins Gedächtnis, dass die Vernunft nicht die Funktion hat zu repräsentieren, sondern die Macht zu aktualisieren, das heißt menschliche Bezüge innerhalb einer (tönenden) Materie zu errichten.« (Gilles Deleuze)

Ich möchte das Kino als Ort einer *éducation musicale* besprechen. Nicht ein sehendes Erfahren und Erkennen wird postuliert, vielmehr wird eine die Bilder überformende musikalische, sonore Erhebung und Bildung des Zuhörers jenseits der Repräsentation vorgestellt. Hierzu werde ich ausschließlich das tatsächliche Produzieren, Hervorbringen von Musik in Filmen betrachten, also das *performative Bild musikalischer Evidenzen* in der Filmhandlung. Wie das Musikalische die Wahrnehmung ergreift, herausfordert und fortan ein Eigenleben im sinnlichen Begegnen und Erkennen von Welt führt, das wird der Text als eine Art Erfahrungsbericht versuchen »zu Gehör« zu bringen.

1.

Der Anfang von PRÉNOM CARMEN (Vorname Carmen; 1982; R: Jean-Luc Godard; vgl. Film clip no. 5). Ich sehe große Körper, die große Bilder hervorbringen. Die tableauhaften Einstellungen wechseln, ihre Motive scheinen bloß sich selbst ins Bild zu

setzen, ohne Anleitung, ohne Text: Die nächtliche Stadt, ein Bild von Verkehrsströmen, das Meer, ein Bild rauschender Wellen. Dazwischen der Filmtitel. Dann jedoch sehe ich zwei Musiker, Teil eines Quartetts, die ein Stück proben. Ich sehe einzelne Körper an Instrumenten, Instrumente spielen, vier »Stimmen« also, die Musik hervorbringen. Ich höre diese Musik als einen den Bildern zuwiderlaufenden zweiten, völlig autonomen musikalischen Körper. Dieser Musikkörper definiert einen Raum, der weit über den der musizierenden Körper – und ihrer Bilder – hinausgeht, mich ergreift, mich einbezieht, ja in meinen zuhörenden Körper eindringt, ihn zum Selbst-Bewegen verführt, während die Bilder an ihrem Ort, an der Oberfläche, der Leinwand verbleiben, Abstand wahren. Die Musik verlässt das Bild und die sie hervorbringenden Körper sogleich, sie ist stets »woanders«, besser, sie ist abstandslos in der Welt, diesseits und jenseits der Leinwand, außerhalb von mir und in mir, zugleich Resonanz, Lauteffekt und Konsonanz, Mitlaut, sie ist überall. Ich sehe »nur« einzelne spielende Körper-Individuen, aber ich höre ein ganzes tönendes Universum. Später werde ich wissen, dass es ein Stück von Beethoven ist, dessen Einspielung geprobt wird. Viel später erfahre ich seinen Namen, ich werde es fortan immer wieder hören, *Andante con moto quasi allegretto*, der zweite Satz aus dem dritten Rasumofsky-Quartett (C-Dur op. 59.3). Doch bereits dieses erstmalige Hören versetzt mich in einen anderen Zustand. Es ist, als ob ich plötzlich woanders wäre, nicht mehr im Kino. »Wo sind wir, wenn wir Musik hören?«, fragt Peter Sloterdijk in einem frühen Text [1]. Vielleicht außerhalb, oder doch: innerhalb von allem anderen – in uns selber? Bilder werden als solch tönende Bilder purer *Akt*. Sie aktualisieren eine »empfindsame Vernunft« (Deleuze), die Beziehungen herstellt, gleichwertige Beziehungen. Also nicht das Erstaunen und Erliegen vor den Erscheinungen der »großen« anderen Körper im Bild, sondern das Begegnen der Klänge im Gleichmaß mit dem Klang des eigenen Körpers. Die Musik bewegt sich, doch es ist, als ob ich mich selber bewege. Bilder versenke ich in mir, doch Musik in ihrer Hervorbringung versetzt mich in einen anderen Zustand, den Zustand einer *Mitbewegung*. Gibt es für Bilder etwas Ver-

PRÉNOM CARMEN: Universale Motive ...

gleichbares, das dem entspräche, was der Tanz für die Musik ist?

»Nicht Fragen, Thaten sollst du spenden« [2]. Bilder befragt man, mit Musik handelt man.

2.

Es ist ein außerordentlich paradoxer Vorgang. Eigentlich sollte die Tonspur den Spuren der Erscheinungen folgen, ihnen das geben, was Bilder zwar zeigen, was ihnen aber dennoch fehlt, ihre »Tönung«, ihre besondere akustische und sprachliche Präsenz, ihre affektive und atmosphärische Verstärkung durch Klang. Doch hier verlassen die Töne der Musik ihr Bild. Gerade weil sie erst in Arbeit sind, machen sie unmissverständlich klar, dass mit ihnen etwas Anderes im Entstehen begriffen ist. Ja, dass das Entstehen

vielleicht ihr einziges Ziel ist. Nicht das Abbilden einer bereits existierenden, vorgebildeten Natur oder Materie, sondern das – für die Dauer eines performativen Augenblicks – *Herausbilden* einer tönenden, also stets in kunstvollen, da technischen Bewegungsformen sich artikulierenden *und* wieder entschwindenden Materie ist ihr Telos. *Techné* als temporäre Hervorbringung eines Anderen [3]. Musik ist eine Produktion, die nicht von ihrer Herstellung zu trennen ist, ein Akt, der seine Erfüllung nicht in einem Werk, sondern in sich selbst findet [4]. Und in den Subjekten, die sie entlang der Kontinuität der Töne und ihrer Texturen hören. Von dieser Perspektive aus wirkt Musik als aufgenommene, also aufgezeichnete und wiederholte Spur eines »Off«, bloß als klebrige Dienerin der Bilder. Doch als *in actu* hervorgebrachte, lässt sie »ihr« Bild als bloße Schale weit hinter sich,

... und Musik hervorbringende Körper

wird sie zur puren Musikalität als eine in Zeitlichkeit eingefasste Lebensform.

In seinen fragmentarisch gebliebenen Aufzeichnungen zu Beethoven hält Adorno fest: »Das einzigartige Wesen der Musik, nicht Bild, nicht *für* eine andere Wirklichkeit, sondern eine Wirklichkeit sui generis zu sein.« Diese der Musik eigene Wirklichkeit, das ihr eigene »Sein«, ist, so Adorno, in Beethovens Spätwerk eine »bilderlose« Wirklichkeit: »Wo seine Musik Bilder kennt, sind es Bilder des Bilderlosen, der Entmythologisierung, der Versöhnung, nie solche, die an sich, unvermittelt, mit dem Anspruch auf Wahrheit stehen.« [5] Das mag nun zugleich eine Voraussetzung sein für die beschriebene Erfahrung mit dem Quartett in Godards Film, die überwältigende Andersartigkeit, mit der das Allegro oder das Adagio mein Hören einnimmt, mich aus dem

Film der Bilder, ihrer Mytheme, herauszieht und dem »Tonfilm«, der Strenge einer nicht-repräsentationalen, »reinen Sprache« der Musik, zueignet. Wobei Godard selber diesem Anderssein der Musik gegenüber gefügig zu sein scheint, zum einen, indem er ihre Hervorbringung in einfachen, unprätentiösen Einstellungen zeigt, zum anderen, indem seine der Musik »unterlegte« filmische Handlung entweder die skizzierten »universalen« Motive – Meer, Stadt – zeigt oder sich in ihrer persiflagehaften, abstrusen Komik das eigene Sinnfundament beständig selber wegzuziehen scheint.

3.

Sehen ist ein Vorgang, der als Distanz, im Außen, als Außen sich vollzieht: Ich sehe etwas vor mir, muss mich auf dieses ausrichten, es vor-mich-hin-stellen, um es wahrzunehmen oder eben vorzustellen, dort, wo es sich *für mich* befindet. Hören hingegen ist ein Vorgang, der im Innen, als ein Inneres sich ereignet: Ich höre etwas »in mir«, ich muss die Quelle oder das Subjekt der Töne nicht sehen, sein Klang, seine Stimme ist raumfüllend, abstandslos, mein Gehör ergreifend, mich ausfüllend, mich stets erreichend. Die Stimmen kommen von irgendwo, aber sie »ereignen« sich als Form und Bedeutung in mir. Man kann Stimmen und Klängen nicht entfliehen, da sie stets schon von innen er- und angreifen. (Auch meine Gedanken sind ja als Stimmen in mir und treiben mich voran.)

Der Musikalität der Stimme gelingt es, alle anderen tönenden Materien mit der menschlichen Stimme gleichzusetzen, die vier Stimmen eines Streichquartetts etwa. Mit den technisch hergestellten Stimmen vermögen wir die Welt »kantabel« zu machen, also ihren Gesang mannigfach und allseits zu vermehren und zu vernehmen. Doch zugleich ermöglicht uns eine bestimmte Musik, eben die des Streichquartetts, im Singen ein *Erkennen* hervor- und voranzubringen. »Das Streichquartett ist die allen anderen weit überlegene, dialektische Form der Instrumentalmusik, sie ist diejenige Form, die sich auf ganz natürliche Weise zur ›logischen Disputation‹ eignet, oder, wenn wir eine andere Definition der Dialektik vorziehen, zur ›Wahrheitsfindung‹. Bei vier vorgegebenen Stimmen hat ein Komponist innerhalb dessen, was dem klassischen Tonsystem auch nur entfernt ähnlich ist, genügend Raum zur Verfügung, um einen ausführlichen Gedankenaustausch zu gestalten, aber es bleibt ihm kein Raum für ›leeres Geschwätz‹« [6]. Das Orchestral-Opulente und wohl auch das Geschwätzige lassen sich eher an einer bestimmten Bildweise und Bildform wiederfinden, die ausschmückend, in bunten Farben und Dramaturgien, vorgibt, uns das Leben zu erzählen, während die hier umkreiste Musik einem Gespräch, einem Gedankenaustausch ähnlicher ist. Platon hatte im Dialog *Theaitetos* darauf verwiesen, dass das »Ursprungsgespräch« wohl dasjenige ist, »das die Seele mit sich selbst darüber durchführt, was sie gerade untersucht [...]. Denn wenn die Seele nachdenkt, so schwebt mir vor, dann tut sie nichts

anderes als einen Dialog führen, indem sie sich selbst fragt und antwortet, bejaht und verneint.« [7] Und genau dieses Selbstgespräch nennt Platon nun »Denken«. Wenn also die Stimmen eines Quartetts sich »in mir« begegnen, dann führen sie singend ein Gespräch, ein Streitgespräch fort, das mich wegzieht von der Repräsentationsgewalt der Bilder hin zu den Begründungsversuchen der Töne und Klänge dessen, »was die Welt im Innersten zusammenhält«. Das englische Wort *sound* vereint so unterschiedliche akustische Elemente wie Geräusch, Laut, Schall, Klang, also Signifikantes gleichermaßen wie A-Signifikantes, scheint also der geeignete Begriff für das hier vorgestellte Anliegen zu sein, zumal sich in der Formel *to be of sound mind* (was sich kurz übersetzen ließe mit »gut denken«) gleichermaßen die enge Koppelung von Tönen und Denken findet.

4.

Die im völlig unfilmischen Format der Konzertdokumentation oft eingesetzte Großaufnahme heftig spielender Musikerhände und ausdrucksloser Musikergesichter sucht vergeblich nach der Musik an ihrem Referenten. Doch was genau ist der Referent von Musik? Auch wenn die ausführenden Körper das Musikalische nicht »sind«, es nicht darzustellen vermögen, so verschwinden sie dennoch nicht hinter ihrem Werk. Sie machen im Gegenteil das Werk von ihrem Tätigsein, ihrem Akt abhängig, umgekehrt werden sie Teil dieser anderen Welt der Stimmen. Genau diese Adhäsion der ausführenden Körper ans Werk, ihre notwendige Präsenz im Werk, ist vermutlich die Bedingung für die Affektionen *meines* zuhörenden Körpers. Dafür, dass ich die Musik nunmehr in mir trage, sie erinnere und sie immer wieder aufsuche – auch in ihrer strikt reproduzierten Form auf technischen Trägern. Diese »Reziprozität« der Körper wird in PRÉNOM CARMEN hervorgerufen von den in strenger, unbeweglicher Kadrierung aufgenommenen, mit großer Anstrengung und Konzentration ihr Spiel sich erarbeitenden Musikerkörpern und setzt sich als dauerhafte Spur in mir fest (vgl. Film clip no. 6) [8]. Beim nochmaligen Hören wiederholt mein Körper zum Teil ihre Gesten, wird er selbst zum Akteur der Musik. Mein Gesang. Mitbewegt.

Es lassen sich möglicherweise zwei strukturelle Ähnlichkeiten zwischen den späten Beethoven'schen Quartetten und dem Kino finden. Da ist zunächst die ausgreifende Komplexität der Komposition, die zwar eine Spezialisierung der ausführenden Musiker provozierte und zu den ersten professionellen Streichquartetten führte, etwa demjenigen Ignaz Schuppanzighs, dessen Truppe die meisten der späten Kompositionen uraufführte. Dennoch sind die technischen Schwierigkeiten enorm, und man hat den Eindruck, als ob Beethoven weniger an die »Geigen« dachte als an einen eigens für die Komposition (und nicht für die Performanz) geschaffenen Raum, ein »Studio«, dessen Reproduktionsfertigkeit die völlig neue Qualität der Musik allererst darzustellen, zu produzieren erlaubte; einen Raum vergleichbar den »Studios« der großen Produktionsfirmen, die – kurz nach der Einführung der Kinematografie und in Fortsetzung des »Studios« oder »Ateliers« der Fotografen – dem Kino allererst ermöglichten, die Produktion von Filmen unter geschützten bzw. manipulierbaren Bedingungen zu systematisieren. Diese »analytischen Innenräume« werden zugleich die Musik für all diejenigen verfügbar machen, die niemals einen Konzertsaal besuchen würden oder können (wiederum vergleichbar dem sozial völlig neu geschichteten Kinopublikum im Vergleich zum Theaterpublikum), der Konzertsaal findet sich auf eigentümliche Weise in der Aufnahme verdinglicht wieder, bei der Wiedergabe höre ich stets auch das Studio mit. Allerdings änderte sich mit den Beethoven'schen Streichquartetten tatsächlich auch der Ort der Aufführung. Es findet eine Verschiebung statt vom adeligen Salon zum bürgerlichen Konzertsaal, und es entwickelt sich ein eigenes Vermarktungssystem der Konzerte [9]. Auch diese Verschiebung lässt sich mit der Entwicklung der Kino-Industrie und der von ihr forcierten Einrichtung besonderer Kinoarchitekturen beobachten, die allererst eine effiziente Vermarktung von Filmen ermöglichten. Was Godard nun zeigt, ist also eigentlich ein Doppelbild: Das Hervorbringen von Musik durch Musiker und das Hervorbringen von Musik in und von einem technisch-musikalischen Innenraum, dem Studio, das sie qua Film zugleich aufzeichnet und reproduzierbar macht.

5.

Doch was genau macht die Musik anderes als »ihre« Bilder? Was »ist« Musik als Musik? Was bewirkt eine Komposition des »späten« Beethoven, was lässt sie im Zuhörer entstehen? Wichtig ist wohl, dass Musik sich über Instrumente, also über Techniken, in die Welt bringt, als Fortsetzung des menschlichen Gesangs, als Weiterführung dessen, was Stimmen tun: Gestimmtheit von Welt als künstlich-technische hervorrufen. Adorno verweist auf dieses »Urphänomen musikalischer Dialektik«, da »stets Äquivalenz herrscht zwischen Subjektivierung und Verdinglichung« [10]. Die Instrumental-Stimmen, das in das Dingliche eines Instruments eingelassene, aufgehobene Subjektive der Stimme, der Gesang erst ermöglicht die »Errettung« der Sprache als die erste der menschlichen Instanzen. Wobei »Sprache« hier mit Walter Benjamin als vielfältige, universelle Ausdrucksmaterie und auch als Sprachen zu denken ist, »Sprachen aus dem Material; dabei ist an die materiale Gemeinsamkeit der Dinge in ihrer Mitteilung zu denken« [11]. Einer Mitteilung, die wesentlich einer *techné* bedarf, um Gehör zu finden. Auch hier lässt sich auf eine Verdoppelung hinweisen, das Kino betreibt eine doppelte Verdinglichung, insofern die Musik vom Apparat/Instrument der Aufnahme aufgezeichnet wird. Ich sehe der Hervorbringung von Tönen durch Instrumente und ihre Spieler unmittelbar zu, unmittelbar-mittelbar durch eine Kamera, eine *mise en scène* und durch Montage.

Musik ist Erfindung einer Welt aus Tönen jenseits der Regeln der Abbildbarkeit oder Nachahmung. Wenngleich ein großer Teil der praktischen Musikgeschichte sich um Abbildung, Mimesis, Rhetorik bemühte, ist das Hören von Musik nicht vergleichbar dem Hören von Dingen und den ihnen zuordenbaren Lauten. Musik ist nicht einfach tönender Abdruck eines Individuums oder einer Technik. Ihre musikalische Form hat sich stets emanzipiert von ihren Trägern, sie schafft »Allgemeinheiten«, doch wiederum nicht Allgemeinheiten, wie sie die Sprache als Symbole, Begriffe und Namen erstellt. In einer früheren Arbeit hatte ich die Ordnung der Musik Puccinis und Verdis in A WOMAN UNDER THE INFLUENCE (Eine Frau unter Einfluss; 1974) von John Cassavetes mit der ästhetischen Theorie Schopenhauers befragt [12]. Schopenhauer bestimmt Musik als ein Vermögen zum Hervorbringen von *universalia ante rem*, »konkreten Allgemeinheiten«. Die der Musik »eigene Allgemeinheit« verzichtet auf eine Wiederholung in der Erscheinung, sie entwirft *universalia ante rem*, das heißt, sie spricht »*die* Freude, *die* Betrübnis, *den* Schmerz, *das* Entsetzen, *den* Jubel selbst aus«. Während die Begriffe (als *universalia post rem*) »gleichsam die abgezogene äußere Schale der Dinge enthalten«, offenbart »die Musik den innersten aller Gestaltung vorhergängigen Kern, oder das Herz der Dinge« [13].

<h2 style="text-align:center">6.</h2>

Was passiert nun, wenn Musik *als* Bild sich hörbar macht? Welche Bilder eignen sich? Ich möchte auf drei Fälle von performativer Musikhervorbringung in Filmen eingehen, die völlig konträr in ihrer jeweiligen sonoren Erscheinung diese »Hörbilder« verhandeln.

Ludwig van Beethoven: *Opus 132*, dritter Satz, Molto Adagio (Heiliger Dankgesang eines Genesenen an die Gottheit, in der lydischen Tonart)
Jean-Luc Godard: PRÉNOM CARMEN, Szene 10

Im Falle von Beethoven ermöglicht das Bild, der Film eine Sichtbarkeit, die der Musik in unserer Zeit sonst nur in einem exklusiv bürgerlich-monomedialen Raum zukommt. Nun ist sie im Kino, eingelassen in eine fragmentierte, sprunghafte Erzählung mit Überzeichnungen der Figuren und selbstreflexiven Monologen. Sie ist Teil einer Gemeinschaft mit Bildern, deren Herkunft – das Meer, die Straßen, die Geschlechter – gleichfalls von Allgemeinheiten, Universalien bestimmt ist. Sie ist aber auch eingebettet in eine Gemeinschaft mit anderen Tönen, referenziellen Tönen wie dem Geschrei der Möwen, zerdrückten, dissonanten elektronischen Tönen, Zitaten aus den Tagebuchaufzeichnungen von Beethoven, gesprochen von einer Musikerin. Die Musik illustriert nicht diese anderen Allgemeinheiten, sondern verschwistert sich mit ihnen, lässt einen Gesang erklingen, der für alle gilt.

Godard nimmt die Musiker in strengen, distanzierten, bewegungslosen Kadrierungen auf, lässt das Performative in der langen Zeit einer ruhigen Einstellung sich entfalten und also Musik entstehen. Adorno hatte, wie eingangs bemerkt, vom Spätwerk Beethovens als einer »bilderlosen Musik« gesprochen. Godard verzichtet zum einen auf die Bebilderung der Musik, auf ihre Mythologisierung in Gestalt eines »kreativen« Musikers, von Stimmungen und Narrationen, zugunsten von »Protobildern« der Arbeit selbst. Zum anderen begleitet der Satz aus dem Quartett *Opus 132* Bildfolgen aus Aufnahmen von Landschaft und Meer – der »Sprache« von Landschaft und Meer – und die abrupten, agonalen, bloß um einen narrativen Rumpf gedrehten Szenen zwischen Carmen und Joseph. Man hat den Eindruck, als ob die Handlung bloß eine Karikatur dessen ist, was die Musik »sagt«, ja dass es das *Opus 132* selbst ist, welches die Partitur auch für den Film anbietet und also die Geigen in ihrem Disput, in ihrer formelhaften Aussage, in ihren affektiven Bildern stets schon mehr »sagen« als der Plot. Dieserart vermag sich eine Heautonomie, eine Selbstgesetzgebung des musikalischen Bildes einstellen, die mich als Zuhörer auch mehr an die Musik als an das Bild anzubinden vermag. »Faire un film comme on joue un Quatuor.« [14]

<h2 style="text-align:center">7.</h2>

Nun ein entgegengesetzter Fall. Das Bild, das die Musik beherrscht.

Gene Kelly: *Singin' in the Rain* (1952)
Stanley Kubrick: A CLOCKWORK ORANGE (Uhrwerk Orange; 1971), Szene 4

In dem Film von Kubrick wird die rein negative Assoziation, Adhäsion von Gesang, Körper und Bild inszeniert. Dies passiert zunächst mit der Darstellung des zynisch-gewaltliebenden Alex und seiner Vorliebe für »Ludwig van« (Beethoven), vor allem für die neunte Sinfonie. Dann jedoch, in der zentralen /*noochoc*/-Szene des Films, wird ein Schlager, *Singin' in the Rain*, gecovert, sozusagen als *Karaoke* reinszeniert [15]. Nur eben nicht lieblich, sondern gewaltvoll. Die gefällige Musik wird im Nachgesang von Alex zur tönenden Anti-Materie, die eine Vergewaltigung einführt, also eine Dissoziation begleitet. Der Song selber wird dissoziativ, er trennt die Geschlechter, statt sie zu vereinigen. Alex' Körperarbeit praktiziert eine Aneignung der Musik zugunsten seines »dystopischen« Trieblebens. Nun ist klar, wer der Referent der Musik ist: Von Don / Gene Kelly zu Alex / Malcolm McDowell. Das Bild unterwirft die Musik seiner Hegemonie, hörte ich nur den Gesang, wäre ich vielleicht irritiert, doch ich *sehe* zugleich, was der Körper der Stimme noch tut. Das von der Kamera Kubricks zugleich lapidar und suggestiv erzeugte Bild des handelnden Körpers macht den Sound des Schlagers zu einer devoten Waffe. Der fröhliche Liebestext, die harmonisierende Musik, sie sind nun notwendige Antipoden, um die Entgrenzungen des Bildes erschreckend vielfältig zu verstärken. Ich werde niemals mehr dieses Lied hören können, ohne Alex und seine Kumpanen am Werk zu sehen. Das Lied selber, die Musik, wurde vom Körper, der es in schriller Performance als seine unbedingte Erscheinung hervorbringt, um seinen »Sinn« gebracht. Dies ein willkürlicher Effekt der manipulierbaren »Reproduzierbarkeit« von Musik im Kino.

8.

Musik des Zur-Welt-Kommens:

The Ronettes: *Be my Baby.* 1963
Martin Scorsese: MEAN STREETS (Hexenkessel; 1973), Anfangsszene

In Scorseses Film wird Musik nicht aufgeführt, sie verkörpert sich vielmehr direkt in einem Leben, sie ist die tönende Materie eines Lebens. Nicht verkörpern die Körper die Musik, sondern *die Musik verkörpert die Körper*, sie wird Körper, Charlies (Harvey Keitel) Körper. Vermutlich ist der Popsong – *Be my Baby*, der einsetzt, nachdem Charlie sich wieder ins Bett legt – er war vom Traum erschrocken aufgewacht, hatte im Spiegel seine Existenz »überprüft« –, ein Song, der sich in ihm als psycho-akustisches Molekül seiner Jugend abgelagert hat und der die darauffolgenden Projektionen von Amateurfilmen aus seinem bisherigen Leben mit einer vertrauten Universalie belegt, vielleicht die allgemeinste aller »konkreten Allgemeinheiten«: *Ein* Leben. Aber ist es

Das Bild unterwirft die Musik seiner Hegemonie: *Singin' in the Rain* in A CLOCKWORK ORANGE

nur Charlies Leben, das sich hier in einer der frühen Popmusik eigentümlichen Melancholie des Daseins verkörpert, ist die Melodie nicht so universal, dass sie viele von uns Zuhörern, Zuhörerinnen affiziert, von innen her uns ergreift und unser eigenes Leben zum Schwingen bringt?

9.

Wo befinden wir uns also, wenn wir Musik hören? Natürlich im Kino. Das in einer präzisen Einstellung von

Musikern produzierte »sonore Cogito« (Sloterdijk), oder der, eine Differenzerfahrung provozierende, schrille Gesang eines zynischen Bastards, oder der ein Leben kadrierende, verkörpernde Popsong, sie sind in einer Allianz mit den Bildern des »Cogitos der Kamera« (Deleuze). Das Kino ermöglicht eine »Umerziehung« von einem visuellen Primat zu einem Bündnis von Bild und Musik, von zwei »heautonomen Bildern [...], einem visuellen und einem akustischen Bild, die durch einen Spalt, einen Zwischenraum, einen irrationalen Schnitt voneinander getrennt sind« [16]. Die akustisch-vokalen Bilder führen mich schnell weg von der Abbildung, der Erzählung, dem emotionalen Druck der Bilder. Sie besetzen mich und begleiten *mein* Leben von innen her, als sein tönender Boden. Im eindringlichsten, bildungspraktischen Fall machen sie mich völlig unabhängig von den Bildern und lassen mich die »reine« Musik entdecken und, wie im ersten Fall, Godard verlieren.

Anmerkungen

1   Peter Sloterdijk: Wo sind wir, wenn wir Musik hören? In: P.S.: Der ästhetische Imperativ. Hamburg 2007 (2. Aufl.), S. 50-83.

2   Ludwig van Beethoven, zitiert nach: Maynard Solomon: Beethovens Tagebuch. Mainz 1990, S. 65. Das Fragment wird auch Godards PRÉNOM CARMEN von der Musikerin Claire zitiert.

3   Siehe zum von einem »Werkzeug« ausgebildeten Verhältnis von Ich und Nicht-Ich die Warburg-Studie von Ernst Gombrich: Aby Warburg. Eine intellektuelle Biographie. Frankfurt/Main 1981, S. 295f.

4   Das nun ist eine Formulierung, wie sie sich zurzeit in den Analysen der sogenannten »postfordistischen« Arbeit und ihres Primats der Kommunikation gleichfalls vorfindet. Siehe Paolo Virno: Grammatik der Multitude. Wien 2005. Dieser »Gleichklang« von Musik und Kommunikation mag ein weiteres Indiz dafür sein, dass unsere Zeit einem *vocal turn* zuarbeitet, dass wir uns tatsächlich eher angewöhnt haben, den Stimmen zuzuhören, als den Bildern zuzuschauen. Wenn man nun die Kommunikationsanalysen auf Musik überträgt, dann lässt sich sagen, dass auch das Stimmliche der Musik mehr dem Klang als einem möglichen »Sinn« des Musikalischen zuspricht. Der Lärm der Bilder-Industrie wird von der Kakophonie der Stimmen und dem »Ambientsound« der Lounges allerorten übertönt.

5   Theodor W. Adorno: Beethoven. Philosophie der Musik. Frankfurt/Main 1993, S. 235f.

6   Bernard Jacobson im Beiheft der Einspielung aller Beethoven-Streichquartette vom Alban Berg Quartett. EMI Classics 1999.

7   Platon: Theaitetos, 189e-190a.

8   Zum Begriff der Reziprozität siehe die Überlegungen von Helmuth Plessner: Die Frage nach der Conditio humana. In: H.P.: Conditio humana. Gesammelte Schriften VIII. Frankfurt/Main 1983, S. 172f.

9   Zu diesen Punkten siehe Gerd Indorf: Beethovens Streichquartette. Kulturgeschichtliche Aspekte und Werkinterpretation. Freiburg im Breisgau 2004, S. 79f. Und: Arnold Werner-Jensen: Ludwig van Beethoven. Musikführer. Stuttgart 1989, S. 210f.

10   Adorno 1993, a.a.O., S. 248f.

11   Siehe Walter Benjamin: Über die Sprache überhaupt und über die Sprache des Menschen. In: W.B.: Angelus Novus. Ausgewählte Schriften 2. Frankfurt/Main 1966, S. 25.

12   Siehe Marc Ries: Gena Rowlands ist Gena Rowlands. Zum filmischen Körperspiel am Beispiel von John Cassavetes' A WOMAN UNDER THE INFLUENCE. In: M.R.: Medienkulturen. Wien 2002, S. 98-113.

13   Arthur Schopenhauer: Die Welt als Wille und Vorstellung, § 52.

14   Siehe Jean-Luc Godard: Jean-Luc Godard par Jean-Luc Godard. Paris 1985, S. 574f.

15   Zum Begriff /noochoc/ siehe Gilles Deleuze: Das Zeit-Bild. Kino 2. Frankfurt am Main 1990, S. 206.

16   Ebenda., S. 321.

Filmvermittlung als »Geschichtslabor«

Über die Arbeit mit Filmdokumenten im Filmmuseum

Von Michael Loebenstein

In diesem Beitrag möchte ich Einblick in ein Vermittlungsprojekt [1] geben, das der Historiker Siegfried Mattl und ich als Filmvermittler 2008 im Österreichischen Filmmuseum in Wien gemeinsam betreut haben. In einem Schwerpunkt, der aus einer öffentlichen Veranstaltungsreihe, Vorträgen an Schulen und in Gemeindesälen sowie einem begleitenden Forschungsseminar an der Universität Wien bestand, haben wir uns mit dem Verhältnis von Geschichte – genauer von »Zeitgeschichte« – und filmischen Dokumenten befasst. Ich denke, dass dieses Projekt aus zweierlei Gründen durchaus als paradigmatisch für eine Vermittlungsarbeit in einem Filmmuseum oder einer Kinemathek stehen kann: zum einen aufgrund der Vielzahl an dichten, historischen Quellen, die weitgehend unerschlossen in den audiovisuellen Archiven aufbewahrt vorliegen; zum anderen, weil ich glaube, dass unser Ansatz (den ich in Folge auch an Beispielen ausführen werde) es erlaubt, anhand filmischer Überlieferungen Zeitgeschichte differenzierter zu vermitteln, als das gemeinhin im Fernsehen, im Internet, aber auch in Lehrmitteln geschieht.

»Zeitgeschichte« ist der Definition nach – in Abgrenzung zur Geschichte der Neuzeit – die »bewusst erlebte« Geschichte von Zeitgenossen. Jedoch könnte man dieser ständig im Fluss befindlichen, zeitlichen Markierung auch eine andere gegenüberstellen: dass »Zeitgeschichte« jener Abschnitt der Neuzeit ist, der seinen Zeitgenossen und den folgenden Generationen mittels des Films und seiner Nachfolgemedien (Fernsehen, Video und digitale *moving images*) sinnlich und performativ *erfahrbar* wird und geworden ist. Ich möchte und kann hier keine Grundsatzdebatte über die Definition von Zeitgeschichte führen. Fest steht jedoch, dass der Film (und in anderer Form vor ihm die Fotografie) eine *Zeugenschaft* herstellt, wie sie kein anderes Medium zuvor hervorgebracht hat, und dass das 20. Jahrhundert maßgeblich vom Film (vom Kino, vom Fernsehen und den Audiovisionen) geprägt war. Auch wenn es schlichtweg nicht stimmt, dass »alles«, was in den vergangenen 113 Jahren geschah, aufgezeichnet worden ist und zur Wiedergabe bereitliegt, so hat doch die *Idee* des Films als einer umfassenden, »totalen« Quelle für die Geschichte zumindest die Moderne geprägt.

Zur Illustration dazu verweise ich – stellvertretend für einen ganzen Korpus an selbstreflexiven Filmen – auf eine Sequenz in einem Warner-Pathé-Newsreel von 1950; Quelle sind die »Prelinger Archives«, eine große Sammlung »ephemerer« Filme, die unter archive.org im Internet zugänglich sind (vgl. Film clip no. 7).

Gerahmt von einem australischen Kinderchor, der *Hark, The Herald Angels Sing* zum Besten gibt, treten nach einander die Pathé-KorrespondentInnen vor die Kamera: Wir sehen »lebende Porträts« aus Hollywood, Paris, Chicago, London, Kanada, Washington, Mexiko, San Francisco, Rio de Janeiro, Finnland, Seattle, Miami, Tokio, Berlin und Frankfurt. Der Ausschnitt der Pathé-Wochenschau macht anschaulich, wie der Film unser Vorstellungsvermögen über den Raum (»die globale Welt«, das »Fremde«) und über die Zeit (die – in diesem Fall durch die Montage simulierte – »Echtzeit«, also die Gleichzeitigkeit von Ereignis und Rezeption) prägt. Der Film »komprimiert« die Welt und erzeugt den Eindruck einer homogenen, nahtlosen Bewegung durch den Raum. Er erzeugt eine Präsenz [2], in der die unterschiedlichen zeitlichen Schichtungen – die der Aufnahme(n) der Kameraleute; die der unterschiedlichen Zeitzonen der Aufnahmeorte; der zeitliche Abstand, der sich aus dem Prozess der Filmherstellung herleitet; zuletzt die Zeitlichkeit der Kinovorführung als einer mechanisch reproduzierten (und reproduzierbaren) Dauer – auf paradoxe Weise zusammenfallen.

PATHÉ NEWS CHRISTMAS WITH THEIR CAMERAMEN AND CREWS 'ROUND THE WORLD (USA 1950)

Eine neu(artig)e Quelle der Geschichte

Die Frage, die sich zuallererst stellt, mag naiv klingen, aber ich denke, sie ist für den Vermittlungsprozess wichtig: Welche spezifischen Qualitäten des Films machen seine Attraktivität für die Geschichtsschreibung aus? Was hat es mit der Filmaufnahme auf sich, das sie als Quelle für vergangene Vorfälle so wahrhaftig erscheinen lässt?

Das erste Mal wurde diese Qualität des Films bereits 1898 beschrieben; da postulierte der Fotograf und Schriftsteller Boleslas Matuszewski die Kinematografie als eine »neue Quelle der Geschichte«. Matuszewskis Erfahrungshorizont war jener der frühen »Aktualität«, sein Film- wie sein Geschichtsbegriff folgten der Idee eines Registers von »erinnerungswerten Fakten und Personen«, einer, wie Jacques Rancière diese Form von filmischem Geschichtskonzept bezeichnete, besonders plastischen (und mechanisch-präzisen) »Inschrift des Erinnernswerten« [3]. Ein Zitat aus seinem kanonischen Aufsatz:

»Der Kinematograph gibt die Geschichte vielleicht nicht integral wieder, doch zumindest ist das, was er zeigt, unbestreitbar und von absoluter Wahrheit. [...] Man kann sagen, dass die lebende Photographie einen Charakter der Authentizität, der Genauigkeit und der Präzision besitzt, der ihr allein eigen ist. Sie ist der wahrhaftige und unfehlbare Augenzeuge par excellence.« [4]

An einer anderen Stelle geht Matuszewski jedoch geradezu emphatisch auf eine spezifische Qualität des Kinematografen ein, die über die eben zitierte simple »Beweisfunktion« des fotografischen Abbilds hinausgeht:

»So ist dieser einfache Streifen bedruckten Zelluloids nicht einfach ein historisches Dokument, sondern ein Stück Geschichte, und zwar einer Geschichte, die nicht verschwunden ist und für die es keines Geistes bedarf, um sie wieder erscheinen zu lassen. Sie schlummert nur und, so wie die elementaren Organismen, die ein latentes Leben führen und sich nach Jahren durch ein bisschen Wärme und Feuchtigkeit wieder beleben, so genügt ein bisschen Licht, das, von Dunkelheit umgeben, durch eine Linse fällt, um die Geschichte wieder zu erwecken und den vergangenen Zeiten neues Leben einzuhauchen!« [5]

Matuszewskis Glauben an eine sich quasi selbst schreibende, so *wahrhaftige* wie *wahre* Geschichte findet im mimetischen Realismus des Films ihr stärkstes Argument – der Film als »lebende Fotografie« macht in seiner Aufführung Geschichte »lebendig«, das heißt sinnlich und lebensnah erfahrbar. Ein Echo findet dieses Credo ein halbes Jahrhundert später in der Filmwissenschaft fast zeitgleich bei André Bazin und Siegfried Kracauer. Bazin hebt die »Objektivität« der Fotografie und des Films hervor, die den »Hunger nach Illusion durch einen mechanischen Reproduktionsprozeß, in dem der Mensch keine Rolle mehr spielt«, befriedigt [6]. Das Begriffspaar »Illusion« und »Realismus« ist ganz zentral für seine Ontologie des Kinos. Realismus bezeichnet bei Bazin – kurz gefasst – eine an *Ähnlichkeit* (oder Lebensnähe) orientierte *ästhetische* Praxis. Von diesem unterscheidet er die Illusion als einen »Pseudo-Realismus der Augentäuschung [*trompel'oeil*], oder besser Geistestäuschung, der sich mit der Illusion der äußeren Form zufrieden gibt.« [7] Die fotografische Abbildung befreit die darstellende Kunst aus einer Pattstellung zwischen *Ästhetik* (was Bazin »Stil« nennt) und *Psychologie* (»Sinnestäuschung« bzw. »magisches Denken«):

»Das ästhetische Wirkungsvermögen der Fotografie [und damit des Films, Anm. d. V.] beruht in der Aufdeckung des Wirklichen. Den Reflex auf dem Trottoir, die Geste des Kindes, ich hätte sie nicht in dem komplexen Gefüge der Außenwelt erkennen können. Nur die Leidenschaftslosigkeit des Objektivs, das das Objekt von Gewohnheiten und

Vorurteilen entkleidet, von dem spirituellen Dunst, in den meine Beobachtung es eingehüllt hat, kann es für meine Augen wieder jungfräulich erscheinen lassen [...]« [8]

An den filmischen Realismus und sein Vermögen der »Errettung der äußeren Wirklichkeit« glaubte auch Siegfried Kracauer. Indem der Film die physische Realität reproduziert, vermag er es, jene ideologischen Verschleierungen zu unterlaufen, die die realistischen Tendenzen zugunsten holistischer Vorstellungen »verzehren« [9]. Seine »Konkretheit« dient als Heilmittel gegenüber jener von der Wissenschaft und der Technik propagierten »Abstraktheit«, die, so Kracauer, zwar auf physische Phänomene verweist, diese aber zugleich ihrer konkreten Qualität beraubt:

»Das wesentliche Material ›ästhetischer Wahrnehmung‹ ist die physische Welt mit all dem, was sie uns zu verstehen geben mag. Wir können nur dann darauf hoffen, der Realität nahezukommen, wenn wir ihre untersten Schichten durchdringen.« [10]

Diese findet Kracauer (wie schon Bazin) in der filmischen Alltagsbeobachtung – der »gewöhnlichen physischen Umwelt selber«, die vom Film freigelegt wird:

»Der Film macht sichtbar, was wir zuvor nicht gesehen haben oder vielleicht nicht einmal sehen konnten. Er hilft uns in wirksamer Weise, die materielle Welt mit ihren psycho-physischen Entsprechungen zu entdecken. Wir erwecken diese Welt buchstäblich aus ihrem Schlummer, ihrer potentiellen Nichtexistenz, indem wir sie mittels der Kamera zu erfahren suchen.« [11]

Dem Film wohnt also eine anthropologische Dimension inne: Die Reproduktion des Gewesenen ist mehr als bloße Imitation, sondern sie fügt dem Ereignis etwas hinzu. Zugleich ist auch eine historische filmische Aufnahme mehr als die bloße Beschreibung eines Vorfalls.

Hier setzte unser Forschungs- und Vermittlungsschwerpunkt *Filmdokumente zur Zeitgeschichte* an. Auch von den Geschichtswissenschaften und den Kulturwissenschaften wird dem Film seit geraumer Zeit ein hoher und neuartiger Grad an epistemischem Potenzial zuerkannt. Das filmische Abbild eines vergangenen Vorfalls enthält eine Vielzahl von Auskunftsmöglichkeiten über

EIN VOLK – EIN REICH – EIN FÜHRER (1938): ...

... »In wenigen Tagen hat sich innerhalb der deutschen Volksgemeinschaft eine Umwälzung vollzogen, ...

das Ereignis selbst, über Räume, Aktionsformen, Alltagspraktiken und anderes mehr – es enthält einen bedeutenden Überschuss an Informationen und geht weit über die intentionalen Nachrichten von Schriftdokumenten hinaus. Die filmische Aufnahme ist sowohl *Zeugnis historischer Vorfälle* – als Dokument des *Was-Gewesen-Ist* –, als auch Zeugnis einer bestimmten sozialen Praxis im Umgang mit einer »zukünftigen Vergangenheit«: Das Filmdokument spricht auch von den Intentionen seiner MacherInnen, von ästhetischen Konventionen seiner Entstehungszeit, von den möglichen Öffentlichkeiten, denen diese Bilder einst zugedacht waren, und den technologischen und sozialen Strukturen, innerhalb deren seine Produktion und seine Rezeption stattfanden.

Wir gehen von der Prämisse aus, dass jedes Filmdokument eine ästhetische Stellungnahme zur Welt, eine spezifische mediale Umformung der Wirklichkeit darstellt, auf eine Formal gebracht: Geschichts*schreibung* ist. Um seine Bedeutungsschichten erkennbar, erschließbar zu machen, bedarf es einen Rahmens; wir haben die Veranstaltungen, die einmal monatlich einen halben Tag lang stattfanden, als eine Art »Labor« der Geschichtswissenschaft, als eine Art *guided tour* durch die Arbeitsprozesse, wie sie sonst hinter den Wänden der Archive und der Forschungsinstitute stattfinden, konzipiert. Entlang eines Themas, das sowohl ein historisches Ereignis, eine bestimmte soziale Praxis oder ein Begriff (wie zum Beispiel

»Manifestation«, »Jugend« »Sport«) sein konnte, wurden im Laufe des jeweiligen Nachmittags beinahe ausschließlich »nicht-kanonische«, »ephemere« dokumentarische Filme vorgeführt und mit ExpertInnen aus verschiedenen Feldern und mit dem Publikum debattiert.

Was meinen wir nun, wenn wir von »Filmdokumenten« als »nicht-kanonischen« bzw. »ephemeren« Filmen sprechen? Griffig gefasst, sind damit all jene nicht-fiktionalen oder überwiegend dokumentarischen Formen gemeint, die am Rande des Autoren- oder Kommerzkinos entstanden sind und in der traditionellen Filmgeschichtsschreibung vernachlässigt wurden: Trailer, Werbe- und Industriefilme, Wochenschauen und Aktualitäten, aber auch Gattungen, die abseits des Kinos entstanden, wie etwa wissenschaftliche Filme, Lehrfilme oder Amateurfilme [12]. Zugleich bilden diese Filme – und das ist ein zweiter, wichtiger Grund, warum wir uns in der Vermittlung verstärkt den Filmdokumenten zuwenden – das Fundament, auf dem die Filmarchive stehen. Der Kanon des narrativen (Spiel-)films macht nur die Spitze dessen aus, was in den Speichern der Filmarchive, Mediatheken, der Nationalbibliotheken, aber auch auf Dachböden, in Kellern, in kommerziellen Lagerhallen und auf dem Boden von Filmlabors liegt.

Als *all the other stuff* bezeichneten Filmarchive früher jene »wertlosen«, oft autorenlosen Gebrauchsfilme, die außer ihnen niemand wollte, die nicht zuletzt aufgrund ihres physikalisch-chemischen

... die wir heute wohl in ihrem Umfange sehen, ...

... deren Bedeutung aber erst spätere Geschlechter ganz ermessen werden.«

Verfalls »ephemer« im Sinne von »flüchtig« wurden und denen auch in der Film- und Kulturwissenschaft nur selten ein Wert zugeschrieben wurde. So sah beispielsweise auch André Bazin – sofern sich das aus den wenigen Worten, die er über die »kleinen« Gattungen verliert, ableiten lässt – das »rohe« Filmdokument zuallererst als »Rohmaterial für den künstlerischen Prozess«, also die ästhetische Formgebung durch einen Autor [13]. Siegfried Kracauer hingegen entwickelt bereits erstaunlich früh ein Plädoyer für die »Waisenkinder« der Filmgeschichte. Zwar spricht auch er von der »formgebenden Tendenz«, die in »Balance« mit der realistischen Tendenz gebracht werden muss; jedoch erkennt er selbst in dem »rohesten« Filmdokument ein ästhetisches Grundprinzip an:

»Das schließt ein, dass selbst Filme ohne künstlerischen Ehrgeiz, wie Wochenschauen, wissenschaftliche Filme oder Lehrfilme, schlichte Dokumentarfilme usw. ästhetisch standhalten – vermutlich oft besser als Filme, die, bei aller Kunstbeflissenheit, der gegebenen Außenwelt nur geringe Beachtung schenken.« [14]

Kracauer geht so weit, dass er im Zweifelsfall die »Errettung der physischen Realität« (in all ihrer Widersprüchlichkeit und Unreinheit) durch den »simplen Tatsachenfilm« der »ästhetischen Reinheit« des Kunstwerkes vorzieht, das die »materiellen Phänomene« nicht »durchdringt«, sondern in der Absicht, ein »sinnvolles Ganzes zu etablieren«, ausbeutet. Nur zu oft, so Kracauer, verweist der aus Bildern des Realen gestaltete Film nicht weniger als die dramatische Erzählung auf das Feld der Ideologie:

»Kunst im Film ist reaktionär, weil sie Ganzheit symbolisiert und derart die Fortexistenz von Glaubensinhalten vorspiegelt, welche die physische Realität sowohl anrufen wie zudecken [...]. Ihr quantitatives Übergewicht lässt sich nicht leugnen, soll aber nicht dazu führen, das Vorkommen von Filmen zu unterschätzen, die sich gegen die ›Lüge der Kunst‹ richten.« [15]

Ein »sinnvolles Ganzes«

Obwohl er es an dieser Stelle nicht explizit macht, meint Kracauer damit auch das, was man gemeinhin »Propagandafilm« nennt. Seine Definition macht es uns, denke ich, in der Vermittlungsarbeit leichter, das Publikum für strukturelle Merkmale der Propaganda zu sensibilisieren. Im Folgenden möchte ich das an einem für die österreichische Geschichtspolitik folgenreichen Beispiel demonstrieren.

2008 gedachte die Republik dem 70. Jahrestag des sogenannten »Anschlusses«, also der Aufgabe der österreichischen Souveränität und der kampflosen Übergabe des Landes an Nazideutschland. Das Ereignis hat für die Geschichte Österreichs nach 1945 große Bedeutung, da seine Interpretation – war es eine völkerrechtswidrige Annexion? Eine militärische Okkupation? Oder doch ein von großen Teilen der Bevölkerung und der politischen

Arena unterstützter »Zusammenschluss«? – entscheidend für die Identität der Zweiten Republik nach 1945 ist.

Was man auf jeden Fall feststellen kann ist, dass der »Anschluss« ein Medienereignis ist und als *Bild* existiert. Eine Herausforderung in der Arbeit mit filmischen Dokumenten dieses Ereignisses ist, dass sie zum einen als bekannt gelten (aus TV-Dokumentationen sowie aus Materialien für den Geschichtsunterricht), zum anderen gerade die kanonischen Bilder des Ereignisses alles andere als »objektiv« sind.

Mit dem Einmarsch der Hitlertruppen am 12. März 1938 treten weitgehende Einschränkungen der Pressefreiheit in Kraft. Fotografie- und Filmaufnahmen unterliegen wie im »Altreich« strengen Selektionskriterien sowohl in der Auswahl der zugelassenen Bildberichterstatter als auch in der Wahl und Inszenierung der Sujets [16].

Wenn wir uns den Bericht des Ereignisses in der Version der Ufa ansehen, verdeutlicht sich meines Erachtens das Problem. EIN VOLK – EIN REICH – EIN FÜHRER! (1938) trägt den offiziellen Slogan für die Eingliederung der »Ostmark« ins Reich im Titel. Die Berichterstattung konzentriert sich weitgehend auf die große Hitler-Kundgebung am Wiener Heldenplatz am 15. März 1938; während der Kundgebung galt für nicht-akkreditierte Personen ein Film- und Fotografierverbot.

Das Dilemma ist, denke ich, deutlich: Begreift man diese Aufnahmen wie Matuszewski oder – in seinem Geiste – TV-Redakteure als »totale Quelle«, affirmiert man letztlich jenes Narrativ, das schon seine Erzeuger – Goebbels Filmoffiziere – geschaffen haben. Analysiert man die spezifische »Sprache«, in der vom »Ereignis Anschluss« berichtet wird, verlässt die Untersuchung das Feld einer orthodoxen »Faktengeschichte«, um sich in der Filmanalyse wiederzufinden. Wie sind Bild und Ton zueinander montiert? Wie wird mittels Kameraplatzierung der Heldenplatz als Handlungsraum inszeniert? Wer kommt wie ins Bild? Und wie korrespondiert eine symbolische Ordnung – eine *filmische* Ordnung – mit einer Idee von *politischer* Ordnung?

Sehen wir uns das mikroskopisch an einer Sequenz an. Die (Rundfunk-)Aufnahme von Hitlers Proklamation am Balkon der kaiserlichen Burg wird mit den auf S. 50-51 abgebildeten Aufnahmen: »In wenigen Tagen hat sich innerhalb der deutschen Volksgemeinschaft eine Umwälzung vollzogen, die wir heute wohl in ihrem Umfange sehen, deren Bedeutung aber erst spätere Geschlechter ganz ermessen werden.«

Den Bildern kommt die Aufgabe zu, Ordnung zu stiften in einer von unwägbaren Emotionen und uneindeutigen Konstellationen geprägten Situation – vergegenwärtigen wir uns, dass es sich um einen Regimewechsel handelt, der in einem aufgeheizten Klima massenhafter Erhebung und zahlreicher, spontaner wie gelenkter Übergriffe stattfindet. Mit der Orientierung auf die Figur des Führers (dem im Gegenschnitt und in der vom Kran aus inszenierten Halbnahen alle Blicke gelten) schreiben sie der Chronik der laufenden Ereignisse einen Telos ein: ein Ereignis, »dessen Bedeutung erst spätere Geschlechter« ermessen werden; auch der – in Untersicht, mit Füllerlicht in die strahlenden Augen inszenierte – alte »Tiroler« als Archetyp des autochthonen »Ostmärkers«.

Das Bild, das die NS-Propaganda vom »Anschluss« entwirft, ist ein kontrolliertes Bild: anstelle der Kontingenz der massenhaften Erhebung (des berüchtigten »Terrors von unten«), der Simultanität und Volatilität der Ereignisse tritt schicksalshafte Entfaltung, ein »zweckbestimmtes Ganzes«. Die beschworene »Volksgemeinschaft« findet auf den Leinwänden der Kinos ihre Vollendung. Aus der Rede Hitlers am 15. März auf dem Heldenplatz wird in diesem Bild-Verbund ein Argument, das die nachträgliche Vorstellung vom »Anschluss« regulieren wird. In der Wochenschau gibt es kaum ein Bild, das an der Vorsorge und Vorsehung der Nationalsozialisten Zweifel aufkommen ließe; sie installiert ein neues Regime der Zeit (die Zeit einer mythischen Erfüllung) wie des Raumes (die Zentrierung aller Aktivitäten auf das Bild des Führers).

»Missratene« Figuren

Viel spannender ist es meiner Meinung nach, sich anderen Quellen zuzuwenden, den »Waisenkindern« (oder den »missratenen« Kindern der Filmgeschichte), die uns ein bedeutsames Ereignis wie den »Anschluss« eingebettet in eine *Alltagsgeschichte* zeigen; filmische Quellen, deren scheinbare Banalität nicht weniger aussagekräftig ist als die auf Effizienz und totale Kontrolle getrimmte Filmdramaturgie der Ufa.

Einer unserer schönsten Zufallsfunde ist ein kurzer, anonymer 16mm-Film, den der Künstler Christoph Weihrich vor zwei Jahren auf einem Flohmarkt fand und dem Filmmuseum zur Umkopierung übergab [17]. Er trägt den Archivtitel HA.WEI. 14. MÄRZ 1938, und ist ein schönes Beispiel für das, was wir mit Michel Foucault gesprochen ein *Monument* nennen würden – eine Quelle, die auf vielfältige Weise von jenen Machtbeziehungen, Mentalitäten, Gepflogenheiten, die zu ihrer Herstellung beigetragen haben, spricht; deren Sprache über den eindeutigen, semantischen Gehalt (das, *worüber* berichtet wird) hinaus ungleichzeitige Strukturen innerhalb eines historischen Raumes hervortreten lässt (vgl. Film clip no. 8).

HA.WEI. (eine Abkürzung für Hadersdorf-Weidlingau, einen westlichen Vorort von Wien) beginnt mit einer Aufnahme von der Einfahrt des Hitlerkonvois nach Wien am 14. März. Das Ereignis nimmt jedoch nur einen marginalen Stellenwert ein; der überwiegende Teil des 13-minütigen Fragments unterscheidet sich

HA.WEI. 14. März 1938

nicht vom typischen »Familienfilm«. Seine Motive sind Familienfeste, die Arbeit im Garten und im (Betriebs?-)Glashaus, Tier. und Naturaufnahmen, offenbar im Zeitraum zweier Jahreszeiten, wenn nicht sogar von zwei Jahren gedreht [18].

Kann man eine Geschichte der Annexion Österreichs schreiben, in der nicht Hitler, Seyß-Inquart, Schuschnigg und wie sie alle heißen mögen, die Hauptrollen spielen, sondern Hunde, Katzen, Gärtnerinnen, Postboten? Wie kann man es wagen, ein so folgenreiches politisch-militärisches Ereignis wie den »Anschluss« von den scheinbar ephemeren Geschehnissen aus zu betrachten, mit denen es keine strikten, kausalen Relationen verbinden, von Familientreffen, Berufspraktiken, privaten Ritualen aus?

53

Ja, wenn man die Verschiebung, die die Geschichtswissenschaft mit ihrer Abwendung von einer Teleologie geschichtlicher Formationen hin zu dem, was Foucault »Mikrohistoires« nannte berücksichtigt, sind „Mikrogeschichten" Zugänge zu historischen Lebenswelten und Mentalitäten, die Vergangenheit als komplexes Gewebe von Sachverhalten, Erwartungshorizonten und Handlungen aufscheinen lassen. Anstelle »gesicherten«, selektiven Registerwissens tritt »Geschichte« als eine Vielzahl heterogener Gedächtnisse. Der Film stellt als autopoetische Technik der Aufzeichnung »gelebter Erfahrung« einen bedeutsamen Rest, eine bedeutsame Spur dar.

Für eine an »Mikrogeschichten« orientierte Historiografie stellen Filme wie dieser eine dichte Quelle dar. Für eine traditionelle Lesart der Geschichte ist der Film – wie so viele *orphans* – jedoch mangelhaft: Es fehlt ihm an narrativer Geschlossenheit; seine Erzählperspektive ist unklar; sein Charakter ist bruchstückhaft, sein »Werkstatus« nicht gesichert; ungewisse Zeitorganisation und Willkürlichkeit in den räumlichen Beziehungen kennzeichnen seine Erzählung.

Dies trifft auch auf einen anderen Amateurfilm von 1938 zu, den wir in unseren Veranstaltungen immer wieder zeigen und mit dessen vollständiger Identifizierung wir immer noch befasst sind [19]. AMATEURAUFNAHMEN WIEN, FRÜHJAHR 1938 ist ein etwa 10-minütiges *home movie* im 9,5-mm-Format, welches von einem unbekannten Filmamateur gedreht und montiert wurde (vgl. Film clip no. 9). Auch dieses Gedächtnis ist mangelhaft, »missraten«: Die Ereignisse aus dem Zeitraum März bis Mai 1938, die der Film vorführt, sind a-chronologisch organisiert; es fehlen denotativ gesetzte zeitliche und örtliche Markierungen; vieles ist in der Art eines »Schnappschusses« nur skizzenhaft und flüchtig festgehalten; manche Einstellungen bleiben schlicht und einfach völlig rätselhaft.

Abgesehen von der Ebene der Evidenzen, auf der dieser Film aufgrund der Fülle von Impressionen, die er einfängt, einiges bietet [20], ist er gerade aufgrund der angeführten »Mängel« für einen Vermittlungsansatz (und eine Vorstellung von Geschichtsschreibung) ungleich reichhaltiger als jede kanonische Überlieferung. Alexandra Schneider

hat, den Theorien Roger Odins über den »Familienfilm« folgend, jene »Mängel« beschrieben, die das *home movie* gegenüber dem industriellen Kino auszeichnet:

»Beim Familienfilm bilden die Erwartungen der Familie den Bedeutungshorizont für die konkreten filmischen Äußerungen; er funktioniert für sein Publikum nicht, *obwohl* er unter professionellen Gesichtspunkten dilettantisch aussieht, sondern gerade *weil* er ein mangelhafter Text ist. Innerhalb des familiären Rahmens funktioniert der Familienfilm, weil er als tendenziell ungeschlossener Text potenziell unterschiedliche Lesarten und gleichzeitig eine gemeinsame Vision anzubieten vermag [21].«

Der (Familien-)Film – die für die Zukunft festgehaltene vergangene Gegenwart – ist »Fest«, argumentiert Schneider mit Pierre Bourdieu, weil er eine Idealität von »Familie« inszeniert, die als Ersatz für in Auflösung begriffene Gemeinschaften dient. Der fragmentarische Charakter des Amateurfilms korrespondiert auf diese Weise mit dem Konzept einer Geschichte als Geschichte multipler Gedächtnisse; zugleich aber auch mit Siegfried Kracauers Plädoyer für die Durchkreuzung teleologischer Erzählungen und der »Lüge der Kunst«:

»Infolge des Schwindens der Ideologie ist, ungeachtet aller Bemühungen um neue Synthesen, die Welt, in der wir leben, mit Trümmern übersät. Es gibt keine Ganzheiten in dieser Welt, viel eher gilt, dass sie aus Fetzen von Zufallsereignissen besteht, deren Abfolge an die Stelle sinnvoller Kontinuität tritt. Dementsprechend muss das individuelle Bewusstsein als ein Aggregat von Glaubenssplittern und allerlei Tätigkeiten aufgefasst werden; und da es dem inneren Leben an Struktur gebricht, haben Impulse aus psychosomatischen Regionen die Möglichkeit aufzusteigen und die Zwischenräume zu füllen. Fragmentarische Individuen spielen ihre Rollen in einer fragmentarischen Realität.« [22]

Ein Ereignis wie der »Anschluss« wird hier reflexiv in die hervorgehobenen, die besonderen, womöglich sogar (in HA.WEI. sogar mit Sicherheit) die »glücklichen Momente« aufgenommen, die ein aktives Erinnern stiften. Es ist bei HA.WEI genau die spezifische filmische Form, die Poesie des Amateurs, der Rituale des Alltags, gelebte Geschichte auf spezifische Weise fixiert, *erinnerbar*

AMATEURAUFNAHMEN WIEN, FRÜHJAHR 1938

macht, die einem zeitgenössischen Publikum den Anschluss an eine historische Situation erlaubt. Unsere Erfahrungen in den Screenings haben deutlich gemacht, dass gerade diese Filme sich hervorragend eignen, um dem assoziativen Interpretationsvermögen des Publikums – ob es sich nun um SchülerInnen, StudentInnen, ein Kinemathekenpublikum oder einen lokalen Kulturverein handelt – Raum zu geben. Der »Überschuss« der Bilder öffnet multiple »Schnittstellen« hin zur eigenen Alltagswahrnehmung, zu biografischen Erfahrungen, gelebten Praktiken.

Eine solche Vermittlungsarbeit schafft nicht zuletzt auch ein Bewusstsein dafür, wie *verunsichernd* historische Arbeit wirken kann. AMATEURAUFNAHMEN WIEN, FRÜHJAHR 1938 ist, um bei

Missratenes Gedächtnis: Etwas in den AMATEURAUFNAHMEN sperrt sich hartnäckig gegen die Narrativierung ...

diesem Beispiel zu bleiben, gerade deshalb so irritierend und desorientierend, weil sich an ihm die ganze Uneindeutigkeit eines »missratenen« Gedächtnisses demonstrieren lässt: Der Versuch, aus der Wahl der Motive, des Kamerastandortes, der Dauer einzelner Einstellungen und der »Montage« des Films Gewissheit über die Haltung seines Autors zu gewinnen, führt nie zu zu einem Ergebnis. Etwas sperrt sich hartnäckig gegen eine Narrativierung. Paradigmatisch dafür können zwei Bilder stehen: Zum einen ein *tableau vivant*, das einen Königspudel (den Hund des Autors?) vor einem »Hitleraltar« im Schaufenster eines Kaufhauses (?) in Szene setzt und den gegenwärtigen Betrachter wechselweise sarkastisch oder affirmativ anspricht; zum anderen die letzte Sequenz des Films, die in fünf Einstellungen höchstwahrscheinlich einen Übergriff von WienerInnen gegen jüdische Mitbürger zeigt (eine im Jargon der Zeit so genannte »Reibpartie«,). Wen blickt das Opfer aus der ersten Einstellung an – einen Täter, oder einen Chronisten des Unrechts? Klar ist, dass die Kamera Teil eines Arrangements ist: In der letzten Einstellung wird einer jungen Frau ein Gegenstand (wahrscheinlich ein Kehrrichtbesen) in die Hand gedrückt; verlegen (oder kokett?) greift sie sich ins Haar und wendet den Blick von der Kamera ab, dann wieder hin, dann ab. Die Gruppe hinter ihr lacht, feixt, ihr Gesicht verzieht sich zu einer Geste, die wir Historiker als verlegenes Lächeln auslegen können. Erst in der Vermittlungsarbeit

mit SchülerInnen wurde uns vermittelt, was dieses Arrangement noch bedeuten kann: Womöglich fängt es jenen Moment ein, wo der Mob ein Opfer aussondert, dem Hohn preisgibt; und vielleicht zeigt der letzte Kader des Films kein Lächeln, sondern ein verzweifeltes Schluchzen.

Teile dieses Aufsatzes beziehen sich auf einen älteren Text des Verfassers: Siegfried Mattl / Michael Loebenstein: Missratene Figuren. Der »Anschluss« 1938 im »ephemeren« Film. In: zeitgeschichte 1/2008, Jänner/Februar 2008, S. 35ff.

Ich danke Siegfried Mattl und Vrääth Öhner für die zahlreichen Anregungen und ihre konstruktive Kritik.

... bis zum letzten Kader des Films

Anmerkungen

1 *Filmdokumente zur Zeitgeschichte*. Eine gemeinsame Veranstaltung des Österreichischen Filmmuseums und des Ludwig-Boltzmann-Instituts für Geschichte und Gesellschaft (Wien), unterstützt von der Wissenschaftsabteilung der Stadt Wien und dem Zukunftsfond der Republik Österreich.

2 Ich verwende Präsenz hier doppeldeutig sowohl für »Gegenwart« als auch als zeitliche Form (das »Präsens«).

3 Vgl. Jacques Rancière: Die Geschichtlichkeit des Films (1998). In: Eva Hohenberger / Judith Keilbach (Hg.): Die Gegenwart der Vergangenheit. Berlin 2003, S. 230 ff.

4 Bolelas Matuszewski: Eine neue Quelle für die Geschichte. In : montage/av 7/2/1998, S. 9.

5 Ebenda, S. 9

6 André Bazin: Ontologie des fotografischen Bildes [1958]. In: A.B.: Was ist Kino? Köln 1975, S. 23

7 Ebenda, S. 25.

8 Ebenda, S. 25

9 Siegfried Kracauer: Theorie des Films. Die Errettung der äußeren Wirklichkeit. Frankfurt/Main 1961, S. 388.

10 Ebenda, S. 387. Kracauer nimmt damit eine grundsätzliche Diskussion über die ontologische Differenz zwischen analoger Reproduktion (als Ähnlichkeitsbeziehung) und digitaler Repräsentation (als Beschreibung von Phänomenen mittels diskreter Werte) vorweg.

11 Ebenda, S. 389

12 Ein weiterer Begriff, der sich gerade im angloamerikanischen Raum eingebürgert hat, ist der des *orphan film*, also des »verwaisten« Films. Der Begriff bezeichnet sowohl die angeführte »Vernachlässigung« als auch die oft unklare oder anonyme Urheberschaft solcher Filme. Nicht zuletzt knüpfen sich an den Begriff des *orphan film* auch rechtliche Implikationen, wenn die Urheber eines Films unbekannt bleiben oder der Urheberschutz eines solchen Films abgelaufen ist.

13 Bazin 1975, a.a.O., S. 25.

14 Kracauer 1961, a.a.O., S. 67

15 Ebenda, S. 391

16 Vgl. dazu u.a. Hans Petschar: Anschluss. Eine Bildchronologie. Wien 2008, S. 17, sowie (in Bezug auf die Wochenschauen) die Beiträge von Kay Hoffmann, Hans Petschar und Sebastian Pumberger in: Hrvoje Miloslavic (Hg.): Die Ostmark-Wochenschau. Wien 2008.

17 Christoph Weihrich hat den Film – ganz im Sinne der *appropriation art* –als »perfektes Fundstück« auch gleich zur künstlerischen Arbeit erhoben; als unbearbeitetes, nur mit einer Texttafel am Ende versehener Found-Footage-Film ist er unter dem Titel 14. MÄRZ 1938. EIN NACHMITTAG im Vertrieb bei dem Wiener Verleih Sixpackfilm (www.sixpackfilm.com) erhältlich.

18 Vergleiche hierzu die Seminararbeit von Michel Jean Pfeiffer: Forschungsbericht Filmanalyse »HA.WEI«, eingereicht bei Univ. Doz. Dr. Siegfried Mattl, Wintersemester 2007/2008 (unveröffentlicht).

19 Der Film wird zur Zeit gemeinsam mit ForscherInnen der Österreichischen Nationalbibliothek, des Wiener Wiesenthal Instituts für Holocaustforschung und des United States Holocaust Memorial Museum (Washington) erforscht.

20 Im Unterschied zur (gleichgeschalteten) OSTMARKWOCHENSCHAU zeigen die Amateuraufnahmen viele kleine Details über den »Alltag im Anschluss«, die von der Bildberichterstattung nicht berücksichtigt wurden oder explizit unterdrückt wurden; vgl. hierzu Petschar 2008, a.a.O.

21 Roger Odin: Rhétorique du film de famille [1979], auf Deutsch zitiert nach: Alexandra Schneider: Die Stars sind wir. Heimkino als filmische Praxis. Marburg 2004, S. 32.

22 Kracauer 1961, a.a.O. S. 386.

Die DVD als Instrument einer aktiven Pädagogik und Filmforschung

Von Alain Bergala

Ich werde versuchen, die pragmatische und theoretische Wegstrecke zu skizzieren, die zur DVD *Le point de vue* über die Perspektive geführt hat. Sie hat mehrere Jahre beansprucht und ist seltsam verschlungenen Pfaden gefolgt.

1. Pragmatischer Ausgangspunkt: *Le cinéma, cent ans de jeunesse*

Seit seinem Beginn 1995 war eine der Entscheidungen des Projektes *Le cinéma, cent ans de jeunesse* [1], sich alljährlich ein bestimmtes Thema vorzunehmen und dieses von Jahr zu Jahr zu wechseln. Zum Beispiel: die *Beziehung von Figur und Hintergrund*; die *Perspektive*; die *Farbe* etc. Zur einführenden Fortbildung, bei der ich traditionell den theoretischen Teil übernehme, stelle ich die gewählte Problematik anhand einer bestimmten Anzahl von Filmausschnitten vor, über welche die Lehrenden und die »Dritten« für ihre Arbeit in den Schulklassen dann verfügen können. Gleich von Anfang an habe ich mich entschieden, die Einführung nicht rein theoretisch oder konzeptuell zu gestalten, wie es so oft an der Universität geschieht. Die Filmausschnitte sind nach einer einfachen Typologie auf einer Ebene angeordnet.

Während der ersten Jahre wurden diese Ausschnitte ganz simpel der Reihe nach auf eine VHS-Kassette kopiert. Seit einigen Jahren hat die DVD dieses Medium abgelöst, aber die Ausschnitte sind dort einfach nur nach Kategorien angeordnet wie beim Inhaltsverzeichnis eines Buches.

Die Erstellung der DVD mit diesen Ausschnitten ist ein pädagogisch wichtiges Moment – davon hängt zum großen Teil die Annahme des neuen Themas durch die Lehrenden und Ausbildenden ab. Sie spielt beim Ablauf der zweitägigen Fortbildung eine zentrale Rolle. Ohne den systematischen Rückbezug auf diese Ausschnitte würden zwei halbe Tage nicht ausreichen, um so komplexe Fragestellungen wie die *Perspektive* oder die *Beziehung Figur/Hintergrund* zu umreißen. Außerdem hat diese DVD auch eine bestätigende Funktion. Jedes neue Thema macht wegen seines unvermeidbar theoretischen und abstrakten Charakters ein wenig Angst. Es ausgehend von Filmausschnitten, ohne theoretisch-analytische Präliminarien, zu behandeln, wirkt vertrauensbildend bei jenen – Lehrenden und Dritten –, die sich auf das Projekt mit sehr unterschiedlichem theoretischem Vorwissen einlassen. Diese Ausschnitte, von denen die Beteiligten wissen, dass sie auf der DVD auf sie zurückgreifen können, sind auch eine Absicherung, um mit den Schülern eine erste Annäherung an das Thema zu wagen.

Die Wahl der Ausschnitte, gleichzeitig pragmatisch und kulturell bedingt, ist von entscheidender Bedeutung und beherbergt viele versteckte Fallen.

Die erste Gefahr besteht darin, Grenzfälle von Filmen auszusuchen, bei denen das infrage stehende Thema zu offensichtlich ist: wenn man zum Beispiel THE LADY IN THE LAKE (Die Dame im See; 1947; R: Robert Montgomery) für die Perspektive oder DESERTO ROSSO (Die rote Wüste; 1964; R: Michelangelo Antonioni) für die Farbe nimmt. Diese Extrembeispiele haben den Vorteil, einen Aspekt der Frage deutlich herauszustellen, aber das Risiko ist auch, dass sie ihn simplifizieren oder gar karikieren. Man sollte nie das »normale« Kino vergessen und die weniger offensichtliche Art und Weise, wie es diesen oder jenen Parameter einsetzt. Man sollte darauf achten, dass die Grenz-Beispiele nicht auf einen »Gadget-Gedanken« [2] hinauslaufen, vor allem, wenn der Augenblick der Realisierung von Filmen gekommen ist. Eine Gruppe von Schülern, die von LADY IN THE LAKE begeistert ist, könnte ein wenig gadgetmäßig versucht sein, ihren Film ausschließlich mit subjektiver Kamera zu drehen –

und diese Vorgehensweise wäre pädagogisch nicht sehr interessant. Es sollten also Filme gefunden werden, die zugleich »exemplarisch« und »normal« im Hinblick auf die Behandlung des anstehenden, zu analysierenden Problems sind.

Wenn man mit Ausschnitten arbeitet, bei denen ein Aspekt wie die Perspektive plastisch hervortritt (was pädagogisch zu begrüßen ist, denn das, was sich abhebt, macht sichtbar), gibt es noch eine andere Gefahr: nämlich diesen Parameter *zu sehr* zu isolieren und die anderen Film-Parameter, die in jedem Ausschnitt eines richtigen Films gleichzeitig ihre Wirkung tun, aus dem Auge zu verlieren. Einem Parameter Aufmerksamkeit zu schenken, sollte uns nicht vergessen lassen, dass es auch andere und ebenso wichtige gibt, die gleichzeitig im Spiel sind. Ein Film besteht immer aus einem *Zusammenspiel von Parametern* – einen Parameter zu isolieren, sollte nie auf Kosten der anderen gehen.

Bei der Auswahl der Filme (ich erwähne hier nicht die ärgerlichen Probleme des Rechteerwerbs) stellt sich auch die allgemeinere Frage nach ihrem kinematografischen »Wert«, unabhängig von ihrer Eignung als Beispiel oder pädagogisches Demonstrationsobjekt für den zu studierenden Parameter. Man sollte nie aus dem Auge verlieren, dass die auf der DVD versammelten, während eines ganzen Jahres in der Klasse genutzten Filmausschnitte nicht ausschließlich dazu dienen, sich einem spezifischen Problem zu nähern. Sie haben auch eine anregende Funktion (Lust zu machen, sich den Film als ganzen anzuschauen) und eine kulturelle Funktion (den Horizont der Schüler in Sachen Kino, sowohl historisch wie geografisch, zu erweitern).

Seit zwei oder drei Jahren versuche ich, für diese Einführung jeweils einen emblematischen Film für den Einstieg in ein Thema zu finden, einen Film also, der schon in sich eine reichhaltige, vielfache und dialektische Reflexion des Themas enthält. Für die Fragestellung *Figur/Hintergrund* zum Beispiel hat sich der erste Teil von ZUI HAO DE SHI GUANG (Three Times; 2005) von Hou Hsiao Hsien als exzellenter Einstieg in die Materie erwiesen. In diesem Jahr war der Film GWOEMUL (The Host; 2006) von BONG JOON HO die gute »Wegbegleitung«, um die wesentlichen Aspekte der Farbe im Film anzugehen.

Inhaltsverzeichnis von Bergalas DVD *Le point de vue*

2. Strategischer Ausgangspunkt: *Les arts à l'école* (Die Künste an die Schule)

Ab 2001, im Rahmen meiner Beratungstätigkeit für den französischen Bildungsminister [3], habe ich mir Gedanken darüber gemacht, wie die Filmvermittlung anhand der DVD, die sich durchzusetzen und die VHS-Kassette zu verdrängen begann, erneuert werden kann.

Intuitiv sagte ich mir, dass die DVD nicht nur ein einfaches Hilfsmittel mit besserer Bildqualität sei, um Filme in einer Lernsituation anzuschauen. Sie macht vielmehr einen Wandel möglich, dessen Ausmaß vielleicht noch gar nicht genau zu ermessen ist – sie stellt eine andere Art von pädagogischem Instrument für die Hinführung zum Kino dar.

Bis zur Heraufkunft der DVD waren die für den schulischen Kontext produzierten Film- oder Video-Medien zur Einführung in das Kino einem alten Modell von linearer und vertikaler Didaktik verhaftet. Jemand, ein angesehener Experte, hält einen gelehrten Vortrag über Bilder, die auf der Leinwand vorbeiziehen. Er redet, analysiert, demonstriert, und die folgsame Montage der Bilder ist dazu da, die Wahrheit seiner Rede zu bezeugen. Auch wenn die Kenntnisse und die Darlegung von großer Qualität sind, verurteilt das Dispositiv selbst die Rezipienten dieser Art von eingleisiger Vermittlung dazu, die Analyse passiv entgegenzunehmen – zumindest so lange, wie das Anschauen des treffenderweise »didaktisch« genannten Films dauert. Oft fühlt sich der Pädagoge, das heißt der Lehrer oder Veranstaltungsleiter, selbst ein wenig erdrückt von diesem Expertenwissen. Wenn der Film, der zur Analyse gedient hat, ein- oder zweimal gesehen worden ist, wandert die Kassette oft in das Regal der Videothek zurück um nie wieder daraus hervorzukommen. Ihre blockierende Linearität verhindert tatsächlich einen anderen Gebrauch als den des »Wiedersehens« wie beim ersten Mal.

Mit der DVD hat es da eine fundamentale Veränderung gegeben. Sie hat die Möglichkeit eines Mediums von ganz anderer Art eröffnet, sie beruht auf einem anderen, radikal verschiedenen, viel aktiveren didaktischen Modell. Für den, der sich dieses Mittels bedient, gibt es die Möglichkeit, Filmsequenzen augenblicklich miteinander in Beziehung zu setzen oder Filmsequenzen auf andere Bilder – Fotografien, Gemälde etc. – zu beziehen. Die pädagogische Haupttugend der DVD liegt in der Möglichkeit, eine große Anzahl von Bildern und Tönen zu speichern und auf einfache Weise Verkettungen zu programmieren. Daraus ergeben sich ebenso viele Möglichkeiten, diese Filmfragmente in »denkende« Verbindungen zu bringen, die es jedem erlauben, strukturbestimmende Ideen zum Kino aus eigener Erfahrung heraus zu entdecken.

Die DVD ermöglicht es, sich dieses doppelten Dogmatismus zu entledigen, der mit der Linearität der passiv bleibenden Rezeption und mit der Enunziation des Wissensdiskurses einhergeht. Der andere große Vorzug der freien Zirkulation zwischen den Ausschnitten einer DVD ist, dass man während einer großen Anzahl Sitzungen auf unterschiedliche Konfigurationen zurückkommen kann. Man kann mit einer DVD wie *Le point de vue* während eines ganzen Jahres in einer Klasse arbeiten, ohne je dieselben konzeptuellen Wege zu beschreiten.

Endlich ist es möglich, ein vergleichendes (komparatistisches) Vorgehen vorzuschlagen, wobei die Intelligenz des Kinos der Zirkulation der Seite an Seite gestellten Filmausschnitte entspringt und nicht mehr aus einem Wissensdiskurs kommt.

Auf der konzeptionellen Ebene verlangt die DVD natürlich ebenso viel kulturelles Wissen wie das Schreiben einer traditionellen didaktischen Analyse. Derjenige, der sie konzipiert, muss über eine solide kinematografische Bildung verfügen und eine genaue Vorstellung davon haben, was vom Kinodenken vermittelbar ist. Sein Wissen setzt jedoch anders an: eben bei der Auswahl der Filmausschnitte und ihrem In-Beziehung-Setzen, bei der Verästelung der DVD selbst. Das notwendige Ausgangswissen ist von derselben Art, aber wie dieses Wissen angewendet wird und sich vermittelt, ist radikal verschieden. Es geht nicht mehr darum, einen Vortrag, der den Bildern gegenübersteht, zu halten – einen Vortrag, der entweder angenommen wird oder nicht und der unvermeidlicherweise belehrend ist. Es geht um ein Wissen, das in die Baumstruktur *als Leerstelle* eingeschrieben ist und das den Schüler dazu anhält, den Weg, auf dem es erarbeitet worden ist, selbstbestimmt neu zu gehen.

3. Theoretischer Ausgangspunkt: Die universitäre Forschung

An der Universität herrscht oft eine scholastischere Verfahrensweise, die darin besteht, von bereits existierenden, von anderen Denkern schon erarbeiteten Konzepten und früheren Texten über das Thema auszugehen und diese zu verfeinern, zu kritisieren oder zu bereichern. Bei dieser Methode werden Filme oftmals als Beispiele herangezogen, um einen Gedanken, der vorrangig konzeptuell ist, zu untermauern. Der Studierende sucht darin nach Beweisen für das, was er theoretisch vorbringt. Das ist eine Verfahrensweise, deren Richtung im Allgemeinen eher vom Konzept zum Film verläuft.

Ich rege seit jeher meine Film-Studenten, vor allem die Master-Studenten, dazu an, eine andere Methode zu praktizieren, die darin besteht, zuerst von den Filmen auszugehen und die umgekehrte Richtung einzuschlagen: von den Filmen zu den Konzepten. Ich rate ihnen, die Konzepte von der primären Erfahrung her zu entwickeln, das heißt, die Filme und die Filmausschnitte so oft wie möglich zu sehen, sie wieder und wieder anzuschauen.

Das ist im Übrigen die Methode, die Leo Spitzer verwandte, um seine *Stilistik* – »*Methode ist Erlebnis*« [4] – zu begründen: Eben weil man die Texte eines Autors liest und wieder liest, wird ein Detail zum Auslöser und verschafft uns den Zugang zu seinem besonderen Stil. Seiner Ausbildung nach Linguist, verurteilte Spitzer dennoch den universitären »methodologischen Terror« und dessen wissenschaftliches Blendwerk, und er vertrat immer die Notwendigkeit des primär vertraulichen Umgangs – unmittelbar und wiederholt – mit den Werken.

Ich fordere meine Studenten dazu auf, mit sich selbst zu beginnen, »mit bloßen Händen«, wenn ich so sagen darf, und zuerst einmal von ihrer persönlichen Erfahrung und ihrer eigenen kinematografischen Bildung auszugehen, um eine theoretische Frage zu formulieren. Danach werden sie immer noch genügend Zeit haben, um ihre Intuitionen und ihre Trouvaillen mit dem zu konfrontieren, was die Theoretiker zu dem Thema geschrieben haben.

Denn schließlich denken wir das Kino doch auf diese Art und Weise und bilden uns dabei selbst am meisten: indem wir mental die Filme, die sich in unserem cinephilen Gedächtnis angesammelt haben, vergleichen und bestimmte Filme zu Kategorien gruppieren, um dann, anhand dieser Kategorien, eine Typologie herzustellen, die es gestattet, gedanklich alle Filme auf diese Struktur zu beziehen, die sich herausgebildet hat.

4. Die DVD *Le point de vue*

Nach mehreren Jahren Erfahrung mit dieser aktiven und komparatistischen Methode bei der Reihe *L'Eden cinéma*, die heute mehr als 30 Titel zählt und als Einführung in das Kino im französischen Schulsystem zum Einsatz kommt, habe ich eine seit langem erträumte DVD verwirklicht über das Problem der *Perspektive im Film*.

Diese DVD besteht aus 43 Filmausschnitten aus der ganzen Geschichte des Kinos und schlägt 51 verschiedene Verknüpfungen der Ausschnitte vor. Während ich mit diesen Ausschnitten und ihrer Anordnung arbeitete, ging mir auf, dass ich im Begriff war, die Grundlagen für eine Theorie der Perspektive im Film zu legen, aber eben von den Filmen selbst und den zwischen ihnen geknüpften Verbindungen ausgehend und nicht von einem *apriorischen* theoretischen Konzept.

Schon lange bevor ich mich der Realisation der DVD *Le point de vue* zuwandte, hatte mich dieses Problem interessiert, und ich hatte es mehrfach in den Mittelpunkt meiner Vorlesungen gestellt. Doch diese früheren Überlegungen waren unvollständig

und manchmal nur den gerade herrschenden Umständen geschuldet. Oft bin ich bei der Auseinandersetzung mit einem bestimmten Film – wie EL (Er; 1953) von Buñuel oder VERTIGO (1958) von Hitchcock – auf die Frage der Perspektive als notwendigem Einstieg in seine Analyse gestoßen. Diese früheren Annäherungen (und die Notizen, die ich mir mache, wenn ich einen Film sehe oder wiedersehe) erlaubten mir dann, eine bestimmte Anzahl Filme zusammenzustellen, die für das Thema unentbehrlich sind.

Die Perspektive ist eine der heikelsten und am wenigsten erforschten Fragestellungen in der Filmtheorie. Sie bleibt häufig in Konzepten befangen, die aus der Literaturanalyse kommen und die approximativ importiert werden – ohne das Spezifische des Films zu berücksichtigen, das sich doch gerade anhand der Perspektive in entscheidender Weise manifestiert. Es gibt keine wirkliche Theorie der Perspektive im Film, die sich dieses Spezifikums als einer Hauptsache annähme. Letztendlich war das eine gute Sache: Ich würde versuchen, über eine schwierige Frage nachzudenken, indem ich mit einer anderen Untersuchungsmethode experimentierte. Ich würde nicht von bereits vorhandenen, unvollständigen und verstreuten Texten zum Thema ausgehen (die mir im Übrigen bekannt waren), sondern von den Filmen selbst.

Dazu war es notwendig:

1. eine Sammlung von Ausschnitten zusammenzustellen;

2. sie zu klassifizieren, um daraus Kategorien abzuleiten;

3. eine Typologie, so fein und so ausgreifend wie möglich, zu begründen;

4. eine Baumstruktur herzustellen.

Die Absicht, eine DVD ausgehend von all diesen Ausschnitten zu erarbeiten, macht eine solche Baumstruktur notwendig, also eine Struktur mit mehreren Etagen, viel feiner als eine einfache lineare Struktur auf einer einzigen Ebene.

Die Erstellung einer Baumstruktur ist eine Möglichkeit, ein Theoriefeld konzeptuell zu strukturieren, hier also dasjenige der Perspektive im Film.

Die Pädagogik, die bei dieser DVD zur Anwendung kommt, ist die des vielfachen In-Beziehung-Setzens der Ausschnitte. Ein Beispiel ist die

LA NOTTE (1961): Ein Paar unter sich ... ein Paar wird beobachtet. Unvorhersehbarer Wechsel in die Perspektive der heimlichen Beobachterin

Verknüpfung zur ineinander verschachtelten Perspektive (*Point de vue emboîté*), die Ausschnitte aus den Filmen STROMBOLI (1949; R: Roberto Rossellini), LA NOTTE (Die Nacht; R: Michelangelo Antonioni), TO BE OR NOT TO BE (Sein oder Nichtsein; 1942; R: Ernst Lubitsch), LES QUATRE CENTS COUPS (Sie küssten und sie schlugen ihn; 1959; R: François Truffaut) und ZIRE DARAKHATAN ZEYTON (Quer durch den Olivenhain; 1994; R: Abbas Kiarostami) miteinander verbindet (vgl. Bildsequenzen auf S. 62-64 u. Film clip no. 10).

Wenn die Schüler diese Verknüpfungen sehen, entwickeln sie selbst, aus eigener Anschauung heraus, das Konzept der ineinander verschachtelten Perspektive und der Austauschbarkeit des Blickpunkts im Kino. Es gibt sehr schnell ein offenes Gespräch zwischen ihnen und dem Lehrer über diese Möglichkeit des Films, eine Perspektive in die andere einzufügen. Der Lehrer kann dann diese Kategorie der Perspektive mit Worten bezeichnen und die Analyse verfeinern, indem er zum Beispiel auf den

Ausschnitt aus LA NOTTE zurückgreift: In dieser Sequenz kann er auf eine Zwischenstufe der Perspektive aufmerksam machen, die bei den anderen Ausschnitten nicht vorhanden ist. Aber sein Beitrag ist weder primär noch belehrend, er kommt erst dann hinzu, wenn die Schüler selbst, durch die Betätigung ihres Intellekts, das allgemeine Konzept dieser Verkettung der Ausschnitte verstanden haben.

5. Lernen durch das Erarbeiten einer DVD

Gemeinsam eine DVD über eine Fragestellung des Films zu erarbeiten kann für die Studierenden eine schnelle, lebendige und nachhaltige Weise sein, sich dieses theoretische Problem anzueignen. Sie würden dafür sehr viel mehr Zeit aufwenden, wenn sie versuchten, es nach der klassischen universitären Pädagogik zu bewältigen.

Das ist jedenfalls die Erfahrung, die ich letztes Jahr im Rahmen des Master *Didactique de l'image*

TO BE OR NOT TO BE (1941): Das letzte Bild enttarnt die Szene als Theaterprobe aus Sicht des Regisseurs

an der Universität Sorbonne Nouvelle (Paris 3) mit einer Gruppe von motivierten Studenten machen konnte.

Die Ausgangsidee bestand darin, das Modell einer DVD, die sich der Farbe im Kino widmet, zu realisieren – nach den Prinzipien der DVD über die Perspektive. Die Studenten (ein Dutzend) haben damit begonnen, individuell nach Filmen und Sequenzen zu suchen, bei denen die Farbe eine wichtige Rolle zu spielen schien. Sie haben also diese Sequenzen gesammelt und kopiert. Ausgehend von dieser Sammlung, haben wir begonnen, zu kategorisieren und eine erste Skizze in Baumform zu erarbeiten. Dann haben wir die Kategorien, die uns bei dieser Struktur zu fehlen schienen, benannt, um Filmausschnitte zusammenzustellen, die diesen Kategorien entsprachen. Auf diese Weise haben wir eine Art

erstes pragmatisches »Modell« hergestellt, um uns dem Problem der Farbe im Kino anzunähern und darüber nachzudenken.

Einige Studenten haben im Verlauf der Arbeit in Schriften, die das Thema theoretischer behandeln, nach Fährten oder Überlegungen gesucht – aber das ist peripher geblieben hinsichtlich der Methode, sich anhand der Bezüge zwischen den Ausschnitten eine Baumform auszudenken.

An einem solchen Projekt mit einer Gruppe von Studenten zu arbeiten, die filmkulturell gebildet sind und sich untereinander gut kennen, ist eine Karte, die »sticht«. Zehn Personen, die sich individuell erinnern und in ihrem Gedächtnis nach Filmen suchen, in denen die Farbe als wichtiger Bestandteil erscheint, haben die Chance, sich zu ergänzen und ein relativ reichhaltiges Ensemble an Ausschnitten zu konstitu-

ZIRE DARAKHATAN ZEYTON (1994): Ein Mann folgt einer Frau mit den Blicken ... und wird selbst beobachtet.
Der Blick der Hauptfigur und des Regisseurs greifen ineinander

ieren. Zweifellos hätte keiner von ihnen persönlich über ein ausreichendes mentales Filmarchiv verfügt, um diese DVD allein zu realisieren.

Meine Rolle als Lehrer hat darin bestanden, auf Kategorien oder Filme hinzuweisen, an die keiner aus der Gruppe gedacht hatte und die mir zu fehlen schienen. Oder darin, für bestimmte Kategorien signifikante Filmausschnitte zu suggerieren, an die sie nicht gedacht hatten. Aber umgekehrt hat diese Sammlung von Ausschnitten auch mir erlaubt,

Filme zu entdecken, an die ich nicht gedacht hatte und die sehr nützlich waren, um eine Typologie aufzubauen.

Es passiert bei der Erarbeitung einer Typologie auch, dass strukturell eine Kategorie auftaucht, für die es unter den Ausschnitten kein Beispiel gibt. Die Astrophysiker gewinnen auf diese Weise die strukturelle Gewissheit, dass es an einem bestimmten Ort der Planeten-Konstellation, die sie studieren, einen Stern geben muss, den sie mit ihren Instrumenten noch nicht sehen können. Bei der DVD *Die Perspektive* ist das zum Beispiel die Existenz von Schuss – Gegenschuss zwischen einer Person und einer Landschaft, die nicht einem Blickanschluss entspringt.

Diese Übung hat mich darin bestätigt, dass ein Denken, das sich einem so weitgespannten Thema wie dem der Farbe im Film widmet, aus der Notwendigkeit erwachsen kann, ein Werkzeug *für andere* herzustellen. Jeder Unterrichtende weiß das aus Erfahrung: Es gibt nichts Besseres, um ein Problem zu verstehen, als darüber zu unterrichten. Das Unterrichten lehrt den Unterrichtenden ebenso sehr wie die Schüler, die unterrichtet werden. Und anderen klarmachen zu wollen, was es mit solch schwierigen Fragen wie der *Perspektive* oder der *Farbe* oder der *Beziehung von Figur und Hintergrund* auf sich hat, ist die beste Art und Weise, sie sich selbst klarzumachen. Man kann doch zweifellos auch über etwas unterrichten, was in einem arbeitet und einen stimuliert – worüber man sich noch nicht völlig im Klaren ist: Das ist die beste Art und Weise, es sich selbst klar zu machen. Roland Barthes begann das Seminar eines Jahres immer mit einem Thema, für das er sich anschließend manchmal noch die Zeit nahm, ein Buch zu schreiben.

Das Modell der so, als »Übung« im Rahmen des Masterkurses, erarbeiteten DVD ist in der Folgezeit zu einem veritablen und gut einsetzbaren pädagogischen Werkzeug geworden. Sie hat in der Tat, nach leichten Modifikationen, den Lehrenden und Dritten von *Le cinéma, cent ans de jeunesse* als Grundlage für die Jahre 2008/09 gedient, deren Thema eben die Farbe im Film ist. Der Kreis hatte sich geschlossen.

Übersetzung aus dem Französischen:
Johannes Beringer

Anmerkungen

1　*Le cinéma, cent ans de jeunesse* (*Das Kino – 100 Jahre jung*) ist ein Projekt der Cinémathèque Française, das Schulklassen aus ganz Frankreich sowie anderen Ländern (u.a. Italien und Spanien) ermöglicht, ein Jahr lang an einem Filmprojekt zu arbeiten. Es findet in Kooperation zwischen Lehrern und Künstlern statt, wird von der Cinémathèque Française betreut und am Ende des Jahres bei einer gemeinsamen Abschlussveranstaltung vorgestellt. Siehe die Vorstellung des Projektes durch seine Leiterin Nathalie Bourgeois sowie einen Projektbericht aus Spanien von Núria Aidelman und Laia Colell in diesem Band (Anm. d. Hg.).

2　Gadget = engl. Apparat, technische Spielerei (Anm. d. Hg.)

3　Bergala hat im Rahmen von Jack Langs Bildungsprogramm *Les arts à l'ecole* die Sektion Kino geleitet. Seine Erfahrungen mit dieser Arbeit und das in diesem Rahmen entwickelte Filmvermittlungskonzept stellt er vor in: Alain Bergala: Kino als Kunst. Filmvermittlung an der Schule und anderswo. Hg.: Bettina Henzler / Winfried Pauleit. Marburg 2006 (Anm. d. Hg.).

4　Im französischen Original: »la méthode du déclic«, worin das Moment des »Auslösens« festgehalten ist. Leo Spitzer hat seine »Methode« (oder den »hermeneutischen Zirkel«) u.a. in *Sprachwissenschaft und Literaturwissenschaft* erläutert: »Wie oft habe ich, trotz aller in vielen Jahren gesammelten theoretischen Erfahrungen über die Methodik, wie vor den Kopf geschlagen auf eine Seite gestarrt, die ihr Geheimnis nicht preisgeben wollte. Der einzige Weg, der aus diesem Zustand der Unproduktivität herausführt, ist ein geduldiges und zuversichtliches Lesen und Wieder-Lesen, mit dem Bestreben, von der Atmosphäre des Werkes ganz und gar durchtränkt zu werden. Und plötzlich zeichnet sich ein Wort, eine Zeile ab, und wir merken, dass sich zwischen dem Gedicht und uns eine Beziehung eingestellt hat. Von da ab geht es schnell: andere Beobachtungen kommen hinzu, frühere Erfahrungen mit dem ›Zirkel‹ treten ans Licht, Gedankenverbindungen zu früher erworbenem Bildungsgut entwickeln sich – all das wird in meinem Fall durch einen geradezu metaphysischen Drang nach Lösungen beschleunigt –, und bald ereignet sich das charakteristische innere Aufleuchten, das Anzeichen dafür, dass die Einzelheit und das Ganze einen gemeinsamen Nenner gefunden haben, der die Etymologie des Textes angibt.« In: Leo Spitzer: Texterklärungen. Aufsätze zur europäischen Literatur. Frankfurt/Main 1990, S. 32 (Anm. des Übers.).

ich du er sie es

Intersubjektivität in der Filmvermittlung

Von Bettina Henzler

In der gegenwärtigen Diskussion um Filmvermittlung und Filmbildung an Schulen wird häufig die These von der persönlichkeitsbildenden Funktion des Films ins Feld geführt: Dies gilt sowohl für Ansätze aus der Kunstpädagogik, die durch das 2006 erschienene Buch *Kino als Kunst* von Alain Bergala [1] Auftrieb erhalten haben und die ästhetische Bildung bzw. ästhetische Erziehung in den Mittelpunkt stellen [2], als auch für Ansätze der subjekt- und handlungsorientierten Medienpädagogik, die an das Medienkompetenzkonzept von Dieter Baacke anknüpfen [3]. Um die vorausgesetzte Persönlichkeitsbildung durch Filme besser zu verstehen, erscheint mir eine Reflexion des Verhältnisses zwischen Gegenstand und Betrachter sinnvoll: Welche Beziehung zwischen Film und Zuschauer müsste im Vermittlungskontext gedacht und ermöglicht werden, damit das Kino seine bildende Wirkung dort entfalten kann?

Einen interessanten Ansatz bietet dafür ein Konzept der ästhetischen Erfahrung, das Roland Barthes in den 1970er Jahren entwickelt bzw. im Selbstversuch beschrieben hat. In seinen Texten zu Literatur, Gesang, Film und Fotografie rückt Barthes die körperliche und sinnliche Erfahrung des Lesers/Hörers/Betrachters ins Zentrum, die vor allem von der Materialität des Gegenstandes ausgeht. Er war damit Vordenker für einen Paradigmenwechsel in den Kulturtheorien, der mit einiger Verzögerung in den 1990er Jahren auch die Filmwissenschaft erfasst hat: der Verschiebung des Fokus vom »Text« zum »Körper« [4]. Während Strukturalismus und Semiologie sich seit den 1960er Jahren auf die Entzifferung von Medien als Texten konzentrierten und das

Subjekt als (sprachliche) Konstruktion entlarvten, kehrte ab den 1980er Jahren das Subjekt als verkörpertes und empfindendes Individuum zurück: In den Filmwissenschaften wandte man sich im Zuge dessen dem Zuschauer und dem Kinoerlebnis als sinnlicher Erfahrung zu.

Vor diesem Hintergrund bietet Roland Barthes' Ansatz die Möglichkeit, die Beziehung zwischen Film und Zuschauer nicht nur im Hinblick auf kognitive und sprachliche Aspekte zu begreifen, wie es in der Filmwissenschaft ebenso wie in der Diskussion um Film- und Medienkompetenz in Deutschland verbreitet ist, sondern insbesondere die sinnliche Erfahrung als Dimension der Wechselbeziehung zwischen Gegenstand und Betrachter einzubeziehen.

Im Folgenden werde ich ausgehend von dem Essay zur Fotografie, *Die helle Kammer* [5], zunächst Barthes' Entwurf einer ästhetischen Erfahrung skizzieren und auf das darin formulierte Verhältnis von Gegenstand und Subjekt hin befragen. In einem zweiten Schritt sollen auffällige Parallelen zwischen Barthes' Ansatz und der Haltung französischer Filmkritiker und -theoretiker herausgestellt werden, um die filmspezifische Relevanz seines Ansatzes zu belegen. Die französische Cinephilie bietet sich insofern als Bezugspunkt an, als sie einerseits in einem direkten Einflussverhältnis zu Barthes steht. Andererseits ist hier wie bei kaum einer anderen filmtheoretischen Strömung der Vermittlungsgedanke für das Selbstverständnis konstitutiv. In einem letzten Schritt möchte ich dann anhand konkreter Beispiele Schlussfolgerungen aus Barthes' Konzept der ästhetischen Erfahrung für die Praxis der Filmvermittlung in Deutschland formulieren.

1. Roland Barthes: Ästhetische Erfahrung und Subjektivität

Als einer »der zentralen Figuren der Texttheorie und der Semiologie, die kulturwissenschaftlich übergreifend das Textverständnis in allen [...] Bereichen geprägt hat« [6], trug Barthes in den 1960er Jahren wesentlich zur ›Demontage‹ des von der klassischen Philosophie (Descartes, Hegel) tradierten Subjektbegriffs bei. An die Stelle des Subjektes als rationalen und autonomen Ursprungs des Denkens und Schreibens tritt das Primat des Textes und der

Sprache, die – in Anschluss an die Psychoanalyse Jacques Lacans – als Voraussetzung für die Subjektwerdung begriffen wird: die das Subjekt »von dem Moment an bearbeitet und auseinandernimmt, in dem es in sie eintritt, statt sie zu überwachen« [7]. Die Vorstellung, dass der Text im Lektüreprozess erst entstehe, brachte eine Aufwertung der Rolle des Lesers als Text-Produzenten mit sich. Der Autor dagegen wurde von Barthes in seinem berühmten Text zum *Tod des Autors* entthront [8].

Seit Anfang der 1970er Jahre, mit dem Erscheinen von *Der dritte Sinn* und *Die Lust am Text* zeichnet sich in Barthes' Texten eine Wiederkehr des Subjekts als verkörpertes Individuum ab [9]:

»Sprach Barthes in *S/Z* noch im Plural wie ›unsere Bewertungsweise‹, ›unsere Literatur‹, kehrt in *Die Lust am Text* das Subjekt als Fiktion, als anachronistisches Subjekt zurück: ›Und dieser Körper der Wollust ist auch mein *historisches Subjekt* [...]‹. Die neue Bewertungsgrundlage ist also die Wiederkehr des Subjekts als Individuum, d.h. ich finde nicht meine ›Subjektivität‹ wieder, sondern mein Individuum« [10].

Diese Individualität (des Lesers) verortet Barthes nicht mehr im Geist, wie es in der klassischen Philosophie der Fall war, sondern – in Anlehnung an die Phänomenologie Merleau-Pontys – im Körper. Demnach gibt es Wahrnehmungen und Erfahrungen, die an den einzelnen, empfindenden Körper rückgebunden und damit unteilbar sind: Diese rückt Barthes in *Die Lust am Text* ins Zentrum seiner Textlektüre und -theorie. Nicht die Bedeutung, sondern die Materialität des Textes steht nun im Vordergrund: Barthes interessiert sich weniger für das Entziffern und Verstehen von Texten als für die sinnliche Lektüreerfahrung, die er mit den Begriffen der (Woll-)Lust (frz. *jouissance*) und des Begehrens (frz. *désir)* zu fassen versucht und die er dezidiert von der kommunikativen und gesellschaftlichen Funktion von Texten abgrenzt.

Mit dieser Hinwendung zum Körper als Zentrum der Empfindungsfähigkeit geht eine Abkehr von der Sprache einher, oder besser gesagt: eine Suche nach dem »Jenseits« der Sprache. In *Der dritte Sinn*, *Die Lust am Text* und *Die helle Kammer* kreist Barthes um das Problem, dass sich ästhetische Erfahrungen, die ihn besonders intensiv berühren und die er (be)schreiben möchte, einer sprachlichen Erfassung entziehen. So wendet er sich in den 1970er Jahren scheinbar folgerichtig verstärkt dem fotografischen und filmischen Bild zu, zuletzt in seinem Werk zur Fotografie *Die helle Kammer*, auf das ich im Folgenden genauer eingehen möchte.

In *Die helle Kammer* führt Barthes ein Verfahren der Reflexion über Fotografie vor, das man als »subjektive Wissenschaft« bezeichnen könnte. Barthes selbst spricht von einer »science du sujet« und einer »science nouvelle par objet« – einer Wissenschaft des Subjekts und einer Wissenschaft, die vom einzelnen Objekt ausgeht [11]:

»War es doch sinnvoller, mein Beharren auf der Einzigartigkeit ein für allemal ins Vernünftige zu wenden und den Versuch zu wagen, aus dem ›Ich-Begriff, unserem ältesten Glaubensartikel‹ (Nietzsche) ein heuristisches Prinzip zu gewinnen. Ich beschloß also, bei meiner Untersuchung von einigen ganz wenigen Photographien auszugehen, jenen, von denen ich sicher war, dass sie *für mich* existierten. Nichts von einem Korpus: nur einige Körper. In diesem letztlich konventionellen Widerstreit zwischen Subjektivität und Wissenschaftlichkeit kam mir die eigenartige Idee: warum sollte nicht etwas wie eine neue Wissenschaft möglich sein, die jeweils vom einzelnen Gegenstand ausginge? Eine *mathesis singularis* (und nicht mehr *universalis*)? Ich übernahm die Rolle eines Vermittlers der Photographie in ihrer Gesamtheit: ich würde den Versuch wagen, auf der Basis von ein paar persönlichen Gefühlen die Grundzüge, das Universale, ohne dass es keine PHOTOGRAPHIE gäbe, zu formulieren.« [12]

Um eine Ästhetik bzw. Theorie der Fotografie zu formulieren, die das Wesen *der* Fotografie fasst, geht Barthes von den *Gefühlen* aus, die *einzelne* Fotos in ihm auslösen. Anstatt mit einem scheinbar umfassenden, repräsentativen »Korpus« an Bildern zu arbeiten, wählt er einzelne Fotos aus, die ihn persönlich besonders berühren. Er beschreibt (und analysiert) die Gefühle, die diese in ihm auslösen, versucht ihren Ursprung im Bild zu lokalisieren und reflektiert so seine (biografisch bedingte) persönliche Beziehung zu den Bildern. Indem er von seiner individuellen Erfahrung als Betrachter einzelner »Objekte« ausgeht, versucht Barthes zu allgemeinen Aussagen über die Fotografie zu gelangen: über die spezifische Ästhetik, den Realitätsbezug und die Zeitlichkeit der Fotografie, über den fotografischen Schaffensakt und die Beziehung zwischen Fotografen und Fotografierten. Diese Verfahrensweise kann – laut Barthes – aber nur gelingen, wenn der Betrachter und Autor nicht bei der Affirmation der eigenen Subjektivität stehenbleibt, sondern sich für eine Wahrnehmung des Gegenstandes und für eine differenzierte Reflexion seiner ästhetischen Erfahrung öffnet: Wenn er sich – trotz der Unsagbarkeit der ästhetischen Erfahrung – (unablässig) bemüht, diese (als Schreibender) zu kommunizieren.

»Ich erkannte deutlich, dass es sich hierbei um Gefühlsregungen einer willfährigen Subjektivität handelte, die, kaum ausgesprochen, bereits auf der Stelle tritt: *ich mag / ich mag nicht*: wer von uns hätte nicht seine ureigene Skala von Vorlieben, Abneigungen, Unempfindlichkeiten? Ich habe freilich schon immer Lust verspürt, meine Stimmungen zu *begründen*; nicht um sie zu rechtfertigen; weniger noch, um den Ort des Textes mit meiner Individualität zu füllen: sondern im Gegenteil, um diese Individualität einer Wissenschaft vom Subjekt zur Verfügung zu stellen, deren Name mir gleichgültig ist, sofern sie nur (was noch offen ist) zu einer Allgemeingültigkeit gelangt, die mich weder reduziert noch erdrückt. Es galt demnach, die Sache aus der Nähe zu betrachten.« [13]

So wie Barthes seine Texttheorie in *Die Lust am Text* als eine Theorie des Lesens entwirft, so fokussiert er in *Die helle Kammer* die Beziehung zwischen Fotografie und Betrachter. Die Analyse des Gegenstands erfolgt als Selbstanalyse: Analysierendes Subjekt und analysiertes Objekt, Betrachter und Fotografie sind nicht voneinander trennbar. Es ist, als würde die Fotografie im Resonanzraum zwischen Betrachter und Zuschauer erst entstehen. Barthes beschreibt diese Erfahrung als gegenseitige »Belebung«: ein Aspekt, der in der deutschen Übersetzung des Begriffs *animation/animer* mit »Beseelung« leider verloren geht:

»In dieser trübsinnigen Ödnis begegnet mir auf einmal ein bestimmtes Photo; es beseelt [belebt] mich, und ich beseele [belebe] es. Ich muß die Anziehung, der es seine Existenz verdankt, mithin so benennen: eine *Beseelung [Belebung]*. Das Photo selbst ist völlig unbeseelt [unbelebt] (ich glau-

be nicht an die ›lebendigen‹ Photographien), doch mich beseelt [belebt] es, darin besteht jegliches Abenteuer.« [14]

Wie diese gegenseitige Belebung von Subjekt und Objekt, von Betrachter und Foto funktioniert, wird von Barthes mit dem Konzept des *punctums* noch genauer ausgeführt. So strukturiert er seine Betrachtererfahrung mit dem Begriffspaar *studium* und *punctum*: Während er mit *studium* eine Lese-Haltung des Betrachters benennt, der im Foto die angelegte Bedeutung, die kulturellen Bezüge und die Intentionen des Autors entziffert, bezeichnet das *punctum* die Details im Foto, die sich dieser Lektüre gerade entziehen und die sprachlich nicht fassbar sind. Das *punctum* ist eine Weiterentwicklung und Verschiebung des *dritten Sinns*, den Barthes in *Der dritte Sinn* in Filmstandbildern lokalisiert hat. Dort bezeichnete er mit *drittem Sinn* Details im Filmstandbild, die sich der signifikativen Praxis und narrativen Logik entziehen, eine Art ästhetischen Rest oder Überschuss, der sich sinnlich vermittelt und eine individuelle ästhetische Erfahrung ermöglicht.

Mit dem *punctum* geht Barthes einen Schritt weiter, indem er einerseits stärker und expliziter darauf insistiert, dass es sich dabei um Details handelt, die ihn als individuelles, verkörpertes Subjekt berühren. Und indem er das *punctum* zugleich als etwas beschreibt, das vom Foto selbst ausgeht und sich der Kontrolle des Betrachters ebenso wie der Kontrolle des Fotografen entzieht: Das *punctum* »punktiert« den Betrachter, es durchsticht seine Haut bzw. geht ihm unter die Haut, es löst Schmerz oder Lust aus. Mit dem *punctum* beschreibt Barthes eine Art subversives Eigenleben des Bildes, das nur für den individuellen Betrachter (körperlich) erfahrbar ist. Weder drängt der Leser seine Deutung dem Bild auf, noch findet das Detail im Bild ohne das emotional berührbare Individuum Resonanz [15].

Barthes beschreibt somit das Verhältnis zwischen Betrachter und Fotografie als eine Wechselbeziehung, in der – wie oben bereits zitiert – beide sich gegenseitig animieren und gewissermaßen auch hervorbringen. Es handelt sich nicht um eine klassische Subjekt-Objekt-Beziehung, in der der analysierende Betrachter seine subjektive Perspektive auf den Gegenstand projiziert; vielmehr projiziert umgekehrt auch das Objekt (sich) auf den Betrachter. Es wäre also zutreffender, in diesem Kontext von einer »inter-subjektiven« Beziehung zu sprechen, bei der der Gegenstand der Betrachtung zum eigenständigen Gegenüber wird, das sich der Kontrolle durch das Subjekt entzieht. Diesen Begriff wähle ich in freier Anlehnung an die französische (aber auch die englische) Terminologie, in der *sujet* nicht nur das grammatische, zivile und philosophische Subjekt sowie das Subjekt als Individuum bedeutet, sondern auch den Gegenstand der Analyse oder das Thema eines Buches bezeichnet. Er ist nicht im Sinne der Philosophie oder Kommunikationstheorie zu verstehen, in der Intersubjektivität eine Art sprachlich und kognitiv zwischen Subjekten vermittelten Common Sense meint, sondern entspricht eher psychoanalytischen Ansätzen, die mit dem Konzept der Intersubjektivität die individuelle Ausprägung menschlicher oder analytischer Beziehungen beschreiben [16].

Mit dem Konzept des *punctum* versucht Barthes das zu bestimmen, was für ihn das Wesen der Fotografie ausmacht und was durch kein anderes Medium erfahrbar sei. Der Begriff wird im Laufe seines Schreibens weiter entfaltet und dient Barthes insbesondere zur Bestimmung eines *hors champs* (Off) des fotografischen Bildes und dessen Beziehung zur Realität.

Dennoch bin ich der Meinung, dass die ästhetische Erfahrung, die Barthes in *Die helle Kammer* beschreibt, und seine subjektive Verfahrensweise bei der Analyse der Fotografie in der von mir herausgestellten allgemeinen Form durchaus auch auf andere Kunstformen übertragbar sind. Dies gilt insbesondere für den Film oder genauer das filmische Bild, auf das Barthes in *Die helle Kammer* wiederholt zurückkommt. Die von ihm betonte Abgrenzung des Films von der Fotografie wirkt eher ambivalent und ist wenig überzeugend, vor allem wenn man bedenkt, dass er (zehn Jahre) zuvor mit dem *dritten Sinn* ein dem *punctum* verwandtes ästhetisches Phänomen im Filmstandbild festgestellt und das fotografische Einzelbild des Films sogar als das eigens Filmische bestimmt hat. Winfried Pauleit weist zurecht darauf hin, dass Barthes damit wohl eher auf eine Abgrenzung von dokumentarischen Bildern (= Fotografien) und fiktionalen Bildern (= Filmen)

zielt als auf eine grundlegende Unterscheidung des fixen und des bewegten Bildes [17].

Ich möchte meine These der Übertragbarkeit von Barthes' ästhetischer Haltung und Analysemethode auf den Film in Bezugnahme auf das Film- und Selbstverständnis der französischen Filmkritiker und Cinephilen Jean Douchet, Serge Daney, Jean-Louis Schefer und Alain Bergala genauer belegen. Sie beschreiben in ihren Texten die Beziehung zwischen Zuschauer und Gegenstand als eine sinnliche Erfahrung und denken dabei auch die Vermittlungsfunktion der Kritik, eine Pädagogik des Kinos mit [18].

2. Cinephilie: Der Film als lebendiges Gegenüber

Die genannten Autoren stehen in der Tradition der französischen Cinephilie, die sich vor allem im Umfeld der Zeitschrift *Cahiers du cinéma* und aus der französischen Filmclubbewegung der Nachkriegszeit entwickelte. Sie brachte eine vielfältige theoretische Reflexion des Kinos hervor, deren Einfluss auf Filmkritik, Filmwissenschaft und Filmpädagogik weit über Frankreichs Grenzen hinaus wirksam war [19]. Jenseits ihrer historischen Ausprägung und einer bestimmten kulturellen Praxis [20] (»Fan-Kultur«) ist Cinephilie vor allem Ausdruck einer Haltung, eines bestimmten Blicks, den Douchet mit seinem Diktum »Kritik ist die Kunst zu lieben« treffend beschrieben hat.

Die hier zitierten Autoren denken das Kino in Bezug auf sich selbst als liebenden Betrachter: Statt eines objektiv-analytischen Zugriffs ist die individuelle und affektive Beziehung Ausgangspunkt ihrer Reflexionen des Gegenstands, auch wenn diese zum Teil sehr unterschiedlich ausfallen: So skizziert Jean-Louis Schefer ausgehend von seiner eigenen Erfahrung als »normaler« Kinobesucher in *L'homme ordinaire du cinéma* eine Theorie des Zuschauers im Kino, die, entgegen psychoanalytischen Konzepten der Regression, das Kinoerlebnis als eine Erweiterung der Sinnes- und Welterfahrung beschreibt [21]. Jean Douchet denkt seine Kritiker-Tätigkeit dagegen vor allem in Bezug auf den Regisseur als Autor, mit dem er kommuniziert und dessen kreative Tätigkeit er zugleich im Akt des Schreibens wiederhole [22]. Serge Daney, der sich der Beziehung von Kino und Welt widmet, entwirft in seinen Essays und Interviews auch eine imaginäre Autobiografie, in der er seine Erfahrungen als Reisender mit denen des Kinobesuchers (als Reisender in imaginäre Welten) zusammenführt [23]. Und Alain Bergala entwickelt aus der cinephilen Tradition heraus einen Filmvermittlungsansatz, bei dem der künstlerische Schaffensakt als individuelle Erfahrung und das Verhältnis zwischen Kind(heit) und Kino im Zentrum stehen.

Wie Barthes mit seiner *mathesis singularis*, grenzen sich die genannten Autoren mit ihrer subjektiven Verfahrensweise dezidiert von einem auf Objektivität zielenden Wissenschaftsdiskurs ab. Indem Douchet sich als *amateur* des Kinos bezeichnet, insistiert er, wie beispielsweise auch Schefer, nicht nur auf seiner Liebe zum Kino, sondern auch auf der Nichtprofessionalität seiner Herangehensweise: Er setzt der Semiologie *seine* Cinephilie entgegen [24]. Auch Bergala wendet sich in Bezug auf den Bildungsdiskurs der 1970-1990er Jahre in *Kino als Kunst* explizit gegen die Dominanz der Textwissenschaften [25]. Nicht der objektiv decodierbare Zeichencharakter von Kino und Filmen, sondern die eigene Wahrnehmung, die Empfindungen und Erfahrungen als Kino-Zuschauer sollen bei der Auseinandersetzung mit Film im Zentrum stehen. Douchet beschreibt eine solche subjektive Form der Filmanalyse folgendermaßen:

»Meine Methode basiert auf der Sensibilität. Ich glaube nämlich, dass die Kunst eine der zwei Erkenntnisformen ist und dass sie sich an die Sinne und die Affektivität richtet. Ich analysiere meine eigenen Empfindungen. Denn ich glaube [...], wenn ein Film Gefühle, Empfindungen produziert, dann muss ich über sie ins Herz des Gegenstands vordringen: indem ich sie einsetze, bestimme, (ab)schätze, vergleiche. Ich arbeite über einen Film, der sich mir als Objekt darstellt. Dem, was ihn konstituiert (Bild, Töne, Kadrierung, Licht, Montage usw.) so nahe wie möglich zu kommen, ist mein erstes Bestreben. Ich sorge dafür, dass alles, was ich behaupte, jeder auf der Leinwand sehen oder hören kann. Ich hasse voreilige Schlussfolgerungen. Man muss dem Gegenstand absolut gerecht werden. Aber es genügt mir nicht, zum Zweck der Aufzeichnung,

den Motor auseinander- und wieder zusammenzubauen. Dieses Objekt, dieser Film ist auch ein lebender Organismus. So erlebe ich ihn, und so wurde er von seinem Schöpfer erlebt. Und von diesem muss ich letztendlich berichten.« [26]

Ähnlich wie Barthes beschreibt Douchet hier einen Analysevorgang, der sein Objekt nicht zergliedert – eine »Autopsie« vornimmt, wie er es in Bezug auf die semiologische Verfahrensweise nennt –, sondern vielmehr dessen Integrität bewahrt. In der subjektiven Perspektive wird der Gegenstand zum lebendigen Gegenüber, dessen Eigengesetzlichkeit respektiert wird und der sein letztlich nicht vollkommen durchschaubares Geheimnis – von dem Schefer und Bergala sprechen [27] – bewahrt. Diese Imagination des Films als Lebewesen ist charakteristisch für eine cinephile Filmauffassung. In den Texten der französischen Filmkritik häufen sich Metaphern des Lebens und Lebendigen [28] im Zusammenhang mit Filmen und Kino, die häufig auch personifiziert werden.

So bezeichnet Serge Daney Filme als »Freunde«, denen er im Laufe seines Lebens immer wieder »begegne« und denen er beim »Altern« zuschaue. Darüber hinausgehend imaginiert er für sich sogar eine Verwandtschaftsbeziehung zum Kino, wenn er sich einen »ciné-fils« – Kino-Sohn – nennt, der im Kino seinen (verlorenen) imaginären Vater finde und der seinerseits wiederum Filme für sich »adoptiere« [29]. Was für Daney als vaterloses Nachkriegskind vor allem von autobiografischer Bedeutung ist, überträgt Bergala auf seine allgemeinen Überlegungen zu Kindheit und Kino: Mit dem Begriff Kinokind, »enfant de cinéma«, beschreibt er die von ihm selbst erfahrene Ich-Werdung durch und im Kino. Er bezieht sich dabei auch auf die Erfahrungsberichte anderer Cinephiler. Die von Daney in Bezug auf seine Filmfreunde evozierte »Begegnung« wird zum Schlüsselbegriff seines Vermittlungskonzepts:

»Alle Cinephilen wissen noch, welche Filme ihnen die Liebe zum Kino eingepflanzt haben [...]. Was da passiert ist, diese Art von ›Big Bang‹ hat nichts mit Geschmack oder Bildung zu tun, sondern ist reine Begegnung, mit all dem, was sie an Einmaligem, Unvorhersehbarem und Erschütterndem hat. Sie lässt sich als jene augenblickliche Gewissheit beschreiben, von der Schefer und Daney gesprochen haben: Dieser Film scheint nur auf mich gewartet zu haben, er weiß etwas von meiner rätselhaften Beziehung zur Welt, das mir selbst nicht klar ist, das er jedoch enthält wie ein Geheimnis, das ich entziffern muss.« [30]

In Bezug auf Schefers Bonmot von den »Filmen, die meine Kindheit betrachtet haben«, das mit der Doppelbedeutung des Verbs *regarder* (dt. anschauen / betreffen) spielt, schreibt Bergala Filmen eine aktive Rolle im Prozess der Persönlichkeitsentwicklung zu und leitet daraus die zentrale Bedeutung der Begegnung mit (den richtigen) Filmen für den Vermittlungsprozess ab.

Das Kino wird im cinephilen Diskurs als lebendiges Gegenüber imaginiert, um die (eigenständige und unkontrollierbare emotionale) Wirkung und Faszinationskraft von Filmen zu beschreiben. Zugleich geht die Belebungsmetaphorik auch mit der von Barthes für die Fotografie formulierten Vorstellung einher, dass Ich und Gegenstand, Zuschauer-Subjekt und Film-Objekt gar nicht voneinander trennbar sind, dass der Film nicht als isoliertes Objekt gedacht werden kann, sondern vielmehr nur *im* Betrachter und während der Rezeption existiert. So postuliert Jean Douchet, dass die rein materielle Existenz eines Kunstwerkes irrelevant sei, da ein Kunstwerk nur im Bewusstsein der Menschen (und sei es nur ein einziger) seine Wirkung entfalten und »leben« könne: »C'est en elle et par elle qu'elles vivent.« [31]

Dementsprechend wendet sich Jean-Louis Schefer in *L'homme ordinaire du cinéma* gegen die Vorstellung des Films als Objekt oder Konstruktion, die man dechiffrieren kann, sondern beschreibt ihn vielmehr als eine besondere Form der Sinneswahrnehmung und Erfahrung. Der Film ist demnach eine Abfolge inkohärenter, fragmentierter Bewegungsbilder, die erst im Bewusstsein des Zuschauers Sinn erlangen; der Zuschauer selbst wird zum Ort der »parallelen« Welt, die der Film ihm eröffnet: »[...] wir sind der Ursprung und das momentane Leben dieser an einer Summe von Artefakten hängenden Welt. « [32] Gegenüber der Flüchtigkeit der Bilder sind es die Gefühle, die im Zuschauer bleibende Erinnerungen hinterlassen und die demnach für Schefer im Zentrum der Filmrezeption stehen. Der Film entsteht aus der Erinnerung dieser Gefühle neu:

»Diese Kunst weckt ein Gedächtnis, das geheimnisvoll an die Erfahrung tiefer Gefühle (aber auch an ein sehr spezielles Leben isolierter Affekte) gebunden ist. [...] So als würden wir ins Kino gehen, um den Film sukzessive über die Gefühle, die wir dort empfinden, zu vernichten, und als ob diese Menge an Affekten nach und nach in ihrem Licht und in dieser Gefühlsfarbe Ketten von Bildern zurückbrächte.« [33]

Mit seiner Darstellung des Kinos als Rezeptions-Erfahrung folgt Schefer einerseits Barthes' Verfahrensweise beim Entwurf einer subjektiven Ästhetik der Fotografie. Andererseits geht er aber über Barthes' und auch über Douchets oben zitierten Ansatz hinaus, indem er die besondere emotionale Wirkung, die eigenständige Existenz von Filmen im »Inneren« des Zuschauers gerade mit der spezifischen Qualität des Kinos als Bewegungsbild begründet. Es ist die Auslöschung der Bilder durch die Bewegung, die bewirkt, dass der Film als Objekt einem fixierenden, analytischen Zugriff entgleitet und im Inneren der Zuschauer immer wieder neu entsteht: »Das Schicksal dieser Bilder ist es, ein Gedächtnis zu konstituieren (folglich etwas in mir selbst zu besetzen und nicht meine Objekte zu werden).« [34]

Die hier skizzierte Reflexion des Kinos in Bezug auf den Zuschauer geht in den cinephilen Texten wie bei Roland Barthes mit einer Reflexion der eigenen Position einher. In dem oben angeführten Zitat bestimmt Barthes sich als Vermittler der Fotografie, der sich selbst zum Experimentierfeld macht und ausgehend von seiner persönlichen Betroffenheit allgemeine Aussagen zur Fotografie trifft. Auch die zitierten Cinephilen machen sich diese Verfahrensweise zu eigen und reflektieren ihre Rolle als Kritiker, die ihre persönliche Kino-Leidenschaft dem Publikum/ den Lesern vermitteln. Vor allem Jean Douchet und Jean-Louis Schefer insistieren dabei auf ihrer Autorschaft und betonen damit eine subjektive und kreative, nichtwissenschaftliche Herangehensweise, ähnlich wie sie Barthes für den Lektüreprozess eines Buches beansprucht hat. Douchets Gleichsetzung von Kritiker und Regisseur als Autoren geht dabei aber nicht wie bei Barthes mit einer Negierung des Autors [35] einher. Vielmehr beschreibt Douchet eine

Kommunikationsbeziehung zwischen den beiden Instanzen: Hinter der intersubjektiven Beziehung zum Kunstwerk taucht im cinephilen Diskurs als Dritter das Subjekt des (von der Semiologie totgesagten) Autors auf.

Was schließlich die Vermittlerrolle des Kritikers in Bezug auf das Publikum betrifft, so hat Serge Daney mit dem Begriff *passeur* ein Konzept formuliert, das von seinen Kritikerkollegen vielfach aufgegriffen wurde [36]: Die Figur des »Fährmanns«, die unter anderem den heimlichen, illegalen Grenzübertritt assoziiert, wird von Daney genutzt, um eine nichtlineare, nichtinstitutionelle Form der Übertragung von Wissen und Leidenschaften (vom Kritiker zum Zuschauer) zu beschreiben. Alain Bergala hat ihn aufgegriffen und in den pädagogischen Kontext auf die Rolle des Lehrers übertragen, der als *passeur* seine individuelle Persönlichkeit in den Vermittlungsprozess einbringt:

»Wenn der Erwachsene freiwillig, aus Überzeugung und Liebe zu einer Kunst, das Risiko eingeht, sich zum Passeur zu machen, ändert sich auch sein symbolischer Status: Er gibt seine durch die Institution definierte und begrenzte Rolle als Lehrer für den Augenblick auf und tritt von einer ungeschützteren Stelle seiner selbst her in Beziehung und ins Gespräch mit seinen Schülern. Dann kommt sein persönlicher Geschmack und seine eigene tiefere Beziehung zu diesem oder jenem Kunstwerk ins Spiel, und das ›ich‹, das in seiner Rolle als Lehrer schädlich sein könnte, wird für eine gute Initiation praktisch unentbehrlich.« [37]

Diese knappen Ausführungen sollten zeigen, dass Barthes' Wahrnehmungsästhetik der Fotografie auch für den cinephilen »Umgang« mit Filmen charakteristisch ist: in Hinblick auf die subjektive Verfahrensweise, die Imagination einer »intersubjektiven« Beziehung zwischen Betrachter und Gegenstand und die Transformation der Betrachter-Erfahrung in einen Schreibprozess. Zugleich wird die oben mit Barthes skizzierte Form einer »intersubjektiven« ästhetischen Erfahrung im hier dargestellten cinephilen Diskurs um mindestens vier Dimensionen erweitert:

1. Eine filmspezifische Dimension: So ist es nach Jean-Louis Schefer gerade das Bewegungsbild, das die Existenz des Films in die Imagination des Zuschauers verlagert und eine Subjekt-Objekt-Beziehung infrage stellt.

2. Die (auto-)biografische Dimension: Insbesondere Serge Daney und Alain Bergala reflektieren die Funktion der Film-Erfahrung für die (eigene) Kindheit und Entwicklung [38].

3. Die Dimension des Autors, der laut Jean Douchet über den Film seine spezifische Haltung zur Welt kommuniziert, und

4. die Dimension des *passeurs* als Mittler zwischen Film und Publikum.

Neben Film und Zuschauer spielen somit der Autor und der *passeur* als weitere Subjekte im komplexen Beziehungsgeflecht des Kinos mit, eine Konstellation, die auch im Zentrum von Bergalas in *Kino als Kunst* dargelegten Filmvermittlungskonzept steht [39].

3. Vermittlung als Dreiecksbeziehung zwischen Kind, Film und *passeur*

Das sowohl für Barthes' Ästhetik der Fotografie als auch für die cinephile Haltung zum Film grundlegende Prinzip der Subjektivität möchte ich abschließend konkret auf den (schulischen) Vermittlungsprozess übertragen. Demnach wäre die Beziehung Film – Lehrender – Lernender als eine Art *intersubjektive Dreiecksbeziehung* zu denken, in der jedem der Beteiligten eine eigenständige Position zugestanden wird. Der Fokus liegt dabei nicht nur auf den beteiligten Elementen bzw. Subjekten, sondern vielmehr auf dem Zwischenraum *zwischen* den einzelnen Positionen, auf ihrer Interaktion [40].

Um Missverständnisse zu vermeiden, möchte ich zuvor kurz anmerken, dass das hier formulierte Plädoyer für eine intersubjektive Filmvermittlung selbstverständlich vor einem gesellschaftlichen Hintergrund zu denken ist. Es geht nicht darum, Individuum und Gesellschaft als gegensätzliche Konzepte zu begreifen. Vielmehr gehört es zu den Aufgaben des *passeurs*, die gesellschaftspolitische Dimension bei der Auswahl und Vermittlung von Filmen mitzudenken. So ist Roland Barthes' Konzept des *punctum* nur als Gegenstück zum *studium* denkbar: Die individuelle Berührung durch ein Kunstwerk geht mit der Kenntnis seiner kulturellen und kommunikativen Dimension einher.

Film als bildendes Medium

In Deutschland hat sich in den letzten 20 bis 30 Jahren eine sogenannte subjekt- und handlungsorientierte Medienpädagogik entwickelt, die Film und Medien vor allem im Hinblick auf ihre entwicklungspsychologische und kommunikative Funktion für Kinder und Jugendliche einsetzt [41]. Filmauswahl, Methodik und Rhetorik dieser Diskurse und Ansätze zeugen dabei oft von einem sehr begrenzten Filmbegriff, der Ästhetik, Vielfalt und filmgeschichtlicher Dimension des Kinos nicht gerecht wird. Die sicherlich berechtigte Forderung nach einer »handlungsorientierten« Pädagogik, die die Kinder und Schüler zum Selbst-Ausdruck animiert, schiebt dabei allzu schnell beiseite, dass eine fundierte Auseinandersetzung mit Film zunächst eine genaue Wahrnehmung des Gegenstandes voraussetzt und dass es an aktuellen und interaktiven Methoden einer rezeptiven Filmvermittlung nach wie vor fehlt.

Barthes zufolge setzt eine gelingende ästhetische Erfahrung, die das Subjekt berührt und verändert, Respekt vor dem Gegenstand voraus, der eine eigenständige Qualität hat und auf den sich der Einzelne einlassen muss. Unterricht sollte den Film also möglichst nicht auf ein vermeintlich kindliches Augenmaß reduzieren, sondern vielmehr – wie Bergala es formuliert – eine gleichberechtigte Begegnung zwischen Kindern und Filmen ermöglichen, deren »Alterität«, das heißt auch ungewohnte, irritierende Wirkung zugelassen wird. Insbesondere ist es in dieser Hinsicht wichtig, Filme nicht nur für die Zwecke des Unterrichts zu instrumentalisieren und nach dem Maßstab des Lehrplans zurechtzustutzen, sondern vielmehr ihrer spezifischen Ästhetik gerecht zu werden. Damit dies gelingen kann, ist – dem Konzept des *passeurs* entsprechend – auch die subjektive Haltung des Lehrers von zentraler Bedeutung, der gerade für Kinder und Jugendliche ungewohnte Filme durch die eigene Perspektive, den persönlichen Bezug zugänglich machen, »beleben« kann [42].

Umgekehrt kann es auch nicht funktionieren, wenn nur der Gegenstand der Vermittlung im Vordergrund steht oder der Lehrer nur von seinen persönlichen Vorlieben ausgeht, da damit ein individueller Zugang der Kinder und Jugendlichen zum Film erschwert wird.

Intersubjektivität in der Filmvermittlung

Ein solcher Ansatz findet sich beispielsweise in der Erstellung eines Filmkanons für deutsche Schulen durch die Bundeszentrale für politische Bildung [43]. Der Filmkanon versammelt zwar Werke von unstrittiger ästhetischer Qualität und filmhistorischer Bedeutung, die in der begleitenden Publikation von Teilnehmern der Expertenkommission und namhaften Filmkritikern/-wissenschaftlern persönlich empfohlen werden, und hat damit zu einer Aufwertung des Films im pädagogischen Kontext beigetragen. Aber wie bereits hinlänglich diskutiert wurde, vergaß man dabei zumindest teilweise die Subjektivität der Adressaten, insbesondere von kleineren Kindern, mitzudenken [44]:

Zudem ist natürlich grundsätzlich der Objektivitätsanspruch eines Kanons infrage zu stellen. Folgt man Barthes Ansatz einer *mathesis singularis*, so wäre stattdessen die bewusst subjektive Filmauswahl eines *passeurs*, die, wie Bergala in *Éloge de la liste* ausführt, Begehren weitergibt und stimuliert, für den Vermittlungsprozess fruchtbarer [45]. Bergala hat dieses Konzept in der von ihm herausgegebenen DVD-Reihe *Eden cinéma* selbst verwirklicht.

Es gilt also, im Vermittlungsprozess idealerweise die prekäre Interaktion aller drei *sujets*: Kind – Film – *passeur* zu ermöglichen.

Für die Filmauswahl bedeutet das: Es genügt nicht, mit Filmen zu arbeiten, in denen sich Kinder und Jugendliche in ihrer aktuellen Lebenswelt *spiegeln* können. Vielmehr sollte auch der Lehrer sich darin wiederfinden können, und die Filme sollten auch eine *andere* Erfahrung, eine Konfrontation mit Fremdem ermöglichen. Nur wenn sie den Erwartungen des Betrachters auch etwas entgegensetzen und aufgrund ihrer ästhetischen Qualität ein Eigenleben entfalten, kann eine wirkliche »Berührung« in Barthes' Sinne stattfinden [46]. Die genannte DVD-Reihe von Bergala oder die Filmauswahl des Schulkinoprojekts *Ecole et cinéma* (Veranstalter: Les enfants de cinéma) bieten zahlreiche überraschende Beispiele solcher Filme, die zwar nicht für Jugendliche gemacht wurden, die aber Motive oder Formen verhandeln, die Menschen im Prozess des Erwachsenwerdens berühren können: beispielsweise YOUNG AND INNOCENT (Jung und unschuldig; 1937) von Alfred Hitchcock oder TSCHELOWEK S KINOAPPARATOM (Der Mann mit der Kamera; 1929) von Dziga Vertov.

Für die Vermittlungsmethode bedeutet das: Der Gegenstand kann nicht nach scheinbar objektiven Kriterien und unter einer objektiven Perspektive vermittelt werden, wie es die in Filmheften und pädagogischen Materialien verbreiteten Film-Glossare suggerieren. Denn wie Barthes zeigt, setzt die Analyse eines Kunstwerkes zuallererst die Auseinandersetzung mit den eigenen Empfindungen voraus.

Man könnte sich also beispielsweise an der von Douchet beschriebenen Verfahrensweise orientieren, sowohl bei der Vorbereitung einer Filmvermittlung als auch in der konkreten Unterrichtssituation: Das hieße, zunächst von den Gefühlen auszugehen, die der Film in einem (Schüler/Lehrer) auslöst. Diese zu beschreiben, über die persönliche Filmerfahrung zu sprechen, kann ein erster Schritt der Filmanalyse sein. Um sich aber nicht nur in der eigenen Subjektivität zu verfangen, müssen die subjektiven Eindrücke dann an den konkreten Film rückgebunden werden, wobei die Genauigkeit in der Wahrnehmung des Films und der Artikulation dieser Wahrnehmung von zentraler Bedeutung ist. Dafür ist ein Wieder-Sehen bzw. wiederholtes Sehen von ausgewählten Ausschnitten unbedingt erforderlich. Wie Barthes das *punctum* im Foto lokalisiert und in seiner Wirkung auf sich als Betrachter reflektiert, kann man auch auf Fragmente des Films zurückkommen, die besonders »berührten«, in den Schülern oder einem selbst etwas »ausgelöst haben«. Diese können dann gemeinsam genauer angesehen und auf ihre Funktionsweise und Wirkung hin untersucht werden. In einem solchen Wechselspiel zwischen Ich und Film, Analyse der eigenen Reaktionen und der genauen Wahrnehmung des Gegenstandes wird es für Lehrer wie für Schüler möglich, sich selbst in Bezug zum Film und zu den anderen zu setzen.

Eine solche subjektive Verfahrensweise sollte schließlich idealerweise auch die Materialien der Filmvermittlung prägen.

Sehr verbreitet sind in Deutschland Filmhefte, die die Filme unter scheinbar objektiven Gesichtspunkten vorstellen: Das heißt konkret, dass Inhaltsangaben, Sequenzanalysen und Hintergrundinformationen nach einem für jeden Film ähnlichen vorgegebenen Schema »abgearbeitet« werden. Indem eine thematische Herangehensweise favorisiert wird, konzentriert man sich auf das »Faktische«, das ent-

weder vom Film selbst scheinbar vorgegeben wird oder vor dessen Hintergrund der Film verstanden werden soll. Das unvermeidliche »Lexikon« filmanalytischer Begriffe verleitet dazu, die Filmanalyse auf eine »korrekte« Benennung bestimmter Techniken zu reduzieren. In manchen Heften gibt es zudem die Tendenz, sich den einzelnen Film gar nicht genauer vorzunehmen, sondern ihn nur als Anlass zur Behandlung von Themen oder für kreative Spiele zu nutzen. Alle diese Formen werden der Besonderheit, das heißt im cinephilen Sinne dem »Eigenleben« des einzelnen Films, nicht gerecht. Statt einer schematischen Vorgehensweise, die jeden Film in das gleiche Raster presst, ist es notwendig, die Analyse- und Vermittlungsmethoden aus dem jeweiligen Film heraus zu entwickeln. Zugespitzt formuliert, erfordert jeder Film seine eigene Analyse- und Vermittlungsmethode. Dies würde allerdings eine deutlich offenere Form des Filmheftes erfordern, die sich am einzelnen Film ausrichten könnte [47].

Zugleich fehlt in den Heften die »belebende« subjektive Perspektive des Autors. Ich meine damit nicht, dass es keine Filmheftautoren gibt, sondern vielmehr, dass ihnen meist kein Raum gegeben wird, um eine individuelle Position und Zugangsweise zum Film zu entwickeln – wie es beispielsweise in den Filmheften von *Les enfants de cinéma* oder in Salman Rushdies bei BFI Classics erschienenem Essay zu THE WIZARD OF OZ (Der Zauberer von Oz; 1939; R: Victor Fleming) der Fall ist. In diesen Publikationen findet man die von Barthes und Douchet beschriebene individuelle Faszination eines Betrachters, die die Besonderheit eines Films zum Vorschein bringt. Und man findet auch Daneys und Bergalas *passeur*, dessen Begeisterung »ansteckend« ist [48].

Anmerkungen

1 Alain Bergala: Kino als Kunst. Filmvermittlung an der Schule und anderswo. Hg.: Bettina Henzler / Winfried Pauleit. Marburg 2006.

2 Vgl. beispielsweise Winfried Pauleit: Ästhetische Erziehung im Medienzeitalter. In: Ästhetik & Kommunikation, Heft 125, Sommer 2004, S. 10-12.

3 Vgl. beispielsweise Werner Barg / Horst Niesyto / Jan Schmolling: Jugend: Film: Kultur. München 2006, S. 7f.

4   Vgl. Sabine Nessel / Winfried Pauleit u.a. (Hg.): Wort und Fleisch. Kino zwischen Text und Körper. Berlin 2007 (insbesondere die Beiträge von Thomas Morsch und Sabine Nessel) und Thomas Elsaesser / Malte Hagener: Filmtheorie zur Einführung. Hamburg 2007.

5   Roland Barthes: Die helle Kammer: Bemerkungen zur Photographie. Übersetzung von Dietrich Leube. Frankfurt/Main 1985 (Orig.: La chambre claire. Paris 1980).

6   Winfried Pauleit: Barthes' dritter Sinn. Ansätze einer Semiologie des Kinos, die von den Körpern ausgeht. In: Nessel/Pauleit 2007, a.a.O. S. 71.

7   Roland Barthes, zitiert nach: Eva Erdmann / Stefan Hesper: Roland Barthes' Text(-Theorie) in der Encyclopaedia Universalis. In: Thomas Regehly u.a. (Hg.): Text-Welt. Karriere und Bedeutung einer grundlegenden Differenz. Gießen 1994, S. 9-25.

8   Roland Barthes: Der Tod des Autors. In: Fotis Jannidis (Hg.): Texte zur Theorie der Autorschaft. Stuttgart 2000, (Orig. La mort de l'auteur. In: Le bruissement de la langue. Paris 1984, Erstveröffentlichung 1967).

9   Roland Barthes: Der dritte Sinn. Forschungsnotizen über einige Fotogramme S.M. Eisensteins. In: Roland Barthes: Der entgegenkommende und der stumpfe Sinn. Kritische Essays II. Frankfurt/Main 1990, S. 47-66. (Orig.: Le troisième sens: Notes de recherche sur quelques photogrammes de S.M. Eisenstein. In: Cahiers du cinéma, Juli 1970, S. 12-19); Roland Barthes: Die Lust am Text. Frankfurt/Main 1974 (Orig.: Le plaisir du texte, Paris 19/3).

10   Gabriele Röttger-Denker: Roland Barthes zur Einführung. Hamburg 1989, S. 43.

11   Barthes 1980, a.a.O., S. 21 und 36.

12   Barthes 1985, a.a.O., S. 16.

13   Ebenda, S. 26.

14   Barthes 1985, a.a.O., S. 29. Frz. Originalfassung: »Dans ce désert morose, telle photo, tout d'un coup, m'arrive; elle m'anime et je l'anime. C'est donc ainsi que je dois nommer l'attrait qui la fait exister: une *animation*. La photo elle-même n'est rien animée (je ne crois pas aux photos ›vivantes‹) mais elle m'anime: c'est ce que fait toute aventure.« (Barthes 1980 a.a.O., S.39) Der Begriff der *animation* bezeichnet im Französischen zunächst »Belebung« und in einem theologischen Sinne auch die Einheit von Körper und Seele.

15   Vgl. Barthes 1985, a.a.O., S. 35f.

16   Beispielsweise definieren Robert D. Stolorow, Bernard Brandchaft und George E. Atwood Intersubjektivität in Hinblick auf die Beziehung zwischen Patienten und Analytiker, wenn der Analytiker seine individuellen, biografischen Erfahrungen in den analytischen Prozess einbringt (vgl. Stolorow/Brandchaft/Atwood: Psychoanalytische Behandlung. Ein intersubjektiver Ansatz. Frankfurt/Main 1996). Jessica Benjamin beschreibt das Prinzip der gegenseitigen Anerkennung als zentrales Moment der kindlichen Entwicklung und versucht damit die von Habermas formulierte, auf die Beziehungen zwischen Subjekten fokussierte Intersubjektivität mit der auf das Unbewusste des Einzelnen gerichteten »intrapsychischen« Perspektive der klassischen Psychoanalyse Freuds zu verbinden (vgl. Jessica Benjamin: Die Fesseln der Liebe. Frankfurt 2004, S. 29ff.). Meine Verwendung des Begriffs ist aber nicht als direkter Bezug zu diesen Ansätzen zu verstehen, zumal ich ihn hier versuchsweise auf die Beziehung von Ich und Kunstwerk übertrage.

17   Es gibt interessante Parallelen von Barthes' Skizze einer verkörperten ästhetischen Erfahrung zu den in den 1990er Jahren entwickelten Körpertheorien der amerikanischen Filmwissenschaft: So beschreibt Vivian Sobchack die Filmerfahrung beispielsweise – in direktem Rückgriff auf die Phänomenologie Merleau-Pontys – als eine »intersubjektive« Kommunikation zwischen Film, Regisseur und Zuschauer, die auf geteilten körperlichen Erfahrungen basiert, und Steven Shaviro reflektiert die Untrennbarkeit von Film- und Zuschauerkörper. Vgl. Thomas Elsaesser / Malte Hagener: Filmtheorie zur Einführung. Hamburg 2007, S. 148f.; Vivian Sobchack: The Address of the Eye. A Phenomenology of Film Experience. Princeton, NJ 1992; Steven Shaviro: The Cinematic Body. Minneapolis/MN, London 1993.

18   Barthes gehört gewissermaßen zu den intellektuellen Wegbegleitern, mit denen die *Cahiers du cinéma* seit den 1960er Jahren in einem regelmäßigen Austausch standen. So ist beispielsweise *Le troisième sens* in der Zeitschrift erschienen, und *Die helle Kammer* wurde von dem Verlag der *Cahiers du cinéma* publiziert. Von den hier genannten Autoren haben sich Serge Daney, Alain Bergala und Jean-Louis Schefer explizit mit Schriften von Roland Barthes auseinandergesetzt. Vgl. auch Antoine de Baecque: La cinéphilie. Invention d'un regard, histoire d'une culture 1944-1968, Paris 2003, S. 326; Serge Daney: La rampe. Paris 1996, S.111.

19   Zum Einfluss der *Cahiers du cinéma* auf die deutsche Zeitschrift *Filmkritik* siehe Irmbert Schenk: ›Politische Linke‹ versus ›Ästhetische Linke‹. In: I.S. (Hg.): Filmkritik. Bestandsaufnahme und Perspektiven. Marburg 1998, S. 43-73. Zum Einfluss auf die englischsprachige Filmwissenschaft siehe Thomas Elsaesser: Cinephilia and the Uses of Disenchantment. In: Marijke de Valck / Malte Hagener (Hg.): Cinephilia. Movies, Love and Memory. Amsterdam 2005, S. 27-43; Nick Browne: Introduction. In: Ca-

hiers du cinéma. 1969-1972. The Politics of Representation. An anthology from Cahiers du cinéma nos 210-239, March 1969-June 1972. London 1990.

20   Vgl. de Baecque 2003, a.a.O.

21   Jean-Louis Schefer: L'homme ordinaire du cinéma. Paris 1997 (Erste Auflage 1980).

22   Jean Douchet: L'Art d'aimer. Paris 2003 (Erste Auflage 1987)

23   Deutschsprachige Essay- und Interviewsammlungen: Serge Daney: Im Verborgenen. Kino Reisen Kritik. Wien 2000; Serge Daney Von der Welt ins Bild. Augenzeugenberichte eines Cinephilen. Hg.: Christa Blümlinger. Berlin 2000.

24   Douchet 2003, a.a.O., S. 23; Schefer 1997, a.a.O., S. 5f.

25   Douchet 2003, a.a.O., S. 15f.; Bergala 2006, a.a.O., S. 35f.

26   »Ma méthode est fondée sur la sensibilité. Je crois, en effet, que l'art reste l'un des deux modes de connaissance et qu'il s'adresse aux sens et à l'affectivité. J'analyse donc mes propres sensations. Car je pense que si un artiste – ce qui est sa fonction – produit un effet, c'est pour en obtenir un résultat; que si un film produit des émotions, des sensations, je dois par elles, les investir, jauger, estimer, comparer pour accéder au coeur du sujet. [...] Je travaille, certes, sur un film qui se présente à moi comme un objet. Être au plus près de ce qui le constitue (image, sons, cadrage, lumière, montage etc.) sera mon souci premier. Je fais en sorte que ce que j'affirme, chacun le regarde ou l'entende sur l'écran. Je hais l'extrapolation. Il faut être absolument fidèle à l'objet. Mais je ne peux me contenter d'opérer à la dépose et à la répose du moteur à fin de relevé. Cet objet, ce film est aussi un organisme vivant. C'est ainsi que je le vis et qu'il a été vécu par son créateur. Et de lui, finalement je dois rendre compte.« Douchet 2003, a.a.O., S. 15f.

27   Vgl. Schefer 1997, a.a.O., S. 6; Bergala 2006, a.a.O., S. 49f.

28   Vgl. Michael Baute / Volker Pantenburg: Look at the way he rides with his legs stretched up! Zum filmvermittelnden Film. In: kolik film. Sonderheft 8/2007, S. 7-15, hier: S. 12.

29   Für Daney hat diese Imagination eine wichtige autobiografische Funktion: Als vaterloses Kind eines im KZ umgebrachten Juden, der zu Lebzeiten Statist im Kino war, findet er nach dem Krieg seinen Vater buchstäblich auf der Leinwand wieder, in den Leichenbergen der Aufklärungsfilme, aber auch in der Vorstellung, dort seinem Vater als Statisten wieder begegnen zu können. Daney 2000, a.a.O., S. 37, 47ff., 117.

30   Bergala 2006, a.a.O., S. 49.

31   »L'existence matérielle d'une œuvre d'art, en effet, ne vaut rien en soi. [...] Seul importe, en effet, le retentissement que les œuvres, et donc l'art, provoquent dans la conscience des hommes. C'est en elle et par elle qu'elles vivent.« Douchet 2003, a.a.O., S. 23.

32   »[...] nous sommes la genèse et la vie momentanée de ce monde suspendu à une somme d'artifices« Schefer 1997, a.a.O., S.6.

33   »Cet art éveille, mystérieusement lié à l'expérience d'une profondeur de sentiments (mais aussi à une vie très particulière des affects isolés), une mémoire. [...] Comme si nous allions au cinéma, afin [...] d'anéantir progressivement le film sur les sentiments que nous y éprouvons et comme si cette masse d'affects ramenait progressivement dans leur éclairage et dans cette couleur de sentiments des chaînes d'images.« Ebenda, S. 12.

34   »Un monde nouveau peut vivre en moi et y défier le temps [...] Le destin de ces images est de constituer une mémoire (par consequent d'annexer quelque chose de moi-même et non de devenir mes objets.« Ebenda, S. 99.

35   Das Konzept des *punctums* negiert den Autor insofern, als es sich im Gegensatz zum *studium* der Kontrolle des Autors gerade entzieht. Indem Barthes die Rolle des Rezipienten als Autor in den Vordergrund rückt, schiebt er zugleich den Fotografen als Autor beiseite.

36   Vgl. Daney 2000, a.a.O., S. 58 und Roger Philippe: Le passeur (Interview mit Serge Daney). In: S.D.: Devant la recrudescence des vols de sacs à mains, cinéma, télévision, information. Lyon 1991.

37   Bergala 2006, a.a.O., S. 52.

38   Barthes' Reflexion hat auch eine autobiografische Dimension, wenn im zweiten Teil von *Die helle Kammer* ein Bild seiner Mutter zum Ausgangspunkt für die Reflexion des Realitätsbezugs der Bilder steht. Allerdings geht es dabei nicht wie bei Daney und Bergala um den konkreten Einfluss der Rezeption von Fotografie auf seine individuelle Entwicklung.

39   Zur Subjektivität in Bergalas Vermittlungskonzept siehe auch Bettina Henzler: Von einer Pädagogik audiovisueller Medien zur Vermittlung des Kinos als Kunstform. Alain Bergalas Konzepte und Methoden der Filmvermittlung. In: Bettina Henzler / Winfried Pauleit (Hg.): Filme sehen, Kino verstehen. Methoden der Filmvermittlung. Marburg 2008, S. 10-32, hier: 24.

40   Dies entspricht dem Ansatz Kunstpädagogik, die weniger auf den Gegenstand als auf die Interaktion zwischen Ich und Gegenstand fokussiert. Vgl. Pauleit 2004, a.a.O., S. 11.

41   Vgl. Horst Niesyto: Konzepte und Perspektiven der Filmbildung. In: Ders. (Hg.): film kreativ. Aktuelle

Beiträge zur Filmbildung. München 2006, S. 7-13, hier: 9.

42 Eine solche Vermittlungssituation beschreiben in ihren Beiträgen zu diesem Band Manuel Zahn und Nina Rippel in Bezug auf das Projekt KurzFilmSchule Hamburg und Nathalie Bourgeois in Hinblick auf die Einführungsworkshops an der Cinemathèque Française.

43 Zum Filmkanon siehe www.bpb.de/veranstaltungen/ QUFU7Z,0,0,Filmkanon.html; vgl. auch: Alfred Holighaus (Hg.): Der Filmkanon. 35 Filme, die Sie kennen müssen. Berlin 2005.

44 Aus diesem Grund wurde auf Initiative des Bundesverbands Jugend und Film der Kinderfilmkanon zusammengestellt, der den Kanon der bpb um für sechs- bis zwölfjährige Kinder geeignete Filme ergänzen sollte (www.bjf.info/filmkanon).

45 Alain Bergala: Éloge de la liste. In: Allons z'enfants au cinéma: Une petite anthologie de films pour un jeune public. Paris (Les enfants de cinéma) 2001, S. 8-21.

46 Aus meiner Arbeit für das französische Schulkinofestival Cinéfête kann ich bestätigen, dass die ästhetisch und thematisch anspruchsvollen Filme oft die intensivsten (positiven wie negativen) Reaktionen hervorrufen. Dies gilt beispielsweise für Filme wie PERSEPOLIS (2007; R: Marjan Satrapie, Vincent Paronnaud), LE PETIT PRINCE A DIT (Der Flug des Schmetterlings; 1992; R: Christine Pascale), LES GLANEURS ET LA GLANEUSE (Der Sammler und die Sammlerin; 2000; R: Agnès Varda), LA VIE NE ME FAIT PAS PEUR (1999; R: Noémie Lvovsky).

47 Zur Konzeption deutscher und französischer Filmhefte vgl. Bettina Henzler: Plädoyer für eine filmspezifische Pädagogik. In: Klaus-Dieter Felsmann (Hg.): 8. Buckower Mediengespräche. Aufklärung im Zeitalter virtueller Netze. München 2005, S. 141-146.

48 Vgl. Eugène Andréansky: Kino auf Augenhöhe mit Kindern. Pädagogisches Arbeiten im Rahmen des französischen Grundschulprojektes *École et cinéma*. In: Henzler/Pauleit 2008, a.a.O., S. 189-200; Salman Rushdie: The Wizard of Oz. London 1992.

Stop »Using« Film!

Wie man *Literacy* für Medien mit bewegten Bildern vermittelt

Von Cary Bazalgette

Ich sollte gleich zu Anfang meine Perspektive beim Schreiben dieses Aufsatzes klarstellen. Obwohl ich 27 Jahre beim British Film Institute gearbeitet habe, das eines der großartigsten Film- und Fernseharchive der Welt hat, war ich dort als Vermittlerin mit schulpädagogischem Hintergrund tätig, nicht als Filmwissenschaftlerin oder Vertreterin der Filmindustrie. Dies bedeutete, dass ich mich ständig in einem Dialog zwischen zwei ganz unterschiedlichen Disziplinen befand. Ich hatte – und habe immer noch – genau dieselbe Leidenschaft für den Film wie meine Kollegen, die mit Programm- oder Archivarbeit befasst waren, aber im Gegensatz zu ihnen hatte ich täglich mit Menschen aus einer Welt zu tun, die den Film nicht auf dieselbe Art wertschätzt. Als Angestellte in einer vom Steuerzahler finanzierten Institution sah ich es auch als meine Verantwortung an, eine Vermittlung anzubieten, die sich an alle Menschen in Großbritannien wandte und nicht nur an diejenigen, die uns in London aufsuchen konnten. Dies versuchte ich als Leiterin des Pädagogischen Dienstes (*head of education*) am BFI zu erreichen, und in diesem Aufsatz werde ich einige Beispiele aufzählen, wie ich das erreichen wollte.

Aber zuerst etwas Hintergrundinformation. In der britischen Kultur hat der Film einen anderen Stellenwert als in Frankreich, Schweden oder Deutschland. Er erhält weniger großzügige staatliche Förderung; der Großteil des öffentlichen Diskurses über Film ist oberflächlich und wenig ernsthaft; die meisten Menschen kennen vor allem Hollywood-Blockbuster; aber am wichtigsten ist, dass die Regierung nichts von alledem als sehr besorgniserregend oder auch nur relevant betrachtet.

So »wissen« Lehrer in Großbritannien, dass der Film im Vergleich zu anderen Dingen im Lehrplan nicht besonders wichtig ist. Zwar geben sie zu, dass die Schüler Filme lieben und diese somit gut als Anreiz oder als Motivationshilfe einsetzbar sind, manchmal auch für zielgerichtetere Fragestellungen wie die Illustration eines Themas im Geschichts- oder Geografieunterricht, die Vermittlung eines Stücks von Shakespeare oder die Behandlung einer ethischen Frage. Film kann also im Unterricht eingesetzt werden, aber die meisten Lehrer denken nicht daran, ihn auch als eigenständigen Gegenstand zu untersuchen.

Film und Fernsehen erscheinen im Lehrplan für das Fach Englisch, und wenn Filmunterricht stattfindet – in vielleicht einem Drittel oder Viertel aller Grund- und Mittelschulen –, so meist durch Englischlehrer. Aber viele – wahrscheinlich die Mehrheit – der Lehrer fühlen sich bei diesem Fach unsicher, es gibt dafür keine formelle Ausbildung im Lehramtsstudium und, das ist am wichtigsten, es wird nicht getestet und ist nicht Teil dessen, was im Rahmen von Schulinspektionen überprüft wird. Ein kleiner Teil der Englischprüfung, die alle Schüler mit 16 ablegen, widmet sich den »Medien«, aber die meisten Lehrer behandeln in ihrem Unterricht nur die Printmedien.

Diese Einstellungen werden von einem zentralisierten, zielorientierten Schulsystem unterstützt, das aus englischen Kindern die am häufigsten geprüften Schüler in Europa macht. Das Prüfungssystem ist mit dem, was wir eine »Rangliste« nennen, verbunden: Eltern suchen auf der Grundlage solcher Ranglisten von Prüfungsergebnissen die Schulen für ihre Kinder aus. Ich sollte hinzufügen, dass dieses System nun sehr unter Beschuss steht und die Regeln dahingehend geändert werden sollen, dass den Lehrern wieder professionelle Würde zugestanden wird. Angesichts der Tatsache, dass dieses System nun seit vielen Jahren besteht, haben wir jetzt eine ganze Generation von Lehrern, die gar nichts anderes kennen, sowohl aus ihrer eigenen Schulzeit als auch aus ihrem Berufsleben.

Es mag überraschend sein, dass die Filmstudien kein besonders hohes Ansehen an britischen Schulen genießen, denn unsere Filmwissenschaft und Medienbildung im Allgemeinen haben einen internationalen Ruf. Ich habe oft von Kollegen aus anderen Ländern gehört, britische Kinder würden in der Schule über Film und andere Medien unterrichtet. Das ist nicht der Fall! Wir haben eine Reihe von freiwilligen, spezialisierten und zugelassenen Kursen, die in manchen Schulen – aber nicht allen – für Schüler ab 14 Jahren angeboten werden. Zu erklären, wie und warum dies geschieht, wäre hier zu umständlich, aber die Statistik kann einige wichtige Punkte vermitteln. 2008 legten ungefähr 100.000 von insgesamt 1.800.000 Schülern in der Altersklasse zwischen 16 und 18, die in Großbritannien dazu qualifiziert waren, Prüfungen in Film oder Medien ab. Jeder dieser Schüler hatte zuvor ein oder zwei Jahre lang Unterricht in der Vorbereitung auf diese Prüfungen. In diesem Unterricht wurde ihnen beigebracht, eine Reihe von Ansätzen der Filmkritik zu untersuchen und anzuwenden, ein weites Spektrum an Material anzusehen und ihre eigenen Medienprodukte herzustellen, was für viele von ihnen bedeutet, Filme zu machen. Aber das sind nur 5,5 Prozent dieser Altersgruppe. In Film- oder Medienstudien legen sehr viel weniger Schüler Prüfungen ab als in Englisch, Kunst, Mathematik oder Betriebswirtschaftslehre.

Trotzdem hat die Existenz dieser Kurse dem Unterricht von Film und Medien Status und Nachhaltigkeit verliehen, zumindest in der Mittel- und Oberstufe. Dies zeichnet die britische Erfahrung der Medienerziehung aus. Wir haben eine kleine, aber wichtige Kerngruppe von Lehrern mit umfangreicher und langjähriger Erfahrung im Medienunterricht. Es gibt eine wachsende Datensammlung zu den Leistungen der Schüler, die nach mehr oder weniger konstanten Standards ausgewertet wird. Sie ist eine wichtige Informationsquelle darüber, was der Medienunterricht praktisch erreichen kann.

Allerdings beschränkt sich dies alles auf die Altersgruppe der 14- bis 19-Jährigen. Ein unglücklicher Nebeneffekt davon ist, dass die Lehrer der jüngeren Klassenstufen Medien oder Film als ein Spezialgebiet für ältere Schüler betrachten, und damit als Gegenstand, den sie nicht behandeln können.

Diese Ansicht ist auch unter vielen Medienlehrern und unter Menschen außerhalb des Bildungsbetriebs weit verbreitet: Sie denken, der »natürliche« Ort für den Unterricht und das Lernen über Film und andere Medien seien die Oberstufe oder die Universität. Sie glauben, nicht darauf spezialisierte Lehrer könnten es nicht richtig machen, und für jüngere Lernende sei es sowieso zu schwierig.

Ich habe dieser Ansicht immer widersprochen. Ich bin überzeugt, dass jeder das Recht dazu hat, etwas über den Film zu lernen, und zwar vom ersten Schultag an. In Großbritannien gibt es neun Millionen schulpflichtige Kinder zwischen 5 und 16, und sie sollten alle die Chance haben, in der Schule etwas über Film und andere Medien mit bewegten Bildern zu lernen. Um dies zu erreichen, war es, zumindest in Großbritannien, notwendig – und zwar sowohl politisch als auch pädagogisch –, die Kampagne für den Filmunterricht auf dem Gebiet der *Literacy* [1] anzusiedeln.

Ich habe festgestellt, dass über *Literacy* in internationalen Zusammenhängen zu schreiben sehr kompliziert werden kann, denn das Wort selbst lässt sich nicht leicht in andere Sprachen übersetzen. Die Schwierigkeit liegt darin, dass im Englischen *Literacy* und das Adjektiv *literate* beide auf zwei verschiedene Arten interpretiert werden können: um eine einfache Lese- und Schreibfähigkeit zu bezeichnen und um einen hohen Grad kultureller Bildung und kommunikativer Fähigkeiten anzuzeigen. Es ist klar, dass es unterschiedliche, ideologisch motivierte Ansichten darüber gibt, welche Art von *Literacy* allen offenstehen sollte. Sollte es die *functional Literacy* sein, also die Fähigkeit, einfache Anweisungen zu lesen und ein paar simple Sätze zu schreiben? Konservative mögen dies als für arbeitende Menschen ausreichend betrachten, denn für diese besteht keine Notwendigkeit, Texte zu lesen, die ihnen höchstens unpassende Ideen über ihre eigene Bedeutung geben könnten. Radikalere Verfechter sehen universelle *Literacy* als Selbstbefähigung oder *Empowerment*: als eine Möglichkeit für arbeitende Menschen, sich von Schufterei und Unterdrückung zu befreien und am gesellschaftlichen, kulturellen und politischen Leben im vollen Umfang teilzuhaben.

In den meisten anderen Sprachen gibt es unterschiedliche Worte für diese unterschiedlichen Bedeutungen von *Literacy*. In der englischsprachigen Welt ist es genau die Mehrdeutigkeit dieses Begriffs, die es möglich macht, ihn für eine ganze Reihe unterschiedlicher Kampagnen anzuwenden. So gibt es Forderungen nach wissenschaftlicher *Literacy*, Gesundheits-*Literacy*, visueller *Literacy*, digitaler *Literacy*, emotionaler *Literacy*, Informations-*Literacy*, Spiel-*Literacy*, und, jawohl, Medien-*Literacy*: Der Begriff wird als ein Etikett benutzt, um ihm in einem Bildungskontext eine Art von Legitimität zu verleihen, ohne sich dabei allzu große Sorgen darum zu machen, was seine wörtliche Bedeutung sein könnte. Was das *Literacy*-Etikett einem Thema verleiht, ist ein Anspruch oder Anrecht: Wenn es eine *Literacy* ist, ist es wichtig, und alle sollten es haben. Aber diese Verwendung wird von professionellen Pädagogen nicht sehr ernst genommen. Sie gehört zur Sprache von politischer Interessenvertretung und Polemik und wird eher im öffentlichen als im professionellen Diskurs verwandt. Wenn Pädagogen den Begriff *Literacy* verwenden, meinen sie normalerweise etwas, das dieser Definition der UNESCO entspricht:

»»Literacy‹ ist die Fähigkeit, *gedruckte und geschriebene Materialien* in verschiedenen Zusammenhängen zu identifizieren, verstehen, interpretieren, erschaffen, kommunizieren, berechnen und benutzen. Literacy bedingt *ein Kontinuum des Lernens*, das dem/der Einzelnen ermöglicht, seine/ihre Ziele zu erreichen, sein oder ihr Wissen und Potenzial zu entwickeln, und *voll am gesellschaftlichen Leben teilzuhaben.*« [2]

Es ist interessant, dass diese Definition, obwohl sie *Literacy* zunächst eindeutig in geschriebenen und gedruckten Texten verortet, schließlich potenziell sehr viel weiter gefasst wird.

Den Gedanken, dass Film Gegenstand der *Literacy* ist, gibt es in Großbritannien schon lange. Ich werde mich jedoch auf die Zeit nach 1997 konzentrieren, als die neue Regierung unter Tony Blair an die Macht kam. Die neue Regierung implementierte eine neue, weithin publizierte und beachtete Strategie, um den nationalen Standard in *Literacy* im traditionellen Sinne anzuheben. Britische Schulabgänger standen damals im internationalen Vergleich relativ schlecht da, was Lese- und Schreibfähigkeiten angeht, und wir hatten einen inakzeptabel ho-

hen Prozentsatz an Schulabgängern ohne jegliche Qualifikationen. Also machte die neue Regierung Zielvorgaben und gründete eine neue Organisation namens *National Literacy Strategy*. Diese Organisation war damit beauftragt, Rahmenrichtlinien für die Lernziele im Hinblick auf *Literacy* zu entwickeln und Vorgaben zu machen, wie dies im Unterricht umgesetzt werden sollte. Es war eine sehr zentralisierte, sehr autoritäre Initiative, die einen enormen Einfluss auf die Organisation von Grundschulen ausübte, obwohl sie letztendlich ihre Ziele für höhere Standards beim Lesen und Schreiben nicht gänzlich erreichte.

Ziemlich früh – 1999 – nahm der Direktor der *National Literacy Strategy* Kontakt mit mir als Vertreterin des BFI auf und bat mich, ein Seminar zum Zusammenhang von Film und Printmedien zu organisieren. Die neuen von ihnen entwickelten Rahmenvorgaben forderten, dass *Literacy* auf diesen drei Ebenen unterrichtet werden sollte:

- Wortebene – Vokabular, Rechtschreibung usw.
- Satzebene – Wortreihenfolge, Syntax usw.
- Textebene – narrative Strukturen, Gattung, Figuren, Szenario, Zeit usw.

Es stellte sich heraus, dass die Lehrer keine Probleme hatten, Konzepte auf der Wort- und Satzebene zu unterrichten, sie es aber sehr wohl schwierig fanden, konzeptuell auf der Textebene zu lehren. Die Leute bei der *National Literacy Strategy* fanden, dass der Film den Lehrern helfen könnte, dies besser zu machen. Also hielten wir dieses Seminar ab und waren über ihre Einstellung zum Film überrascht und erfreut. Sie waren nicht daran interessiert, den Film nur als Anregung für Diskussionen oder eigenes Schreiben zu verwenden, und sie waren besonders verärgert über die weitverbreitete Praxis, Ausschnitte aus Spielfilmen für diesen Zweck zu benutzen. Sie fanden, es sei für Kinder hilfreich, sich mit Filmen als Filmen auseinanderzusetzen und ganze Filme anzusehen und zu besprechen und so zu Konzepten der Textebene wie Handlung oder Gattung Zugang zu finden. Sie waren überhaupt nicht daran interessiert, inwieweit der Film zur persönlichen Bildung beitragen oder dazu dienen könnte, gesellschaftliche oder moralische Fragen zu thematisieren. Sie interessierten sich tatsächlich für Filme als Texte.

Wir waren über diesen Ansatz hocherfreut, denn es war genau das, wofür wir uns schon seit vielen Jahren einsetzten. Aber es gab ein offensichtliches Problem: Es war nicht praktikabel für Grundschullehrer, das Anschauen von langen Spielfilmen in den Schultag zu integrieren. Das *Literacy*-Rahmenwerk sah eine Stunde *Literacy*-Unterricht pro Tag vor. Und wir waren uns ohnehin einig, dass die Filme im Unterrichtszusammenhang geschaut und besprochen werden sollten, damit sie für ein tieferes Verständnis mit den Kindern wiederholt gesehen und analysiert werden könnten. Deswegen würden Kinobesuche nicht weiterhelfen. Die offensichtliche Lösung für dieses Problem war es, Kurzfilme zu verwenden.

Dies stellte uns aber vor eine weitere Herausforderung. Es gab nur einige wenige Kurzfilme auf Video, und die waren entweder für Kinder ungeeignet oder aber zu leicht und oberflächlich. Also machten wir uns daran, Filme zu suchen, die kurz genug waren, um sie mehrere Male innerhalb der Stunde des *Literacy*-Unterrichts zu zeigen, im Hinblick auf Thematik und Vokabular für Kinder geeignet waren, aber gleichzeitig interessant und komplex genug, dass sich wiederholtes Ansehen und genaue Analyse lohnen würden. Die meisten Kurzfilme erfüllen diese Kriterien nicht, und geeignete Filme zu finden – von der Rechtefrage einmal ganz abgesehen – war eine nicht unerhebliche Herausforderung.

In der Zeit von 2001 bis 2007 haben wir sieben Lehrmittelsammlungen für Schulen herausgebracht, jede davon für das Alter von 3 bis 14. Nach den ersten beiden Videos wechselten wir zu DVDs, und statt das Material für die Lehrer zu drucken, stellten wir es online, und schließlich stellten wir 55 Filme zur Verfügung, die wir aus der ganzen Welt zusammengesucht hatten – die meisten davon waren nicht speziell für Kinder gedreht worden. Die Titel dieser DVDs lauten *Starting Stories* (2 Ausgaben), *Story Shorts* (2 Ausgaben), *Screening Shorts*, *Moving Shorts* und *Real Shorts* (vgl. Film clip no. 11) [3].

Ich denke, es ist wichtig, die finanzielle Grundlage dafür darzustellen. Das BFI ist eine kleine Kul-

turorganisation, und ich hatte so gut wie keinen Etat für dieses Projekt. Dafür hatte ich aber sechs qualifizierte Lehrer als Berater sowie eine kleine Verlagsabteilung von zwei Leuten. Und so waren wir in der Lage, Dinge zu tun, die in einem kommerziellen Verlag nicht möglich gewesen wären: Beispielsweise konnten wir mit 35 Schulen an der ersten Lehrmittelsammlung arbeiten, um sicherzustellen, dass wir die richtigen Filme ausgesucht und den richtigen pädagogischen Ansatz entwickelt hatten. Wir nahmen uns die Zeit, den Unterricht zu besuchen, Lehrern und Schülern zuzuhören und unsere Methoden zu verfeinern. Dann aber mussten die Lehrmittel bei der Veröffentlichung zu Marktpreisen beworben und vertrieben werden. Zudem boten wir zu gängigen Preisen Trainingseinheiten für Lehrer an. Wir taten dies nicht, um Profit zu machen: Unsere Einkünfte finanzierten die Grundkosten. Ich konnte die relativ vielen Mitarbeiter nur rechtfertigen, indem ich ziemlich hohe Einkünfte erzielte.

Die Lehrmittel wurden von denjenigen, die sie kauften, sehr positiv aufgenommen, und die Lehrer, die unsere Trainingseinheiten besucht hatten, liebten sie geradezu. Aber wir hatten ein Problem. Es wurde klar, dass wir nicht die Anzahl an Schulen und Lehrern erreichten, die wir erreichen wollten. Trotz der weiterhin bestehenden Unterstützung von der *National Literacy Strategy*, die unsere Lehrmittel den Schulen empfahl, erreichten wir nur ein paar hundert von 23.000 Grundschulen und einen winzigen Prozentsatz der Lehrer.

Wir besprachen das mit den Verantwortlichen von der *National Literacy Strategy* und entwickelten einen neuen Plan. Statt Lehrer einzeln durch konventionelles Marketing anzusprechen, schien es uns sinnvoller, die nationale Infrastruktur an Beratern und Consultants der *Strategy* zu nutzen, die auf der Ebene der regionalen Schulbehörden angestellt waren.

Es gibt 147 unterschiedlich große regionale Schulämter in England, von solchen, die zwischen 20 oder 30 Schulen betreuen, bis hin zu riesigen Organisationen, die für hunderte von Schulen verantwortlich sind. Wir entschlossen uns dazu, eine landesweite Gruppe von »anleitenden Praktikern« zusammenzustellen, die Lehrpläne und Unterrichtsmaterialien entwerfen und verbreiten sollten und

Beispielfilm von der DVD *Story Shorts*: EL CAMINANTE (1997; R: Jeremy Moorshead, Debra Smith)

auch für die Fortbildung der Lehrer verantwortlich wären. Unser Ziel war es, eine Infrastruktur für die Entwicklung von Filmstudien als Teil der *Literacy* von der frühkindlichen Bildung bis zur *Key Stage 3* (den Alterstufen von 3 bis 14 Jahren) aufzubauen. Wir nannten den Plan *Reframing Literacy*.

Also schrieben wir Ende 2004 alle Schulbehörden an und forderten sie auf, Personen zu nominieren, die für diese Funktion in Intensivkursen ausgebildet werden könnten und von den Schulbehörden selbst zu bezahlen waren. Bevor sie jemanden in diese Kurse schicken konnte, musste jede Schulbehörde einen Aktionsplan inklusive Kostenaufstellung einreichen und darlegen, wie sie ihre anleitenden Praktiker einsetzen würde, um die Medien-*Literacy* in ihren Schulen weiterzuentwickeln. 60 Schulbehörden beteiligten sich an diesem Modell, und zwischen 2005 und 2007 veranstalteten wir sieben Kurse, an denen sich über 150 Personen fortbildeten [4].

Die Schulbehörden gaben insgesamt 800.000 Pfund für diese Maßnahmen aus, und die Schulen investierten in dieser Zeit zusätzlich noch 400.000 Pfund für Unterrichtsmaterialien des BFI. Es ist immer schwierig einzuschätzen, was dies für reale Kinder in realen Klassenzimmern bedeutet, da wir nicht die Mittel hatten nachzuverfolgen, was dann in den Schulen passierte. Aber auf Grundlage einer ziemlich konservativen Schätzung denken wir, dass diese Initiative bisher mindestens eine Million Kinder erreicht hat. Und weil wir die Kräfte vor Ort ausgebildet haben und Budgetzusagen auf lokaler Ebene zugesichert bekamen, wächst und entwickelt sich die Arbeit immer weiter. Obwohl das BFI mittlerweile seinen Ansatz geändert, die Lehrmittel an einen anderen Verlag verkauft und sich aus dieser Art von Fortbildung zurückgezogen hat, wirkt der Impuls immer noch nach. Ich freue mich ganz besonders darüber, dass uns all dies gelungen ist, ohne Steuergelder auszugeben – abgesehen von unseren Gehältern –, obwohl wir zum Ende dieses Zeitraums viel weniger Leute in meiner Abteilung hatten als 2001. Und ich bin sehr stolz darauf, dass im Verlauf dieses Projekts die Zahl der 8–11-Jährigen, die angaben, sie hätten in der Schule über Film oder Fernsehen gelernt, von 9 auf 15 Prozent angestiegen ist [5]. Ich denke, unser Projekt hat dazu beigetragen.

Aber was war die intellektuelle Basis für all dies? Welche Argumente haben wir dafür vorgebracht, dass Filme als Texte, als Teil von *Literacy*, untersucht und gelehrt werden sollten? In unseren Seminaren habe ich es den Lehrern folgendermaßen präsentiert.

Reframing Literacy **in Zahlen**

7	Lehrmittelsammlungen veröffentlicht
55	Kurzfilme in den Lehrmittelsammlungen verwendet
61	Schulbehörden involviert
150	anleitende Profis ausgebildet
5000	Schulen erreicht
£ 400.000	Einkommen für das BFI aus dem Verkauf der Lehrmittel
£ 800.000	von den Schulbehörden für Fortbildung aufgewendet
1.000 000	geschätzte Zahl von Kindern, die erreicht wurden
£ 0	Kosten für das BFI (zusätzlich zur der Zeit, die das Personal damit befasst war)

Ich fange mit dem Prinzip an, dass alle gute (Aus)bildung die Lernenden dort abholen muss, wo sie sind. Also bitte ich die Lehrer, sich typische vier- und fünfjährige Schulanfänger vorzustellen. Mit fünf haben die meisten Kinder schon mindestens vier Jahre lang Filme und Fernsehen gesehen. Seit sie zwei sind, können sie den Fernseher allein anschalten und ihre Lieblings-DVDs aussuchen und abspielen. Mit drei könnten sie durchaus in der Lage gewesen sein, eine Maus zu benutzen, und eins von drei Kindern ist während des ersten Schuljahres schon allein im Internet unterwegs [6].

Ihr Konsum von bewegten Bildern wird enorm ansteigen, und wahrscheinlich haben sie ihre eigenen Sammlungen von Lieblingsfilmen und -fernsehserien, von denen sie einige immer wieder ansehen. Was also lernen sie von alledem?

Wenn Lehrer danach gefragt werden, was Kinder von Fernsehen und anderen Medien mit bewegten Bildern lernen, denken sie zuerst meist vor allem an Inhalte: die Informationen und die Geschichten. Natürlich ist das wichtig. Aber dann überlegen wir, ob es bei diesem Lernen nicht noch andere Dimensionen gibt, denn sonst könnten die Kinder diese Medien überhaupt nicht verstehen. Kinder müssen offensichtlich die Rhetorik bewegter Bilder lernen und verinnerlichen: Konventionen wie Nahaufnah-

Dieser Vierjährige greift auf Internetseiten der BBC zu und druckt sich Material zu Sendungen aus, die ihm gefallen.

Zwecke beim Geschichtenerzählen, in den Nachrichten und in Dokumentarfilmen eingesetzt.

Aber das vorschulische Medienlernen von Kindern hat noch eine weitere Dimension. Sie haben unbewusst einige der Schlüsselkonzepte gelernt, die wir alle benutzen, wenn wir entweder Texte oder bewegte Bilder interpretieren. Filme und Bücher wenden Strategien an, um Erzählstrukturen, Gattung, Charaktere und Szenerie zu markieren. Diese Strategien erkennen und interpretieren zu können, ermöglicht es uns, Schlüsse zu ziehen und Überlegungen darüber anzustellen, was vielleicht passieren könnte, was für eine Art von Geschichte das wird, ob eine Figur vertrauenswürdig ist oder nicht, wo wir uns in Raum und Zeit befinden. Diese Fähigkeiten sind ein wichtiger Teil dessen, was die Lektüre eines Buchs oder das Anschauen eines Films unterhaltsam und befriedigend macht.

Wie bedeutsam ist es also, dass Kinder diese Arten von Fähigkeiten erwerben – wenn auch nur in Bezug auf Film und Fernsehen –, und zwar ab einem sehr frühen Alter? Die meisten Lehrer haben die populäre Meinung verinnerlicht, dies sei sehr wichtig – als

men, Schuss/Gegenschuss, Schnitte, unterschiedliche Arten von Anschlüssen, die Verwendung von nicht-diegetischem Ton. Nur weil Kleinkinder diese Begriffe nicht artikulieren können, heißt das nicht, dass sie nicht gelernt haben, diese Konventionen zu verstehen – sie sind ja schließlich auch ziemlich leicht zu lernen. Wir tendieren dazu, sie gar nicht als gelernte Konventionen zu begreifen, weil sie uns so offensichtlich und natürlich erscheinen, aber selbstverständlich sind dies allesamt Strategien, die über die Jahre von Filmemachern erfunden wurden, und sie sind bedeutsam: Sie werden für bestimmte

Problem. Sie nehmen an, dass Kinder, die viel Zeit vor dem Fernseher verbringen, keine Lust haben, Bücher zu lesen: Sie glauben, Kinder gewöhnen sich an eine gewisse Art des Geschichtenerzählens (die oft als »einfach« und »offensichtlich« beschrieben wird), was bedeutet, dass sie mit den schwierigeren Anforderungen von gedruckten Texten nicht klarkommen. Hier bringe ich immer gern das Beispiel einiger Forschungsergebnisse aus den USA.

Eine Gruppe von Wissenschaftlern an der University of Minnesota wollte herausfinden, ob es eine Möglichkeit gibt, die spätere Lesefähigkeit

4 ERGEBNISSE

122

stören, weil das … ist so ein … (sage ich mal?) relativ teu-res Teil, was Statussymbolcharak-ter hat in der Gesellschaft … und *das gehört jetzt mir*. Und da-mit fährt *niemand*. Weil die ande-ren … sind zu *doof* zum Fa h r e n oder die tanken falsch oder die machen einen Kratzer rein; *das ist mein Eigentum*.(…) Das gibt mir eine … das sieht so aus, als wäre es Unabhängigkeit, und in Wirklichkeit ist es die tota-le Abhängigkeit.
Aber da habe ich ein wenig ei-ne Schlagseite. /Ehm/ … also so … sage ich mal, selbst in **unserer** **Provinz, würde ich wahrschein-** **lich wenige Brüder finden, die das** **so … scharf sehen da wie ich.«**
(T812UI)
Bruder 4: „Es liegt an der Schwachheit des Menschen.

Also, ich merke das auch bei mir, wir haben so … /eh/ ein Auto … halt mehrere Autos.

Und wenn dann /ehm/ nur drei Brüder da sind und die Autos rei-chen alle, dann ist ganz schnell,

War so ein Jahreswagen und… billiger auch /eh/ jetzt dann spä-ter. Sprit, Steuer, Versicherung.

Bis auf einen… Bruder… /eh/ der hat sein Auto für sich gepach-tet, sagen wir mal so. Aber der, das müssen Probleme seit Jahrzenten sein. Aber auch im Persönlich-, Persönlichkeitsproblem. /Eh/ Das ist, der gibt das Auto nicht… her… da kann man, das kann man jetzt nicht mehr ändern.
I: Und in wieweit ist der Schlüs-sel für alle zugänglich?

Bruder 1: Wie Schlüssel für… I: ((unterbricht)) Kann da je-

…es etwas, was dir gefallen hat?
…st dir aufgefallen?
…s etwas, was dir nicht gefallen hat?
…s etwas, was dich verwirrt hat? Was
…h nie vorher in einem Film gesehen

…rgendwelche Muster?

…reits zu Anfang ihrer Schulkarriere
…m diejenigen Kinder zu identifizie-
…re Unterstützung brauchen wür-
…lten zwei Arten von Tests, die sie
…30 Sechsjährigen aus der Mittel-
…ßen. Ein Test widmete sich ihren
…achfähigkeiten wie Vokabular
…nnung. Der andere testete ihr
…n an Ereignisse in einer Folge
…ats (USA 1991-2004). Dann
…Kinder über zwei Schuljahre
…ihre Lesefähigkeit mit acht
…us, dass die Kinder, die das
…Erinnerung an die Fernseh-
…n waren,
…ser wur-
…rte sich
…jenigen
…hohe
…n die
…n er-
…nteil
…Be-
…um
…'so
…h-
…e

die »echte« *Literacy* des Lesens und Schreibens zu erreichen oder für andere Zwecke. Die Grundein-stellung der Lehrer zum Film bleibt dabei unverän-dert: Sie betrachten den Film nicht als etwas, das an sich wichtig ist. Manche Menschen sehen dies nicht als ein Problem. Sie argumentieren, dass es egal sei, was die Lehrer denken, solange die Kinder ein paar großartige Filme zu sehen bekommen. Die Hauptsache ist, dass Kinder Filme sehen, egal unter welchem Vorwand. Ich finde, diese Einstellung ist feige und gefährlich! Befürworter des Films müs-sen die Frage seines kulturellen Status direkt an-gehen, nicht nur, weil der Film eine historisch und kulturell wichtige Kunstform ist, über die Kinder etwas lernen sollten, sondern auch deshalb, weil eine Marginalisierung des Films Kindern eine ein-seitige und nicht schlüssige, unvollständige Bildung vermittelt, die sie nicht ausreichend auf das Leben im 21. Jahrhundert vorbereitet.

Um noch einmal zusammenzufassen: Wir müs-sen anerkennen, dass Kinder durch ihre Erfahrung mit Filmen und Fernsehen ab dem Alter von zwei Jahren zwei eng miteinander verbundene Lernprozes-se durchlaufen, und es ist wichtig, zwischen diesen beiden unterschiedlichen Arten von Lernresultaten

Dieses kleine Mädchen hat einen Lieblingsfilm auf DVD, den sie sehr traurig findet. Sie schaut ihn sich an, wann immer sie kann, und weint gern an den traurigen Stellen.

Grundschullehrerinnen bei der Unterrichtsplanung mit einem Kurz-
film bei einem BFI-Kurs

also gebildete Menschen beitragen. Wenn sie dies nicht tun, dann
untergraben sie jeglichen Respekt
für das vorschulische, nicht mit
gedruckten Texten verbundene
kindliche Lernen.

Wenn Schulen diese beiden
Aspekte des frühen Medienler-
nens von Kindern erkennen und
darauf aufbauen, bieten sie den
Kindern eine besser integrierte und
schlüssigere Lernerfahrung. Wenn
wir unter *Literacy* nicht nur die
Grundfähigkeiten des Lesens und
Schreibens verstehen, sondern im
weiteren Sinne die Fähigkeit, an
der ganzen Welt unserer Kultur
zu partizipieren und teilzuhaben,
dann werden alle Aspekte der
Literacy gestärkt, wenn auf diese
integrierte Art unterrichtet wird.

zu unterscheiden und auch die Feedback-Schleife
zu erkennen, die sie zusammenbindet.

Erstens: Kinder lernen, die rhetorischen Figuren zu erkennen und zu interpretieren, die spezifisch
für die Medien mit bewegten Bildern sind. Dies ist
wichtig, denn damit beginnt ein Lernprozess, um
ein rhetorisches System zu beherrschen, das in unserer Kultur eine wichtige Rolle spielt. Indem sie
dies erkennen, zeigen Lehrer Respekt für die Lern-
leistungen von Vorschulkindern und legen ein gutes
Fundament für zukünftiges Lernen. Wenn sie darauf aufbauen, indem sie Kindern immer neue und
komplexere Beispiele von Medien mit bewegten
Bildern zeigen, tragen Lehrer dazu bei, dass dieses
Lernen wertgeschätzt und vermehrt wird.

Zweitens: Kinder erwerben auch ein Repertoire von gattungsmäßigen *Literacy*-Fähigkeiten wie
beispielsweise Rückschlüsse ziehen, Voraussagen
zur Handlung machen, Wissen über verschiedenen
Typen von Figuren erwerben, Gattungen erkennen
usw. Indem sie auf dieses Wissen zurückgreifen,
können Lehrer ihnen helfen, bessere Leser *und*
bessere Zuschauer zu werden. Indem sie auf dieses Wissen sowohl durch das Lernen mit Büchern
als auch mit Filmen aufbauen, können Lehrer zur
allgemeinen Entwicklung der Kinder als *literate*,

Und umgekehrt vermute ich, dass wir die Leistungen von Kindern begrenzen und ihren Misser-
folg genau deshalb unausweichlich machen, weil
wir dafür sorgen, dass die Lehrer sich so eng auf
nur einen Aspekt dieser weiter gefassten *Literacy*
– nämlich Lesen und Schreiben – konzentrieren
und den Rest ignorieren.

Normalerweise unterstreiche ich diese Präsentation noch, indem ich die Lehrer bitte, einen oder
mehrere Filme aus ihrer Erwachsenenperspektive
anzuschauen und darüber nachzudenken, und zwar
ohne zu überlegen, wie sie ihn im Klassenzimmer
»benutzen« würden. Tatsächlich verbiete ich es ihnen, davon zu sprechen, Film zu »benutzen« – stattdessen bitte ich sie, »mit Film arbeiten« (engl. *wor-
king with film*) oder »Film studieren« (engl. *studying
film*) zu sagen. Ihre eigene Erfahrung mit anderen als
Mainstreamfilmen ist normalerweise sehr begrenzt.
Deshalb versuche ich sicherzustellen, dass sie mehrere Filme der Art sehen, wie wir sie auf unseren
DVDs anbieten. Es ist schön, dass sie, sobald sie Filme dieser Qualität und Vielfalt sehen, von der Idee
begeistert sind, diese auch Kindern zu zeigen.

Allerdings benötigen sie pädagogische Hilfe.
Traurigerweise fehlt in unserer ergebnisorientierten,
übergetesteten Bildungskultur vielen Lehrern die

[überlappende, gedrehte Seite:]

DIE BEFRAGTEN UND IHRE MUSTER DER REDUKTION VON DISSONANZEN121

DIE BEFRAGTEN UND IHRE MUSTER DER
REDUKTION VON DISSONANZEN

bt es auch Dinge, von
sagen würden, das
zu einem [...] oder
gar schädlich für
sein?«

„I:Was bedeutet für Sie Armut?
Bruder 1: Ich tue mich im Moment fast schwer mit solchen Fragen, weil ich glaube, dass wir /eh/
einen Weg gehen wollen, das wieder neu auch für uns zu definieren.
Dass ich /ehm/, zum Beispiel wenn
ich Geld bekomme /ehm/... dass
ich das abgebe, dass das das nicht für
mich nur, das ist nicht mein Geld,
dass ich das hier, was ich mache,
was ich verdiene... Das ist nicht
mein Geld, sondern das fließt in
den gemeinsamen Topf.
Ich habe jetzt ein Auto /eh/ ge-
braucht[...]. Welches Auto holen
wir dann? Wo auch ich mir was
sagen muss, also das ist... ich sage jetzt mal, nehme ich 140 oder
nehme 105 PS?
I: ((unterbricht)) Was haben
Sie denn genommen?
Bruder 1: 105. Und mich schon
geärgert ((lachend)).

würde mich
sein eigenes
rt mich, wo
s Auto hat.
... Aber
stört mich
s sind so!
... /eh/
Der eine
n stört,
5FD)
be ich
dass
ftig
len
vie

e
arde mich

Fähigkeit, offene Fragen zu stellen, den Antworten der Kinder zuzuhören und zu erkennen, auf welche Interessen und Wissensformen Kinder in ihren ersten Reaktionen auf einen Film zurückgreifen. Eine wichtige Strategie ist hier die »Sag's mir«-Technik, die das BFI und das Centre for Literacy in Primary Education (CLPE) aus der Arbeit von Aidan Chambers heraus entwickelt haben.

Chambers' Buch hatte einen großen Einfluss auf den Unterricht von Kinderliteratur, und wir haben es an den Film angepasst. Es bietet einen Rahmen, innerhalb dessen man die Kinder durch generative Fragen (also Fragen, die einen Raum schaffen, wo Kinder ausführlich sprechen können), die nicht bedrohlich sind und die auch keine »richtige« Antwort implizieren, dazu animieren kann, ihre Reaktionen auf den Film zu artikulieren. So kann beispielsweise jede der fünf Grundfragen des »Sag's mir«-Ansatzes eine erste Diskussion über den gerade angesehenen Film mit den Kindern in Gang bringen.

Das CLPE hat uns auch dabei geholfen, diesen Ansatz mit Ideen für verschiedene »Einstiege« in den Filmunterricht weiterzuentwickeln. Beispielsweise wird den Kindern erst einmal nur der Soundtrack eines kurzen Filmteils ohne die Bilder vorgespielt – oft der Anfang –, und dann werden sie aufgefordert, darüber nachzudenken, welche Information die Geräusche über vier Elemente der Erzählung enthalten, wobei jedes Element (Figuren, Orte, Geschichte, Zeit) einer anderen Gruppe zugeordnet wird. Wenn man die vier Elemente in einem Raster präsentiert, wird keines davon privilegiert, und die Diskussion kann offen bleiben, aber die Aufgabenstellung erleichtert es, das Schauen, Nachdenken und Zuhören der Kinder zu strukturieren.

Es scheint mir vollkommen offensichtlich zu sein, dass ein Wissen und Verständnis vom Film heutzutage Teil dessen ist, was es bedeutet, *literate* zu sein. So hoffe ich, dass deutlich geworden ist, dass ich *nicht* für eine »Film-*Literacy*« als ein separates Fach oder als Zusatz zum Lehrplan plädiere. Wenn wir als Filmpädagogen im Mittelpunkt der großen politischen Bildungsschlachten bleiben wollen, müssen wir uns auf das sich verändernde Konzept der *Literacy* selbst konzentrieren. Wir müssen für einen anderen, erweiterten und verbesserten Begriff dessen kämpfen, was es im 21.

Jahrhundert heißt, *literate* zu sein – ein Begriff, der Film mit einschließt.

In diesem kurzen Aufsatz konnte ich nur an der Oberfläche der ganzen Geschichte über Film- und Medienbildung in Großbritannien kratzen. Zwei enorm wichtige Gebiete, für die hier kein Platz ist, sind Lernverlauf und kreatives Arbeiten mit Film. Auch konnte ich die Beziehung von Filmbildung und Medienbildung nicht beleuchten. Ich weiß, dass diese in manchen Ländern vollkommen getrennt behandelt werden und sich sogar manchmal feindselig gegenüberstehen. In Großbritannien ist dies nicht so, sie sind zumeist eng miteinander verwoben. Deshalb benutze ich meist den Begriff »Medien mit bewegten Bildern« statt Film, weil ich glaube, dass das kindliche Filmverständnis sich von einer größeren Bandbreite an Medien ableitet, aber auch, weil ich denke, dass Fernsehen, Spiele und virtuelle Welten alles wichtige Medien in unserer Kultur sind und deshalb Aufmerksamkeit in der Schule verdienen.

Die Frage des Lernverlaufs ist das wirklich große Thema, das man gar nicht angehen kann, solange die Filmarbeit in Schulen nur sporadisch und kurzfristig stattfindet. Ich freue mich, sagen zu können, dass gerade zwei Forschungsprojekte in Großbritannien stattfinden, die den Lernverlauf in Medien-*Literacy* untersuchen: Eines (an dem ich beteiligt bin) untersucht nur Film; das andere, unter der Leitung von David Buckingham und Andrew Burn, untersucht generelles Medienlernen.

Und schließlich ist da noch das Thema des kreativen Arbeitens mit Film. Ich hänge dies nur höchst ungern hier am Ende an, denn ein vernünftig ausgeglichener Ansatz für den Unterricht jeder Kunstform muss drei voll entwickelte Dimensionen einschließen. In einem voll entwickelten Filmlehrplan müssen diese drei Dimensionen sich notwendigerweise gegenseitig ergänzen und anregen.

- Kulturell: Man muss die Film-Erfahrungen der Kinder erweitern. Ich meine nicht, dass die Lehre von Film sich nur auf Kunstfilme beschränken sollte. Natürlich müssen Lehrer den Kindern ein stilistisch, kulturell und historisch breites Spektrum von Filmen vorstellen, genau wie sie sie mit einem breiteren Spektrum an Literatur oder Musik bekannt machen müssen.

Aber dies bedeutet nicht, dass der Filmunterricht das kommerzielle Mainstreamkino ignorieren sollte. Die Kultur ist ein Kontinuum, keine Hierarchie.

- Kritisch: Man muss sicherstellen, dass Kinder das kritische Werkzeug haben, um das, was sie sehen, hinterfragen und analysieren zu können und sich so ihr eigenes, unabhängiges Urteil zu bilden.

- Kreativ: Man muss sicherstellen, dass Kinder die Möglichkeit für kreatives Arbeiten mit Medien mit bewegten Bildern haben. Ich drücke dies so aus, weil dies nicht nur bedeuten muss, Filme zu machen. Die Software für Medien mit bewegten Bildern ist deshalb so fantastisch, weil sie es den Schülern ermöglicht, sich in ihrem eigenen Tempo als kreative Menschen zu entwickeln, mit der Manipulation von Klang, Bild, Text und Raum zu experimentieren und so spielerisch herauszufinden, was man mit dem Medium alles anstellen kann.

Diese drei Elemente sind in Großbritannien zu einer Art Mantra für das Beschreiben von Filmstudien in Schulen geworden – und als Gegenargumente gegen diejenigen, die die Filmbildung »digitaler *Literacy*« zuordnen oder sie als simple Stimulierung oder als illustratives Lehrmittel marginalisieren wollen. Man beginnt, sie die »drei Ks« (engl. »three Cs«: *cultural, critical, creative*) zu nennen, und so besteht die neue landesweite Strategie für die Filmbildung des UK Film Council auf den drei Ks als zentralem Prinzip [8]. Natürlich sind sie eigentlich gar nichts Neues: Sie repräsentieren nur die vernünftige Praxis jeglicher Art von künstlerischer oder kultureller Lehre. Und natürlich müssen wir erst noch sehen, wie sie im Lehralltag im Klassenzimmer integriert werden: Das könnte noch eine Weile dauern!

Übersetzung aus dem Englischen:
Wilhelm Werthern

Anmerkungen

1   Der im englischen Bildungskontext geläufige Begriff *Literacy* ist nicht eindeutig ins Deutsche übersetzbar. Er bedeutet sowohl »Lese- und Schreibfähigkeit« im engeren Sinne als auch »Bildung« im weiteren Sinne und kann sich somit auch auf andere Wissensbereiche als nur die Textlektüre beziehen. Im Kontext der deutschen Bildungspolitik entspricht dies dem Begriff »(Medien- bzw. Film-)Kompetenz«. (Anm. d. Hg.)

2   UNESCO Education Sector: The Plurality of Literacy and its Implications for Policies and Programs: Position Paper. Paris: United National Educational, Scientific and Cultural Organization 2004, S. 13 (unesdoc.unesco.org/images/0013/001362/136246e.pdf). »Literacy is the ability to identify, understand, interpret, create, communicate and compute, using *printed and written materials* associated with varying contexts. Literacy involves a *continuum of learning* in enabling individuals to achieve their goals, to develop their knowledge and potential, *and to participate fully in their community and wider society*.« (Hervorhebungen C.B.)

3   Informationen zu den Lehrmaterialien sind unter filmstore.bfi.org.uk/acatalog/BFI_Filmstore_Teaching_Resources_65.html zu finden.

4   Die folgenden Schulbehörden beteiligten sich an *Reframing Literacy*: Barnet, Bedfordshire, Birmingham, Bournemouth, Bracknell Forest, Brent, Brighton and Hove, Cheshire, Cornwall, Croydon, Derbyshire, Devon, Doncaster, Dudley, Ealing, East Yorkshire, Enfield, Gloucester, Hampshire, Hounslow, Kirklees, Lambeth, Lancashire, Leeds, Leicester City, Leicestershire, Lincolnshire, Liverpool, Merton, Milton Keynes, Newcastle Upon Tyne, Norfolk, Northamptonshire, Norwich, Nottingham City, Peterborough, Poole, Reading, Redbridge, Rotherham, Sandwell, Slough, Solihull, South Gloucestershire, Southampton, Southend, Southwark, St. Helens, Staffordshire, Suffolk, Surrey, Swindon, Thurrock, Torbay, Walthamstow, Wandsworth, Wiltshire, Windsor and Maidenhead, Wolverhampton, Worcestershire.

5   Vgl. Ofcoms Erhebungen zur Medien-*Literacy* (2006 und 2008) unter www.ofcom.org.uk. Ofcom ist die Regulierungsbehörde für Medien und Kommunikation in Großbritannien.

6   J. Marsh / G. Brooks / J. Hughes / L. Ritchie / S. Roberts / K. Wright: Digital Beginnings: Young Children's Use of Popular Culture, Media and New Technologies. Sheffield: University of Sheffield 2005, unter www.digitalbeginnings.shef.ac.uk/DigitalBeginningsReport.pdf.

7   Siehe Kathleen E. Kremer u.a.: Role of Early Narrative Understanding in Predicting Future Reading Comprehension. AERA Conference 2002, unter www.ciera.org.

8   Siehe www.21stcenturyliteracy.org.uk (Zugriff am 12.03.09).

Wie die Cinémathèque française Kinder in die Filmkunst einführt

Von Nathalie Bourgeois

Heutzutage sind zwar alle Filme jederzeit zugänglich, die Jugend lernt davon aber nur noch einen sehr geringen Teil kennen. Dabei handelt es sich um Filme, die speziell für Kinder und Jugendliche produziert wurden und die angesichts des Tamtams, mit dem sie in die Kinos kommen, unmöglich übersehen werden können: Diese Filme werden genauso schnell vergessen wie konsumiert. Die Zeiten vorhergehender Generationen, als man als Kind oder Jugendlicher das Kino in seiner Vielfalt ganz unbefangen kennenlernte, weil man im Kino um die Ecke genauso gut einen TARZAN wie einen Film von Howard Hawks entdecken konnte, diese Zeiten sind längst vorbei.

Neben den eingefahrenen »Medien-Autobahnen« müssen nun andere Wege beschritten werden: Darum bemühen sich das französische Erziehungs- und das Kulturministerium mit ihren staatlichen Schulfilmprogrammen (*École et cinéma*, *Collège au cinéma*, *Lycéens aux cinéma*) und auch mit der vom CNDP [1] herausgegebenen DVD-Sammlung *L'Éden Cinéma* [2]. Die Einrichtung eines pädagogischen Dienstes an der Cinémathèque française erfolgte 1993 aus derselben Einsicht.

Welche Rolle kann ein Filmmuseum in einer Zeit spielen, in der jeder auf eine grenzenlose virtuelle Kinemathek zugreifen kann? Es kann zeigen, was die Werke der Vergangenheit mit denen der Gegenwart verbindet; es kann einen Austausch ermöglichen und Filme miteinander in Dialog bringen: Mit dem Filmprogramm der Cinémathèque française, ihren Ausstellungen und pädagogischen Angeboten wird genau dieser Ansatz verfolgt. Denn hier wird das Kino in seiner Vielfalt an Epochen, Genres und Produktionsbedingungen als Einheit begriffen: Stummfilme der 1920er Jahre kommen mit zeitgenössischem Kino in Berührung, experimentelle Filmessays kreuzen B-Pictures, der Autorenfilm trifft auf das Massenkino. So kann ein Filmmuseum Orientierungspunkte liefern, die zum Verständnis der Geschichte der darstellenden Bilder heute nötiger sind als je zuvor.

Zwar war die Cinémathèque française schon immer eine Schule, jedoch eher eine, in die man ging, wenn man die Schule schwänzte: Man hatte die Zeit, die man dort verbrachte, gestohlen, sie war kostbar. Mit der Schaffung eines pädagogischen Dienstes in der Cinémathèque stellte sich nun die Frage: Wie kann man die affektiv-persönliche Beziehung zum Film bewahren, die vergangenen Generationen, die das Kino quasi heimlich entdeckt hatten, so wichtig war? Und wie kann man das mit einer auf Wissensvermittlung ausgerichteten Institution in Einklang bringen? Mit anderen Worten: Wie macht man aus dem Kino ein Studienobjekt, ohne den sinnlichen Zugang zu den Filmen zu opfern?

Der Ruf der Cinémathèque française als eines Tempels des Kinos, der von der Aura des Filmstreifens umflort ist, könnte Lehrer sicherlich dazu bewegen, sie mit ihren Klassen zu besuchen. Aber er stellt auch ein großes Risiko dar: Die Schüler könnten Gefahr laufen, von den ihnen vorgeführten »Meisterwerken« unberührt zu bleiben und keine Verbindung zu den Filmen herzustellen, die sie persönlich mögen und die ihre eigene Cinephilie ausmachen. Es war also unser Ehrgeiz, aber auch unsere Schwierigkeit, eine lebendige, nicht einschüchternde Entdeckung des Kinos und der Sammlungen der Cinémathèque mit einem Bezug zur Gegenwart und den heutigen Kinomachern zu ermöglichen. Dieses Publikum durfte nicht mit einem schweren, symbolischen Filmerbe aus Werken, die man im Museum zu bewundern hat, erschlagen werden. Aber wie kann eine solche Vermittlung aussehen?

Die Begegnung mit dem Kino ist heute keine Selbstverständlichkeit mehr, sie muss mit viel Geschick orchestriert werden. Es reicht nicht mehr aus, einfach nur Filme vorzuführen. Und genau hier setzt ein wichtiger Teil unserer Arbeit an: Wir suchen nach Vermittlungsformen, die die Neugierde wecken, den kinematografischen Horizont erweitern und Verbindungen zwischen Filmen herstellen, die aber auch die Aufmerksamkeit der Kinder schärfen und ihnen Lust darauf machen, sich die Dinge einmal näher anzusehen. Es geht darum, sie spüren zu lassen, dass in dem Maße, in dem sich der Geschmack entwickelt, auch das Vergnügen als Zuschauer wächst.

Dabei tragen wir eine große Verantwortung: Die Mehrzahl der Kinder, die an unseren einführenden Film-Workshops teilnehmen, haben keine Erfahrung mit Kultur; sie besuchen die Cinémathèque française nicht in ihrer Freizeit, sondern kommen nur dank des Einsatzes motivierter Lehrer zu uns. Diese einmalige Gelegenheit einer Begegnung mit Filmen, die sie wahrscheinlich nie wieder zu sehen bekommen, dürfen wir nicht ungenutzt verstreichen lassen. Deshalb verfolgen wir mit unserer Arbeit zwei Richtungen: einerseits die Verbindung von Theorie und Praxis und andererseits das In-Beziehung-Setzen von Filmausschnitten zu unterschiedlichen Motiven.

Von unseren Angeboten werde ich hier nur die Bereiche vorstellen, die meiner Meinung nach in Bezug auf unseren Ansatz am aufschlussreichsten sind, da sie die relevanten pädagogischen Fragen verdeutlichen: das Projekt *Le Cinéma, cent ans de jeunesse* (*Das Kino, hundert Jahre jung*), die einführenden Film-Workshops und die Buch-Reihe *Atelier cinéma* für junge Cinephile.

Die kreative Praxis

Es ist für ein Archiv keineswegs ein »natürlicher« Vorgang, einen filmpraktischen Ansatz zu entwickeln. Vertraut ist die Cinémathèque française seit jeher lediglich mit dem Schreiben und Reden über Filme. Mit der Einrichtung des pädagogischen Dienstes haben wir aber dennoch von Anfang an diesen neuen, praxisorientierten Ansatz umgesetzt. Damit hatte keiner gerechnet, das machte Schluss mit dem Bild der Cinémathèque als »Hüterin der Schätze der Vergangenheit« – umso besser!

Wir haben uns für das praktische Experimentieren entschieden, weil es die Möglichkeit bietet,

jedes einzelne Kind, jeden einzelnen Jugendlichen einzubeziehen und dazu zu bringen, sich in einer neuen Ausdrucksform individuell zu entdecken. Dank ihrer Fotoapparate, Minikameras und Computer-Schnittprogramme verfügen heutige Schüler schon über eine gewisse Erfahrung im Filmemachen. Das weckt ihren Sinn für die Möglichkeiten und ihre Neugierde. Doch ihre spontane und zufällige Erfahrung muss von einer Praxis abgelöst werden, die sie mit Reflexion und Methodik verbindet.

Zudem ist die filmische Praxis auch eine wertvolle Hilfe für den Pädagogen. Das praktische Experimentieren fördert die Sensibilität der Schüler für die unterschiedlichen filmischen Parameter (Licht, Ton, Schnitt …) und verhilft ihnen zu einer aktiven Haltung gegenüber dem Film: »Warum wurde die Kamera dorthin gestellt? Wie hat er/sie das gemacht, dass man das hören kann? An seiner / ihrer Stelle hätte ich das nicht so schnell gezeigt …« Dabei spielt es keine Rolle, ob es alte oder aktuelle Filme sind, jedes Werk wird durch solche Fragen wiederbelebt und erhält seine Chance.

Gleich mit den ersten Workshops hat sich die Verbindung zwischen Analyse und Praxis als vorteilhaft erwiesen. So haben wir zum Beispiel im Einführungsworkshop *Monter/rhythmer* dt. Schnitt/ Rhythmus) sehr schnell festgestellt, dass die Schüler besser mitarbeiten und ein gesteigertes Verständnis für Filmanalyse haben, wenn sie sich vorher in einer praktischen Übung am Computer – oder besser noch am Schneidetisch – ganz real an einem Anschluss zweier Einstellungen versuchen durften. Sobald sie selbst einmal mit den Komplexitäten des Schnitts konfrontiert waren, mit der Art und Weise, wie Raum und Zeit im Kino konstruiert werden, können sie sich für die Entscheidungen der einzelnen Regisseure interessieren. Ohne diese noch so kurze Zeit des praktischen Experimentierens bliebe die Vorstellung von Filmausschnitten zu dem Thema für sie etwas Abstraktes.

Diese Dialektik von Sehen und Machen inspiriert seitdem all unsere Angebote und führte zum Aufbau eines audiovisuellen Sektors speziell für den pädagogischen Dienst. In diesem Zusammenhang möchte ich hier eines der bedeutendsten Projekte ansprechen *Le Cinéma, cent ans de jeunesse*, das seit 1995 von der Cinémathèque française geleitet wird. Jedes Jahr bestätigen uns die rund 30 Modell-Projekte, die in ganz Frankreich und seit 2005 auch in Spanien, Portugal und Italien stattfinden, wie unersetzlich das praktische Experimentieren ist, um die Entscheidungen, die beim Drehen eines Films getroffen werden, bewusst zu machen.

Warum ist dieses Projekt exemplarisch? Weil es in der Lage war, über die Dauer von mittlerweile 15 Jahren eine kleine Gemeinschaft zu etablieren und zu erhalten, in der Kinoschaffende, Lehrende und Vertreter kultureller Einrichtungen (Archive, Vereine, Kinos …) zusammenkommen, die alle von dem Wunsch beseelt sind, über Filmpädagogik nachzudenken und zu experimentieren. Jedes Jahr wird eine neue Fragestellung ausgewählt, für die sich die Gruppe Spielregeln und Übungen ausdenken muss, die dann in den Workshops auf die Probe gestellt werden. Diese Workshops betreffen Klassen aller Altersgruppen (7 bis 18 Jahre) und aller Schulformen. Grundschule, Sekundarstufe 1 und Sekundarstufe 2 sind gleichermaßen vertreten; die Schüler kommen aus Großstädten und Dörfern, von allen Schulniveaus und aus allen soziokulturellen Schichten. Wenn zum Ende des Schuljahrs alle Teilnehmer in der Cinémathèque zusammenkommen, um ihre Arbeiten zu präsentieren, sind wir neben der Qualität der Filme immer wieder von dem Niveau erstaunt, das nach den Filmvorführungen in den Gesprächen und Fragen zum Ausdruck kommt. Diese Qualität verdanken wir der großen (sozialen, sprachlichen, geografischen und professionellen) Bandbreite an Teilnehmern, der Tatsache, dass für alle dieselben Spielregeln gelten, die sie im Herstellungsprozess vor dieselben Entscheidungen gestellt haben, und schließlich der echten Kinoerfahrung, von der die Filme zeugen.

Le Cinéma, cent ans de jeunesse war als Avantgarde gedacht; wir hoffen nun, dass die Erfahrungen, die im Laufe dieser 15 Jahre gemacht wurden, die Werkzeuge und die Ergebnisse, die erarbeitet wurden, verbreitet werden und anderen Einrichtungen und Projekten zugutekommen können [3]. Wie es bei dem 35mm-Film JEUNES LUMIÈRES (1995; R: Nathalie Bourgeois) der Fall war, der 1995 produziert und in die Kinos gebracht wurde: eine 60-minütige Montage von »Lumière-Aufnahmen«, die Schüler/innen im Alter von 7 bis 18 Jahren im Rahmen von *Le Cinéma, cent ans de jeunesse* gedreht haben.

Les Ateliers d'Initiation (dt. Die Workshops zur Einführung)

Ich möchte jetzt von einem anderen Ansatz berichten, den wir in unseren Einführungsworkshops verfolgen, und zwar in den theoretisch ausgerichteten Workshops, die wir von den praxisorientierten unterscheiden. Die Zielgruppe der Workshops, die ein recht neuartiges Angebot darstellen, reicht vom Kindergartenkind bis zum Studenten.

Viel zu oft erwarten Museen und andere Kultureinrichtungen von ihrer pädagogischen Abteilung nicht mehr als einen Massenbesuch durch Schulen. In diesen Einrichtungen ist eine Kluft zu beobachten zwischen »qualitativen«, auf die gelehrte Welt ausgerichteten Aktivitäten und der sogenannten »Popularisierung«. Trotz der spektakulären Zunahme an Aktivitäten seit ihrem Umzug in die Rue de Bercy empfängt die Cinémathèque française jedoch weiterhin nur eine einzige Schulklasse pro Workshop. Die Einführungsveranstaltungen haben für den pädagogischen Dienst weiterhin die Funktion eines Forschungslabors. Das heißt, dass wir dort neue Vermittlungsformen erproben und uns in der Gruppe die Zeit zur kritischen Rückschau auf diese Experimente nehmen. Die Gruppe umfasst das neunköpfige pädagogische Team plus die *Conférenciers*. Das sind pro Jahr ungefähr zehn Filmwissenschafts- oder Filmpädagogikstudenten sowie einige Filmschaffende (Cutter, Kameraleute, Tonmeister), die von der Cinémathèque für die Leitung solcher Veranstaltungen ausgebildet wurden.

Die theoretischen Workshops basieren auf einer Zusammenstellung von Filmausschnitten zu einzelnen Motiven oder Fragestellungen der Filmsprache, zum Beispiel: *Grand/petit* (dt. groß/klein), *La foule* (dt. die Menge), *Le dialogue amoureux* (dt. der Liebesdialog), *Les créatures fantastiques* (dt. Fantastische Kreaturen), *Un chat de cinéma* (dt. eine Kinokatze), *Les rebelles* (dt. Rebellen), *Filmer le repas* (dt. Essen filmen), *Atmosphères* (dt. Atmosphären). Oder auch: *Le plan* (dt. die Einstellung), *La peur* (dt. Angst), *Ecouter les films* (dt. Filmen zuhören) usw. Ihre Themen sind von unseren »Kino-Reflexionsbaustellen« inspiriert, von *Le Cinéma, cent ans de jeunesse*, vom Filmarchiv der Cinémathèque française und vor allem von den Wechselausstellungen. Insgesamt ermöglichen die 15 Workshops, die wir aktuell im Angebot haben, alle Facetten des Kinos kennenzulernen.

In diesen Workshops werden die in einer bestimmten Abfolge aufeinander bezogenen Filmausschnitte in einem Kinosaal in Gegenwart eines *Conférenciers* vorgeführt. Es kann nicht genug betont werden, wie wichtig es für den Workshop ist, dass die Schüler die Ausschnitte unter den spektakulären Bedingungen einer echten Filmprojektion sehen. Der Saal *Lotte Eisner* der Cinémathèque française ist ausschließlich diesem Zweck gewidmet. Nach jedem Filmausschnitt lädt der *Conférencier* die Schüler ein, auf das Gesehene zu reagieren. Dabei schärft er ihre Aufmerksamkeit und ihre Beobachtungsgabe und regt sie durch Fragen dazu an, selbst herauszufinden, was die heiklen Punkte bei der Regie waren. Dank ihrer Einfachheit ist diese Herangehensweise gleichermaßen für Studenten wie für Gymnasiasten oder Erstklässler geeignet.

»Eine Partie Kino«

Wenn wir den Klassen zu Beginn der Vorführung die Spielregeln des Workshops erklären, bringt sie das manchmal aus der Fassung. Vor allem die Lehrer machen sich Sorgen, ob die Aufnahmefähigkeit und die Reaktionsbereitschaft der Schüler über zweieinhalb Stunden, die durchschnittliche Dauer eines Workshops, anhält. Es handelt sich allerdings nicht um Unterricht, sondern tatsächlich um eine Einführung: Die »Workshops« sind weder Vorträge noch »Filmunterricht«. Die Schüler machen sich auch keine Notizen. Weil wie in den praxisorientierten Workshops die aktive Beteiligung der Schüler gefordert ist, stellt die Dauer kein Problem dar, sondern sie ist vielmehr notwendig, damit etwas entstehen kann. Denn die Workshops ähneln eher einem sportlichen Austausch, einem Spiel: So wie man eine Partie Tennis spielt, spielen hier der *Conférencier* und die Filme mit den Schülern »eine Partie Kino«. Und wenn auch nicht jeder einzelne Schüler zu Wort kommt, ermuntert der Workshop doch die Gruppe, die Gemeinschaft zur Teilnah-

me. Der Erfolg des Workshops hängt demnach von der Qualität des Austauschs zwischen *Conférencier* und Klasse ab.

Jede Partie läuft auf einzigartige Weise ab und erfordert von den »Mitspielern« große Geistesgegenwart und schnelle Auffassungsgabe. Speziell vom *Conférencier*, der – wie man sich denken kann – nicht dazu da ist, Wissen vorzutragen, sondern, gestützt auf die Reaktionen der Kinder, dieses Wissen herauszuarbeiten: Jedes Mal wird eine andere Partie gespielt.

Warum haben wir uns für Filmausschnitte entschieden? Der Filmausschnitt bietet viele Vorteile: Dank seiner Kürze ermöglicht er es, in begrenzter Zeit mehrere Filme zu behandeln. Er überrascht und unterläuft dadurch Vorurteile gegenüber »alten Schwarzweißfilmen«: Wir sind auf Anhieb mitten im Filmgeschehen. Er erlaubt es auch, einem Publikum, für das der Film als Ganzes noch nicht geeignet wäre, zu bestimmten Themen exemplarische Sequenzen vorzuführen, wie zum Beispiel bei den Filmen von Orson Welles und Stanley Kubrick, die wir Kindern im Workshop *Grand/petit* vorführen. Und last but not least macht er den jungen Zuschauern manchmal wahnsinnige Lust, sich den kompletten Film anzusehen.

Die Auswahl der Filmausschnitte ist die Basis des gesamten Gebäudes. Eine wohlüberlegte Abfolge kann tatsächlich den Verständnisprozess der Schüler beschleunigen und somit wertvolle Zeit für diese kurze Begegnung gewinnen. Wir wählen Ausschnitte, die historisch und manchmal auch ästhetisch weit auseinanderliegen. Um von einer filmischen Welt zur nächsten zu springen, bedarf es geistiger Beweglichkeit, wobei die Spannbreite von Workshop zu Workshop unterschiedlich ausfällt. Aber durch das Herausfinden von motivischen Gemeinsamkeiten treten die Unterschiede zwischen den Filmen umso deutlicher hervor. So kann man zum Beispiel den Workshop *Atmosphères*, der sich unter anderem mit dem Wetter im Kino befasst, mit drei Regenszenen beginnen, die – in dieser Reihenfolge – aus LADRI DI BICICLETTE (Fahrraddiebe; 1948; R: Vittorio de Sica), SINGIN' IN THE RAIN (1952; R: Stanley Donen, Gene Kelly) und IN THE MOOD FOR LOVE (2000; R: Wong Kar-wai) stammen. Der Effekt ist, dass die unterschiedlichen Verfahren und ästhetischen Entscheidungen jedes Films unmittelbar sichtbar werden.

Auch auf der DVD *Petit à petit, le cinéma* (dt. Das Kino, Schritt für Schritt), die ich im Rahmen der DVD-Sammlung *L'Éden cinéma* für ganz kleine Kinder realisiert habe, biete ich neben einem Filmkorpus mehrere Verkettungen von Ausschnitten aus allen möglichen Filmen an. Diese Montagen sind sehr frei konzipiert, nach inhaltlichen oder aber poetischen und amüsanten Übereinstimmungen: *Abracadabra* (dt. Abrakadabra), *Ribambelles* (dt. Mengen), *Sale temps!* (dt. Sauwetter!), *Grand/petit* (dt. groß/klein), *Félins* (dt. Katzen), *Chevaux* (dt. Pferde), *Ralentir/accélérer* (dt. Verlangsamen/Beschleunigen), *Rencontres* (dt. Begegnungen), *Chutes* (dt. Stürze) usw.

Die Abfolge der Ausschnitte erfolgt jeweils nach signifikanten Übereinstimmungen, nicht in chronologischer Reihenfolge gemäß einer »Entwicklung« der Filmsprache. Für die Kinder, die zwischen zwei alten Filmen zu ihrer Überraschung auf einmal einen ihnen bekannten, zeitgenössischen Film entdecken, ist die Abfolge der Filme verblüffend. Im Workshop *Créatures fantastiques* treffen NOSFERATU (1922; R: F.W. Murnau) und VAMPYR (1932; R: Carl Theodor Dreyer) auf EDWARD SCISSORHANDS (Edward mit den Scherenhänden; 1990; R: Tim Burton) und ALIEN (1979; R: Ridley Scott). In dieser ungewohnten Gesellschaft wird der bekannte Film in neuem Licht gesehen.

Der Filmausschnitt dient nicht dazu, die Worte des *Conférenciers* zu illustrieren oder eine Hypothese zu untermauern (wie es viel zu häufig vorkommt). Der Ausschnitt ist der Ausgangspunkt. Er wird vom *Conférencier* nur knapp eingeführt, um die Freiheit des Blicks zu bewahren. Alles spielt sich im Gespräch nach der Vorführung ab.

Wie wird über die Filmausschnitte gesprochen? Gleich zu Beginn fragt man die Schüler, welche Assoziationen der Titel des Workshops bei ihnen auslöst. Nach und nach entdecken wir, was an diesem speziellen Motiv interessant ist und was wir vom Kino verstehen können, wenn wir über das Wetter oder das Verhältnis von Groß zu Klein sprechen. Der *Conférencier*, der sich nicht als »Wissender« präsentiert, wendet sich »von gleich zu gleich« an die Kinder. Das Thema des Workshops scheint von

ihm bestimmt, und sein Interesse daran gibt die Richtung vor.

Die Schüler sollen die Ausschnitte wie für sie vorbereitete Überraschungen entdecken, der *Conférencier* hingegen muss genau wissen, warum er von einem Ausschnitt zum nächsten wechselt. Er muss alle Übereinstimmungen zwischen den Filmen im Blick und alle Informationen zu jedem Filmausschnitt im Kopf haben. Die anscheinende Leichtigkeit des Workshops verlangt – wie so oft – eine arbeitsintensive Vorbereitung.

Damit die Schüler ein Bewusstsein dafür entwickeln können, was sie empfinden, aber nur schwer in Worte fassen können, müssen die richtigen Fragen gestellt werden. Die Fragen sind der Ausgangspunkt für die Schüler. Für den *Conférencier*, der einen Workshop vorbereitet, sind sie aber der Zielpunkt. Es dürfen nicht nur pro forma Fragen gestellt werden, mit denen die Schüler nichts anfangen können, wie: »Was haltet ihr von dem, was ihr gesehen habt?« Die Fragen müssen präzise formuliert sein und Grundlagen für theoretische Ansätze bieten.

Zunächst stützen wir uns auf die Beobachtung, die Beschreibung, um dann zu unseren Eindrücken zu kommen. Die Schwierigkeit in der Phase der Beschreibung liegt darin, den Kindern nicht nur das Sehen und Zuhören beizubringen, sondern gleichzeitig auch die Absichten des Regisseurs, den kreativen Akt herauszuarbeiten, ihnen ein Verständnis für all die Entscheidungen zu vermitteln, die beim Dreh dieses Filmausschnitts getroffen werden mussten.

Ohne vereinfachend zu sein, bleiben unsere Fragen doch immer sehr einfach, was ein älteres Publikum zunächst verwundern kann. Die Frage »Was sieht man?« (in der beschreibenden Phase) verweist auf eine Frage, die den Kindern nicht geläufig ist, die uns aber als roter Faden dient: »Wo steht die Kamera?«, eine Frage, die wiederum mehrere andere in sich birgt: »Wo hätte man sie noch hinstellen können? Wie sähe das aus? Warum glaubt ihr, dass man sie da hingestellt hat?« Wir stellen den Kindern Fragen, die sich der Regisseur mit Sicherheit auch gestellt hat: Das ist für alle eine echte Entdeckung.

Wenn die Betrachtung interpretierend wird, gibt es auf viele Fragen unterschiedliche und zum

Groß und Klein (1): FORT APACHE (1948; R: John Ford)

Teil unerwartete Antworten. Der Frage, »Was glaubt ihr, was der Regisseur ausdrücken wollte?«, schließen wir meist noch die folgende an: »Woran sieht man das?« Subjektivität muss immer mit Bildelementen begründet werden. Das kann manchmal zu Meinungsverschiedenheiten in der Klasse führen. Aber abweichende Meinungen, die motiviert sind, werden akzeptiert.

Bei dieser Mäeutik [4] kommt es hauptsächlich auf das aktive und wohlwollende Zuhören des *Conférenciers* an. Denn es geht nicht nur darum, die Fragen gut zu formulieren, man muss auch auf die Antworten hören. Wenn die Schüler das Spiel richtig spielen, werden ihre Antworten niemals belanglos sein, sondern das Thema immer bereichern.

Nach der Hälfte des Workshops wissen die Schüler jetzt, was wir in Bezug auf das Thema suchen, und sie sind in der Lage, den Fragen zuvorzukommen. In den unteren Klassen sind die Finger meist schon oben, wenn nach der Vorführung eines Filmausschnitts das Licht im Saal wieder angeht. In diesem Fall geht der *Conférencier* von ihren Beiträgen aus, um zu sagen, was er zu sagen hat. Wenn ein Element in mehreren Beispielen auftaucht, sollte der *Conférencier* darauf warten, dass die Schüler es selbst bemerken, bevor er es anspricht. Was oft schon beim zweiten Auftauchen der Fall ist. Dann müssen wir uns fragen, wo es uns schon einmal begegnet ist. Denn im Kinosaal kann nicht einfach zurückgespult werden, um »auf Knopfdruck« Beweise vorzulegen. Was den Vorteil hat, sich das Gesehene

wieder ins Gedächtnis zurückrufen zu müssen. Das regt der *Conférencier* öfter an: »Erinnert ihr euch daran, wie ...?«

Ideal ist es zweifellos, wenn der *Conférencier* sich wirklich auf die Bemerkungen der Schüler stützen kann, um Dinge zu präzisieren, neue Fragen zu stellen und – warum nicht? – in eine völlig neue Richtung vorzustoßen. Die Schüler spüren dann, dass ihre Antworten auch nicht bloß pro forma sind, dass sie damit die Überlegungen vorantreiben. Alle müssen sich gemeinsam darum bemühen, Hinweise aufzuspüren für das, was manchmal zu einer »Ermittlung« wird.

Die abschließende Rekapitulation ist entscheidend für den Workshop. Sie erlaubt es den Teilnehmern, alle entdeckten Punkte noch einmal zu erfassen und sich gleichzeitig all dessen bewusst zu werden, was dabei *en passant* gelernt wurde. Wir greifen filmische Fachbegriffe auf, die erwähnt wurden und die den Schülern mittlerweile vertraut sind. Dabei handelt es sich um die grundlegenden Begriffe in Bezug auf das Thema des Workshops, diejenigen, die sich als unverzichtbar erwiesen haben, um eine Idee auszudrücken. Es ist keineswegs nötig, das ganze Vokabular zu lernen, sämtliche Einstellungsgrößen und Kamerabewegungen zu kennen, um über einen Film sprechen zu können.

Zum Abschluss verlangt diese besondere Erfahrung eine Weiterführung: entweder gemeinsam, mit dem Lehrer, beispielsweise durch die Sichtung eines Films in voller Länge in der Cinémathèque oder anderswo, oder individuell, wenn die Schüler Lust entwickeln, selbst Verbindungen herzustellen zu den Filmen, die sie gerne sehen und die ihre Cinephilie ausmachen.

Oft stellen sich Lehrer anhand mehrerer Workshops eines Jahres ein Filmprogramm zusammen. Auch für sie sind die Workshops eine Ausbildung in Filmanalyse. Es gibt sehr viele, die Jahr für Jahr mit ihren neuen Klassen wiederkommen. Speziell für Lehrer gibt es ein Merkblatt, auf dem die angesprochenen Fragen zusammengefasst sind und wir Vorschläge für weiterführende pädagogische Fährten machen. Um die Spontaneität der Veranstaltung zu bewahren, ziehen wir es aber vor, ihnen dieses Blatt erst nach dem Workshop auszuhändigen. Die von der Cinémathèque mitherausgegebenen Bücher der Reihe *Atelier Cinéma* (dt. Workshop Kino) können ihnen ebenfalls von Nutzen sein, da sie direkt von den Workshops inspiriert sind.

Der Workshop *Grand/petit*

Ich möchte jetzt exemplarisch einen Workshop in allen Etappen vorstellen, und zwar den Workshop *Grand/petit*, der Schülern von der ersten bis zur siebten Klasse angeboten wird (Altersgruppe 6 bis 12 Jahre). Das Motiv der Größe ist besonders interessant, weil es allgemeine Erfahrungen aufgreift und gleichzeitig an die Wurzeln des Kinos selbst rührt. Für meine Darstellung werde ich mich hier nur auf eine Auswahl der im Workshop gezeigten Filmausschnitte stützen – in Wirklichkeit zeigen wir in den zweieinhalb Stunden des Workshops insgesamt ungefähr 50 Minuten lang Filmausschnitte.

1. Wir beginnen damit, uns die Auswirkungen der Filmapparate bewusst zu machen, die das Dargestellte zweifach verändern: Die Filmaufnahme verkleinert, die Projektion vergrößert alles. Zur Verdeutlichung greifen wir auf die Projektion von Platten der Laterna magica zurück und lassen Stücke von Filmstreifen herumgehen.

2. Anschließend projizieren wir Abbas Kiarostamis Zehnminüter NAN VA KOUTCHEH (Das Brot und die Straße; 1970; vgl. Film clip no. 12). Weil er sehr einfach gefilmt und darin den Anfängen der Filmgeschichte oder von Kindern gedrehten Filmen ähnlich ist, können wir anhand dieses Kurzfilms alle

Groß und Klein (2): IT'S ALL TRUE
(1941; R: Orson Welles)

grundlegenden Fragen ansprechen. Der Regisseur hat das Abenteuer eines kleinen Jungen zwischen den hohen Mauern eines iranischen Dorfes gefilmt, der sich nicht traut, an einem Hund vorbeizugehen.

Dies sind, ganz unsortiert, einige Fragen, die man den Kindern stellen kann:

»Welches Problem hat der kleine Junge? Wie schafft er es, da rauszukommen?

Wenn die Kamera ihm zu Anfang des Films folgt, ändert sich da seine Größe auf der Leinwand? Wenn wir den kleinen Jungen nicht ganz sehen, was sehen wir dann von ihm? Weswegen hat sich der Regisseur entschieden, uns diesen Körperteil zu zeigen?

Warum wartet die Kamera darauf, dass der alte Mann vom Ende der Straße kommt? In welchem anderen Moment nimmt die Kamera die Position des kleinen Jungen ein?

Groß und Klein (3): THE SHINING (1980; R: Stanley Kubrick)

Die Kamera kann eine Figur begleiten, ihr folgen oder ihr vorausgehen. Was empfinden wir jeweils dabei?«

Wir sprechen Fragen der Kameraeinstellung und der Einstellungsgrößen an. Die Frage, ob etwas groß oder klein ist, ist eng verknüpft damit, ob etwas nah oder fern ist: »Warum wird etwas aus der Nähe gefilmt? Warum fährt die Kamera zurück?«

Wir fragen uns nach den Gründen für Großaufnahmen: Die Kamera nähert sich dem kleinen Jungen, damit wir ihn, sein Aussehen und seine Gefühle besser erkennen können. Oder um uns einen für die Erzählung wichtigen Hinweis zu geben (der alte Mann ist schwerhörig).

Wir kommen auf die den gesamten Workshop über präsente Frage nach dem Raum zu sprechen. Aus der Ferne zu sehen bedeutet, alles zu sehen,

einen Überblick zu haben: Dadurch kann der Szenenaufbau positioniert, lokalisiert werden (hier zum Beispiel die engen Gassen des Dorfes). Darauf folgende Großaufnahmen sind mit dem, was außerhalb ihres Bildfeldes liegt, aufgeladen: Wir wissen, wo es stattfindet, wir erinnern uns daran, auch wenn wir es gerade nicht sehen.

3. Der folgende Ausschnitt bringt uns zu Überlegungen über Größenverhältnisse innerhalb des Bildrahmens. Es handelt sich um einen ganz kurzen Ausschnitt aus einem Western: die ersten Minuten von John Fords FORT APACHE (Bis zum letzten Mann; 1948). Wie kann man gleichzeitig zwei Dinge so unterschiedlicher Größe filmen, wie eine Landschaft und eine Figur? Wir appellieren hier an die Fotoerfahrungen der Kinder: »Wenn man jemanden vor einem Denkmal fotografieren

will, wohin stellt man sich da?
Wenn man den Jemand erkennen
will? Und wenn man das Denkmal
ganz sehen will?« Wir fordern die
Kinder auf, darauf zu achten, wie
beide Möglichkeiten im Film durch
den Effekt alternierender Schnitte
zwischen der Postkutsche und der
unermesslichen Weite des Felsen-
tals, durch das die Kutsche fährt,
miteinander verwoben sind. Das
führt uns zur Interpretation: »Welchen Eindruck kann es machen,
jemanden ganz klein in einer riesigen Landschaft zu sehen?« Antwort: »Der hält sich für wichtig,
ist es aber nicht. Er ist verlassen,
verloren usw.«

4. Fragen der Perspektive behandeln wir anhand einer kurzen
Sequenz aus dem Film IT'S ALL TRUE
von Orson Welles (1941) [5], die
wie eine in sich geschlossene Einheit funktioniert: Ein ganzes Dorf
nimmt an einer Beerdigung teil, der
Leichenzug geht im Zickzack über
schroffe Berge. Dank der enormen
Schärfentiefe kontrastiert die Größe der Menschen im Vordergrund
heftig mit denjenigen, die die Pro-
zession weit entfernt im Hintergrund beschließen. »Wo steht die
Kamera, um den Eindruck zu vermitteln, wir sähen gleichzeitig Rie-
sen und Zwerge? Weshalb dieser
markante Blickwinkel?« Der Film

Groß und Klein (4): KING KONG (1933; R: Ernest B. Schoedsack,
Merian C. Cooper); THE INCREDIBLE SHRINKING MAN (1957;
R: Jack Arnold)

ist eine erste Annäherung an Geschichten von ex-
tremer Verkleinerung und Vergrößerung.

5. Der nächste Ausschnitt stammt aus Stanley Kubricks THE SHINING (1980). Wir bearbeiten die Sequenz, in der der Vater sich über das
Modell eines Labyrinths beugt; in Aufsicht nähern
wir uns dem Labyrinth, in dem wir kleine Männ-
chen zu entdecken meinen ... und finden schließlich in Lebensgröße das Kind mit seiner Mutter,
die durch das Labyrinth gehen. Die Abfolge der
Einstellungen hat zur Folge, dass man am Ende

nicht mehr weiß, wo man ist: im Modell oder in
der Realität? Das Unbestimmbare dieser letzten
Einstellung spaltet oft die Klassen. Wir versuchen
uns vorzustellen, wie der Regisseur das Labyrinth
hätte filmen müssen, um keinen Zweifel aufkommen zu lassen. Was dazu führt, uns die Funktion
der Montage bewusst zu machen, und dass es der
Gegenschuss auf einen Blick ist, der den Zuschauer in die Irre führt. Denn dies ist ein klassisches
Element des Filmmontage: Jemand betrachtet etwas, das außerhalb des Bildfeldes liegt. Was sehen

wir in der nächsten Einstellung? Das, was er betrachtet. Indem sie herausfinden, was üblicherweise gemacht wird oder was hätte gemacht werden können, verstehen die Schüler die Entscheidung, die getroffen wurde und die hier eine Verunsicherung erzeugt.

Groß und Klein (5): NORTH BY NORTHWEST (1959; R: Alfred Hitchcock)

An diesem Punkt des Workshops sollte eine Pause eingelegt und rekapituliert werden, was wir schon alles betrachtet haben: die Projektion, den Blickwinkel, die Einstellungsgrößen, die Wirkung der Perspektive, die Montage, der Einsatz von Modellen, wie der Zuschauer getäuscht wird. Ausgestattet mit diesen neuen Werkzeugen widmen sich die Schüler im zweiten Teil des Workshops einem Filmgenre, das ihnen vertrauter ist: dem fantastischen Film mit seinen Special Effects.

6. Weiter geht es mit zwei Filmen, die sich entsprechen: KING KONG von Ernest B. Schoedsack und Merian C. Cooper (King Kong und die weiße Frau; 1933) und THE INCREDIBLE SHRINKING MAN von Jack Arnold (Die unglaubliche Geschichte des Mister C.; 1957; vgl. Film clips 13 u. 14). Nachdem wir Ausschnitte aus beiden Filmen gesehen haben, spüren die Schüler die verschiedenen Verfahren zum Tricksen mit der Größe auf: »gebaute« Trickaufnahmen mit Modellen und vergrößerten Dekors, Effekte wie Rückprojektion oder Kasch oder Trickaufnahmen, die mit den Prinzipien der Wahrnehmung spielen, wie Froschperspektive und Montage. In diesem Stadium können die Kinder dank der gesehenen Filmausschnitte und vorgestellten Begriffe die Dinge tatsächlich schon selbst in die Hand nehmen; sie können versuchen zu rekonstruieren, wie die Filmcrew während der Dreharbeiten mit einem 50 Zentimeter großen Plüsch-King-Kong herumhantiert hat.

7. Anschließend bieten wir den Schülern an, je einen weiteren Ausschnitt dieser beiden Filme, die aufeinanderfolgend gezeigt werden, zu sehen und sie über Kreuz zu kommentieren. Beide Ausschnitte präsentieren dieselbe Handlung: In einem Umfeld ohne Größenmaßstab taucht durch das Fenster plötzlich eine Gefahr auf. In KING KONG ist es der Riesenaffe, der seine Klaue ins Zimmer streckt, um die junge Frau zu ergreifen, in THE INCREDIBLE SHRINKING MAN ist das Monster, das nur seinen Kopf zeigt, nichts anderes als eine im Verhältnis zum Puppenhaus riesige Katze.

Angesichts der lebhaften Reaktionen auf Jack Arnolds Film, der uns über unsere Wahrnehmung im Zweifel hält und mit der beunruhigenden Fremdheit des Gewohnten spielt (die zum brüllenden Monster gewordene Katze), stellen wir Fragen zum Gehörten: Wenn wir die Katze in dieser Szene wie einen Löwen brüllen hören, dann, weil der Zuschauer sich mit der auf die Größe einer Maus geschrumpften Hauptfigur identifiziert, weil er nicht nur ihre visuelle, sondern auch ihre auditive Perspektive einnimmt.

8. Der Workshop endet schließlich mit einem ziemlich langen Ausschnitt eines Films einer ganz anderen Gattung, des Spionagefilms. Wir entdecken eine Sequenz aus dem Ende von NORTH BY NORTHWEST von Alfred Hitchcock (Der unsichtbare Dritte; 1959): die Verfolgungsjagd am Mount Rushmore. Dieser Ausschnitt setzt vier unterschiedliche Größen in Szene (die riesigen Präsidentenköpfe des Mount Rushmore, die Darsteller, die Statuette, den in der Statuette versteckten Mikrofilm) und greift zahlreiche Punkte auf, die während des Workshops betrachtet wurden.

Wenn das Licht wieder angeht, hat der Saal das Wort, und der *Conférencier* muss alle Bälle aufnehmen. Denn – und glücklicherweise trifft das auf den gesamten Workshop zu – die Reaktionen auf den Hitchcock-Film gehen weit über das Thema »groß/klein« hinaus!

Die Buchreihe *Atelier cinéma*

Abschließend komme ich auf die Buchreihe zu sprechen, mit denen wir die Ergebnisse unserer experimentellen Workshops über den Rahmen der Cinémathèque française hinaus bekannt machen möchten. Ein weiterer Beweggrund für diese Publikationen war die Feststellung, dass sich Schriften über Filme überwiegend an Erwachsene oder an Lehrer richten. Bislang gibt es in Frankreich kaum Filmbücher für junge Cinephile. Filmbücher für Kinder stellen ihr Thema meistens historisch dar, oder aber es handelt sich um die Herstellung einzelner Filme (hinter den Kulissen von Großproduktionen usw.). Und während sich bei den anderen Künsten eine einfallsreiche Jugendliteratur entwickelt, fällt auf, dass Filmstandbilder in Jugendreihen seltsamerweise nur wenig geschätzt werden. Das verkennt das Vergnügen, das es bereitet, Filmstandbilder zu betrachten, Details zu entdecken und Fotoreihen zusammenzustellen.

Neu ist, dass sich unsere Bücher direkt an Kinder und Jugendliche richten, um einen intimen und individuellen Bezug zum Kino zu ermöglichen. Wir arbeiten anhand von sprachlichen Motiven oder Elementen, die sich von der Erfahrung unserer Workshops herleiten, in denen wir sie haben ausprobieren und verfeinern können. Gleichzeitig bevorzugen wir Themen, über die wir Filme an eine Welterfahrung anbinden können (»groß und klein«, »Angst«, »Entdeckung des Unbekannten«, »Liebe«, »Rebellion« usw.).

Jedes Buch entwickelt einen Parcours, in dem sich Text und Bild entsprechen. Das Reden über Filmausschnitte, worauf die Workshops beruhen, muss übertragen werden: Anstelle der gesehenen Filmausschnitte gilt es jetzt, der Suggestivkraft der Bilder zu vertrauen. Daher wählen wir mit großer Sorgfalt die Bilder aus: Wir bemühen uns jedes Mal um eine neue Bebilderung der Filme, indem wir zahlreiche Fotogramme von sorgfältig ausgewählten Schlüsselmomenten herstellen. Die Texte wurden Autoren übertragen, von denen man einen eigenen Standpunkt erwartet. Die Bücher sind zwar »Jugendsachbücher«, sie erfordern aber verschiedene »Tonfälle« und Herangehensweisen. Es geht uns nicht um die Vermittlung eines neutralen Wissens in der Art von *Was ist was?*-Büchern, sondern um das Vermitteln einer von einem Autor verkörperten Leidenschaft.

Wie in den Workshops wollen wir einen Erwartungshorizont für Filme schaffen, wir wollen Lust darauf machen, sie sich näher anzusehen, Geschmack an der Analyse zu gewinnen und Filme zueinander in Bezug zu setzen. Auch hier ist es nicht nötig, Wissen zur Schau zu stellen. Im Gegenteil: Die Herangehensweise ist unaufdringlich, man soll unbefangen auf die Filme zugehen und beiläufig lernen – wie beim Flanieren von Film zu Film.

Die Entscheidung, Bücher herauszugeben (und nicht online zu publizieren), richtet sich gegen die generelle Ungeduld und stärkt die Aufmerksamkeit. Sie setzt auch auf die Dauer des Buches, das einen jungen Cinephilen über Jahre hinweg bei seinen Entdeckungen begleiten kann. Diese Bücher erschöpfen sich nicht in einer einmaligen Lektüre. Sie fordern Kommentare und Entwicklungen heraus. Dadurch fördern sie auch Gespräche über Filme zwischen Kindern und Erwachsenen oder zwischen Schülern und Lehrern.

Bisher wurden zusammen mit dem Verlag *Actes sud junior* acht Titel in der Reihe *Atelier Cinéma* herausgegeben (siehe Kasten).

Diese kurze Skizze der pädagogischen Angebote der Cinémathèque française möchte ich mit den Worten ihres Gründers Henri Langlois schließen: Es ist am wichtigsten, Kindern zu zeigen, dass Kino »sehr viel mehr ist und sehr viel weiter geht, als es den Anschein hat« [6].

Übersetzung aus dem Französischen:
Andrea Kirchhartz

Anmerkungen

1   Das Centre national de documentation pédagogique untersteht dem Erziehungsministerium (Anm. d. Hg.).

2   Zur DVD-Kollektion *Eden cinéma* siehe auch Alain Bergalas Beitrag in diesem Band (Anm. d. Hg.).

3   Vgl. zu *Le cinéma cent ans de Jeunesse* den Beitrag von Nuria Aidelman und Laia Collel in diesem Band, die das Projekt in Katalonien organisieren.

4   Der griechische Begriff *Mäeutik* (dt. Hebammenkunst) bezeichnet die sokratische Methode, durch geschicktes Fragen die im Partner schlummernden, ihm aber nicht bewussten richtigen Antworten und Einsichten herauszuholen (Anm. d. Übers.).

5   Die Restaurierung von Welles' unvollendeter Dokumentation wurde 1994 auf der Berlinale unter dem deutschen Titel IT'S ALL TRUE – ORSON WELLES AUF EINER REISE DURCH BRASILIEN gezeigt (Anm. d. Übers.).

6   »[Le cinéma] va très au-delà et beaucoup plus loin que ce qu'il nous paraît être.« Henri Langlois anlässlich der Eröffnung des Filmmuseums im Palais de Chaillot, 1973.

Vier Bücher für Kinder:

*   *Les lanternes magiques* (dt. Magische Laternen / Die Laterna Magica) von Élodie Imbeau
*   *Un chat de cinéma* (dt. Eine Kinokatze) von Ghislaine Lassiaz
*   *Grand/petit* (dt. Groß/klein) von Nathalie Bourgeois
*   *Mais où je suis?* (dt. Wo bin ich denn?) von Alain Bergala

Vier Bücher für Jugendliche:

*   *La peur au cinéma* (dt. Angst im Kino) von Emmanuel Siety
*   *Amoureux* (dt. Verliebte) von Charlotte Garson
*   *Rebelles sur grand écran* (dt. Rebellen auf der Leinwand) von Pierre Gabaston
*   *Caméras* (dt. Kameras) von Alain Fleischer

Zum pädagogischen Potenzial kreativer Filmarbeit

Das spanische Schulfilmprojekt *Cinema en curs*

Von Núria Aidelman und Laia Colell

Auf der Treppe des Siegesturmes lebt seit Anfang der Zeiten A Bao A Qu, der für alle Werte der menschlichen Seele empfänglich ist. Im Zustand der Lethargie lebt er auf der ersten Stufe und erfreut sich bewussten Lebens erst dann, wenn jemand die Treppe hinaufsteigt. Die Ausstrahlung des nahenden Menschen flößt ihm Leben ein, und ein inneres Licht geht in ihm auf. Zur gleichen Zeit beginnen sein Körper und seine fast durchscheinende Haut sich zu bewegen. Wenn jemand die Treppe hinaufsteigt, heftet sich der A Bao A Qu gleichsam an die Absätze des Besuchers und steigt mit ihm aufwärts, wobei er sich am Rand der von den Füßen verschiedener Pilgergenerationen glattgetretenen und abgenutzten Stufen hält. Auf jeder neuen Stufe wird seine Farbe kräftiger, seine Gestalt vollkommener, und das Licht, was er ausstrahlt, wird immer leuchtender [...].« [1]

Die Geschichte des A Bao A Qu, von Jorge Luis Borges und Margarita Guerrero 1967 im *Buch der imaginären Wesen* (*El libro de los seres imaginarios*) veröffentlicht, kann wie alle guten Erzählungen als Gleichnis für viele andere Geschichten gelesen werden. Zum Beispiel für die Geschichte desjenigen, der sich der Kunstpädagogik verschrieben hat, also von jemandem, der voller Sehnsucht und Furcht einen Schatz mit anderen teilt. Auch er wartet auf die Gelegenheit, einen potenziellen Pil-

ger auf seinem Weg zu begleiten, an dessen Ende ihn der Ausblick auf eine traumhafte Landschaft erwartet. Diese Landschaft, so viel ist sicher, wird den Besucher durch ihre unvorstellbare Schönheit in ihren Bann ziehen. Im Gegensatz zur Geschichte vom A Bao A Qu fehlt hier jedoch die Treppe: Der Weg muss jedes Mal neu gefunden werden. Dies ist zwar keine leichte, aber dennoch eine notwendige Aufgabe – sowohl für den Besucher als auch für die Landschaft.

Als wir einen Verein mit dem Namen *A Bao A Qu* gründeten, ging es uns um die Verbindung von künstlerischer Kreativität und Bildung mit einer doppelten Zielsetzung: auf der einen Seite Kindern und Jugendlichen ein Entdecken der Kunst zu ermöglichen, und auf der anderen Seite die didaktischen Möglichkeiten der künstlerischen Kreativität selbst auszuschöpfen.

Wir verwenden bewusst den Begriff der künstlerischen Kreativität, denn eines unserer Prinzipien besteht darin, Kunst in der Schule als Schaffensprozess zu vermitteln, sowohl in dem (zweifellos wichtigsten) Moment ihrer Entstehung als auch im Moment der Auseinandersetzung mit Werken bekannter Künstler (Filmemacher, Fotografen, Maler ...). Wir wünschen uns, dass sich an Schulen eine Vermittlung der Kunst etabliert, die diese nicht bloß als »Inhalt« begreift (per definitionem etwas Begrenztes, Eingeschlossenes und damit etwas Kontrollier- und Bestimmbares), sondern als eine Erfahrung, etwas, das uns überwältigt, erstaunt, bewegt, begeistert und rührt. Kunst verspricht Abenteuer.

Der künstlerische Schaffensprozess unterscheidet sich von jeder anderen Tätigkeit, er vermittelt auf ungewöhnliche Weise Kenntnisse und setzt uns mit der Welt, mit uns selbst und mit den Anderen in Beziehung. In der Schulbildung sollte daher das kreative Arbeiten zu einem Verbündeten höchster Priorität werden, wie die folgenden Gesichtspunkte näher erläutern:

1. Künstlerische Kreativität verändert den Blick auf die Wirklichkeit und vergrößert somit unsere Fähigkeit, sie zu bewohnen, sie zu verstehen, sie zu erfahren und sie zu genießen.

2. Künstlerische Kreativität ist eine Ausdrucksweise, die direkt auf ihren Urheber verweist. Die

101

Mittel des künstlerischen Ausdrucks sind zudem vielfältig: Sie können von der Sprache Gebrauch machen, kommen aber auch ohne sie aus. Kunst drückt Gefühle aus, emotionale Zustände und Empfindsamkeiten, die auf andere Weise nicht vermittelbar sind.

3. Künstlerische Kreativität wirft uns auf unsere Subjektivität zurück. Sie zeigt uns das bis dahin Übergangene und lässt uns obendrein unserer eigenen (und einzigen) Sensibilität gewahr werden.

4. Neben der Möglichkeit, die eigenen Erfahrungen zu entdecken oder auszudrücken, bringt Kunst uns die Erfahrungen Anderer näher, wir können an ihnen teilnehmen, sie teilen und sie somit – in gewisser Weise – begreifen.

Wenn es zu den Hauptaufgaben der Schule gehört, diese Fähigkeiten und Sensibilität im Allgemeinen zu fördern und den Jugendlichen zu ermöglichen, emotionale, kreative und analytische Verbindungen mit der Wirklichkeit einzugehen, dann muss die künstlerische Kreativität eine zentrale Stellung einnehmen. Sie erfordert jedoch eine spezielle Methodik, die noch nicht in jeder Schule etabliert sein dürfte, trotz ihrer – zum Teil noch nicht erkannten – Notwendigkeit.

Im Folgenden möchten wir einige der methodischen Prinzipien veranschaulichen, die unseren Unterrichtsaktivitäten zugrunde liegen, und beziehen uns hierfür auf einen Workshop, den wir vor drei Jahren im Rahmen der Ausstellung *Erice – Kiarostami. Korrespondenzen (Erice – Kiarostami. Correspondencias)* durchführten (vgl. Film clip no. 15) [2].

Der Workshop richtete sich an Kinder und Jugendliche zwischen sieben und dreizehn Jahren. Nach einer ersten Begegnung mit den Werken der Filmemacher (Filme, Fotos und andere Ausstellungsstücke) erarbeiteten sie in Zweier- und Dreiergruppen einen (gefilmten) »Brief« an die Regisseure. Die »Spielregeln« waren einfach: Den Teilnehmern standen zunächst 30 Filmstandbilder von Erice und 30 von Kiarostami zur Verfügung. Daraus wählten sie insgesamt fünf aus und befestigten sie immer abwechselnd auf Papier. Anschließend wandten sich die Schüler an die Regisseure selbst und erklärten ihnen vor der Kamera ihre montierte Geschichte und die Gründe für ihre Auswahl der Fotos. Durch ihre Kreativität schufen sie letztendlich Werke, die

weit über reine Gegenüberstellungen zwischen Erice und Kiarostami hinausreichten. Aus über 400 gefilmten Briefen haben wir 26 zu einem Kurzfilm zusammengefasst [3].

Anhand dieser Briefe wird vieles deutlich. Da ist der enge Kontakt zum Werk der beiden Regisseure, der zuerst im Ausstellungsraum durch das Privileg der unmittelbaren Erfahrung entstand (von diesem Privileg sollte übrigens die Museumsdidaktik stets Gebrauch machen) und der später im Rahmen des Workshops und der Arbeit mit den Fotos noch intensiver wurde. Die Kinder nahmen die Fotos in die Hand und achteten bei der Auswahl genau auf ihren formalen, narrativen, affektiven und expressiven Gehalt. Mithilfe der Bilder von Erice und Kiarostami, die sie sich regelrecht zu eigen machten, schufen sie ihr eigenes Werk: Sie sprachen mit außergewöhnlichem Einfühlungsvermögen von der Katze, vom Mond oder vom Horizont der Filmemacher. Im Zuge dieser Auseinandersetzung gewannen die Bilder an Tiefe und Bedeutung.

Wir konnten ebenfalls beobachten, wie die Kinder ausgehend von den Fotos oftmals ganz *persönliche* Geschichten konstruierten. Sie wählten die Bilder aufgrund ihrer Vorlieben aus und weil die Bilder sie »ansprachen« – dies ist übrigens ein gängiges Verfahren, mit dem Schüler Kunstwerke für eine spätere Untersuchung auswählen. Als wir uns für diese Vorgehensweise entschieden, hätten wir uns nicht vorstellen können, dass sie mit so großer Begeisterung angenommen würde. Wenn man sich alle gefilmten Briefe anschaut, ist die Vielfalt der erzählten Geschichten, aber auch die Art, wie sie erzählt werden, ihre Beziehung zur Sprache (Katalanisch, Spanisch und eventuell eine andere Muttersprache) und zur mündlichen Tradition höchst bemerkenswert.

Wir sehen konzeptuelle Montagen und andere, die sich um ein bestimmtes Thema ranken (häufig die Arbeit der beiden Regisseure oder das Kino im Allgemeinen), es gibt fiktionale Geschichten mit vielen erfundenen Orten und Ländern und wiederum andere – die bewegendsten –, in denen die persönliche Geschichte des jungen Erzählers sichtbar wird (mit ganz realen fernen Orten, Distanzen und Sehnsüchten).

Eins der wesentlichen Prinzipien der Kunstpädagogik besteht darin, jedem einzelnen nicht nur

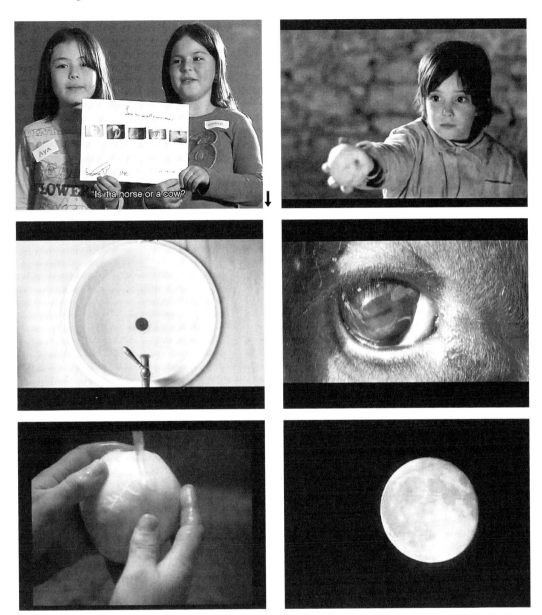

Correspondencias (1): »Ist es ein Pferd oder eine Kuh?«

die Möglichkeit zu bieten, eigene Ergebnisse zu erzielen, sondern vor allem seinen eigenen Weg und sein »Abenteuer« zu finden. Ohne Abenteuer (oder Wagnis) ist keine Kreativität möglich. Wagnis bringt Entdecken und Risiko mit sich (Die Ergebnisse von *Correspondencias* zeigen, dass es für einige Kinder einer Mutprobe gleichkam, ihre Geschichte vor einer Kamera und für die großen Filmemacher zu erzählen).

Correspondencias (2): »Die Briefe von Anna«

Den eigenen Weg zu finden erfordert Pionierleistung bei jedem Schritt. Das größte Vergnügen bei einem Abenteuer ist immer noch dieses ständige Entdecken, das Gefühl, etwas gefunden zu haben (die beste Ver-

bindung zwischen zwei Bildern, das passende Wort, den ersten Satz einer Geschichte …).

Doch damit nicht genug: Damit die in einem Kunsterziehungsprojekt verborgenen, schier unendlichen Möglichkeiten sowohl pädagogisch als auch künstlerisch voll ausgeschöpft werden können, müssen geeignete Rahmenbedingungen geschaffen werden. Dies betrifft die Organisation (Zeiteinteilung, Materialien, Gliederung der Arbeitseinheit und Gruppeneinteilung) und die genaue Beschreibung der Zielsetzung, die sogenannten »Spielregeln«, gleichermaßen. Diese müssen einfach zu verstehen und anzuwenden sein. Bei ihrer Einhaltung sollte selbstverständlich auf Genauigkeit geachtet werden. Unsere Erfahrung hat uns gezeigt, dass diese Genauigkeit, die man in die Vorbereitung investiert, sich bei den Schülern direkt im Anspruch an sich selbst niederschlägt und sich bisweilen sogar potenziert (das betrifft sowohl den Arbeitsprozess als auch die Ergebnisse). Genauigkeit bedeutet, die eigene Tätigkeit wertzuschätzen. Daher ist sie bei der Planung der Arbeitseinheiten genauso wichtig wie bei ihrer Durchführung.

Es empfiehlt sich, die Spielregeln nicht wie Zielsetzungen zu formulieren, sondern wie Ausgangspunkte; Regeln sollen die Kreativität nicht einschränken, sondern lenken und anregen. Kreativität und ihr bewusstes Erleben wird erst auf der Grundlage von gut durchdachter Anleitung möglich und nicht durch Beliebigkeit. Arbeitsanweisungen sind ein wesentlicher Bestandteil bei der Begleitung kreativer Prozesse. Ihre Formulierung ist ebenfalls ein kreativer Akt und erfordert, ausgehend von dem Kunstwerk und abgestimmt auf das Material und seine Herausforderungen, selbst eine gewisse Kunstfertigkeit. Gut durchdachte Arbeitsanweisungen erleichtern dem Schüler ihre Anwendung und führen häufig zu überraschenden Ergebnissen.

Eine Grundregel von Arbeitsanweisungen lautet, die Kinder Entscheidungen treffen zu lassen, ihnen eine Wahl zu lassen. Der Wert einer guten Spielregel bemisst sich an ihrem »Inspirationspotenzial« und daran, ob sie die Kreativität anzuregen vermag. Aus diesem Grund sollten die Anweisungen sich nicht auf eine Auswahl aus vorgeschriebenen begrenzten Möglichkeiten beschränken, sondern unbegrenzte Wahlmöglichkeiten zulassen. Beim kreativen Arbeiten sind die Möglichkeiten theoretisch unendlich, daher ist es so wichtig, die Aufgaben auf bereits existierenden konkreten Werken aufzubau-

en wie bei *Correspondencias*, wo die Geschichten aus den (erfundenen) Beziehungen zwischen den Bildern entstanden sind. Dieser kreative Prozess macht außerdem deutlich, dass Filme – nicht nur in der Schule – durch das Verbinden von Bildern entstehen, beim Beobachten des Lebens auf der Straße, beim Hören eines Geräusches oder sogar mit geschlossenen Augen. Um Filme zu machen, um die Welt zu beobachten und sie durch den eigenen Blick zu verwandeln, ist der Dreh an sich gar nicht erforderlich.

Unsere Ansätze berücksichtigen außerdem die Zielsetzung, die Anerkennung des Werkes sowohl durch den Schüler selbst als auch von außen, durch seine Präsentation, zu fördern. Diese beiden Arten von Anerkennung tragen nicht nur zur Zufriedenheit mit dem Ergebnis bei, sondern auch dazu, dass der Schüler in seiner Arbeit Sinn sieht und motiviert ist. Im Fall unseres Projekts *Correspondencias* wurde die Anerkennung von außen dadurch geschaffen, dass die beiden Regisseure die gefilmten Briefe wirklich erhielten. In *Cinema en curs* (dt. Film im Umlauf) geht es darum, die Arbeitsergebnisse mit anderen Gruppen zu teilen, die einen ähnlichen Weg gegangen sind. Dies geschieht über einen *blog* und die Abschlussvorführung. Diese Art von Anerkennung ist dem Gewinnen eines Wettbewerbs diametral entgegengesetzt: Für einen Kunstschaffenden kommt es letztlich darauf an, seine Arbeit mit anderen zu teilen, insbesondere mit anderen Kunstschaffenden, seien es nun bekannte Regisseure wie Erice und Kiarostami oder junge Regisseure in spe wie bei *Cinema en curs*.

Kreatives Arbeiten bedeutet stets ein gewisses Risiko für den Künstler: Er wird emotional eingebunden und immer auf die eine oder andere Weise als Urheber exponiert. Obwohl der Lernprozess an erster Stelle steht, darf man die Bedeutung des Endergebnisses nicht außer Acht lassen. Es lohnt sich, Vorgehensweisen zu wählen, welche die Zufriedenheit mit dem Endergebnis garantieren oder die zumindest die Zufriedenheit direkt an den Arbeitsprozess koppeln. Wenn man sich all die Schüler vor Augen hält, die an einem Stillleben verzweifeln oder deren Tonskulpturen immer in sich zusammensinken, erkennt man schnell die Frustrationsgefahr, die darin verborgen liegt und die durchaus zu einer generellen Ablehnung dieser Aktivitäten führen kann.

Die Beschäftigung mit Film genießt im schulischen Kunstunterricht insofern eine Sonderstellung, als sie die verschiedenen Talente von Schülern anspricht, ebenso eine Herausforderung an die Lehrer darstellt, eine gute Binnendifferenzierung ermöglicht und Erfolgserlebnisse für alle garantiert.

Während im Projekt *Correspondencias* eine punktuelle Annäherung an zwei Cineasten und das Filmemachen angestrebt wurde, sind die Zielsetzungen und die Tragweite von *Cinema en curs* wesentlich höher. Es handelt sich hierbei um ein experimentelles Projekt von Filmworkshops in staatlichen Grund- und weiterführenden Schulen Kataloniens. Es wurde 2005 im Zuge des Jugendprogramms der Cinémathèque française, *Le cinéma, cent ans de jeunesse* (dt. Das Kino, hundert Jahre jung), initiiert [4]. Seit Beginn des Projekts ist die Zusammenarbeit sehr eng, es werden Austauschprojekte für Schüler und Erwachsene organisiert; vor allem aber orientiert sich unsere Arbeit an denselben vier Leitlinien:

1. Im Unterricht ist neben einem oder mehreren Lehrern stets ein professioneller Filmschaffender während der gesamten Projektphase anwesend.

2. Die praktischen Aktivitäten sind eng mit der Rezeption von Filmausschnitten aus der gesamten Filmgeschichte verknüpft.

3. Die Unterrichtsinhalte orientieren sich an den Kernfragen des Filmemachens (Licht, Perspektive, Farben), und es existiert ein gemeinsames Programm für alle Workshops.

4. Die Workshops richten sich an eine breitgefächerte Zielgruppe, sowohl was das Alter (circa 8 bis 18 Jahre) als auch die soziale und geografische Herkunft betrifft.

Die Zielsetzung ist dabei eine doppelte: Kindern und Jugendlichen soll Film als Kunst, Kultur und Schaffensprozess nahegebracht werden, und gleichzeitig soll das pädagogische Potenzial kreativer Filmarbeit in allgemeinbildenden Schulen ausgeschöpft werden. In einem ersten Schritt gehen wir von den Besonderheiten des Filmemachens aus: von der speziellen Beziehung zwischen Film und Wirklichkeit, von deren Transformation in Licht, Farben, Distanzen und Gesichter sowie von der Arbeit im Team. Ausgehend von diesen Prämissen erarbeiten wir das Unterrichtsmaterial, planen die Aktivitäten und die Unterrichtsmethodik.

Im Folgenden konzentrieren wir uns auf die Arbeit am Abschlusskurzfilm, der den Höhepunkt der Unterrichtseinheit bildet und daher alle vorangegangenen Lernziele vereint. Er steigert noch einmal die Motivation, welche die meisten Schüler schon bei den Vorübungen erfahren haben dürften. Aber er gibt auch denjenigen eine neue – letzte – Chance zur kreativen Entfaltung in der Gruppe, die, aus welchem Grund auch immer, immer noch nicht »gepackt« wurden. Dem Abschlussfilm fällt also eine besondere Bedeutung zu, es ist *das* Werk der ganzen Gruppe, und daher sollte man diese einmalige Chance zu nutzen wissen.

Grundsätzlich muss der Abschlusskurzfilm als Gruppenarbeit geplant werden, denn er erfordert den Einsatz und die Kreativität aller Teilnehmer. Im Gegensatz zum professionellen Filmgeschäft entsteht auf diese Weise ein Film durch eine Gruppe von Autoren. Entscheidend ist das Drehbuch. Ein solches in Gruppenarbeit zu entwerfen erfordert einen großen Zeit- und Energieaufwand, aber diese Investition ist lohnend, weil auf diese Weise jeder einzelne Schüler eingebunden wird und unzählige Lernanregungen bekommt.

An dieser Stelle möchten wir ausdrücklich vor zwei gängigen Verfahren warnen, die vielleicht auf den ersten Blick für die Bewältigung dieser Aufgabe hilfreich erscheinen: Auswahlverfahren und additives Zusammensetzen von Einzelarbeiten. Das Auswahlverfahren teilt die Gruppe unweigerlich in Gewinner und Verlierer; das Drehbuch wäre also nur das Verdienst einiger weniger Schüler. Das additive Zusammensetzen verschiedener Einzelarbeiten führt mit ziemlicher Sicherheit zu einem zerstückelten und wirren Drehbuch ohne treibende Kraft und Emotion. Es geht vielmehr darum, zusammen einen roten Faden für eine Geschichte zu finden, aus dem dann gemeinsame Ideen hervorgehen können.

Genaugenommen wird kein Drehbuch geschrieben, es reicht, die Handlung festzulegen. Hier sollte jedoch Folgendes beachtet werden:

1. Am ehesten eignen sich Geschichten, die der Lebenswelt der jungen Filmemacher entspringen und von ihnen nachempfunden werden können.

2. Auf eigens gebaute Kulissen wird verzichtet, vielmehr müssen die Schüler ihre Umgebung genau unter die Lupe nehmen.

Die Arbeit sollte sich dann auf zwei Aspekte beschränken: die Figuren und ihre Gefühlswelt. Die Figuren als Dreh- und Angelpunkt der Geschichte bringen den Vorteil mit sich, dass Ideen realistischer und gut umsetzbar sind und dass gleichzeitig die Gefühlswelt, welche schließlich die Hauptrolle im kreativen Prozess spielt, besser herausgearbeitet werden kann.

Die Art von Film, die wir mit *Cinema en curs* vermitteln möchten, drückt Emotionen nicht mit Worten oder durch schauspielerische Darstellung aus, sondern ausschließlich mit kinematografischen Mitteln wie der formalen Gestaltung von Einstellungen und der Kombination von Einstellungen zu einer Sequenz. Es ist viel einfacher und banaler aufzuschreiben: »Anna ist traurig und sagt: ›Ich fühle mich so allein‹«, als ein geeignetes Verfahren zu suchen, das dieses Gefühl in der Einstellung greifbar macht. Man muss sowohl den emotionalen Zustand als auch die kinematografischen Techniken sehr gut ausgelotet haben, um das Gefühl einer Figur zu vermitteln.

Um dieses doppelte Ausloten optimal fördern zu können, haben sich in unseren Workshops zwei Grundregeln etabliert (sowohl in *Cinema en curs* als auch in *Le cinéma, cent ans de jeunesse*). Diese Regeln zielen darauf ab, die Kreativität durch die Konzentration auf ganz konkrete filmische Mittel anzuregen und zu lenken.

Wir präsentieren den zweiten Teil von FRAGMENTS CAFÉ (dt. Caféfragmente; vgl. Film clip no. 16) [5], die im vergangenen Schuljahr von einer Gruppe 15- und 16-jähriger Schüler (aus dem letzten obligatorischen Schuljahr in Spanien) gedreht wurden. Das Thema des Schuljahres war die Perspektive oder der *point of view* [6], und die Vorgabe bestand darin, dass eine Begegnung zwischen Figuren in einer von ihnen eine Empfindung auslösen sollte, die von den anderen nicht geteilt wurde. Diese Empfindung sollte ausschließlich mittels einer Veränderung des *point of view* ausgedrückt werden.

Der Film erzählt aus Annas Sicht die Geschichte einer Gruppe von Freunden, die im Leben getrennte Wege eingeschlagen haben. Anna hat beschlossen, sich auf ihr Studium zu konzentrieren, und geht daher nicht mehr so regelmäßig aus. In der vorhergehenden Szene entscheidet sie sich jedoch dafür, mit ihren Freunden etwas trinken zu gehen, obwohl ihre Mutter sie zum Lernen ermahnt hat.

Wir werden an dieser Stelle nicht auf den Entstehungsprozess eingehen, sondern kurz erläutern, wie die oben genannte Aufgabe gelöst wurde und welche Überlegungen dabei angestellt wurden. Die Schüler stellten zuerst Annas Emotionen und dann die ihrer Freundin Alex dar, indem sie zuerst bis zur Großaufnahme der einen und dann bis zur Großaufnahme der anderen zoomten und bewusst Stille einsetzten. Sie bearbeiteten in dieser, in der vorhergehenden und in der nachfolgenden Szene außerdem den Hintergrund und die Beleuchtung. Als sich die Schüler für die Zooms entschieden, wussten sie um die Wichtigkeit der Einstellungsgrößen für das Schaffen von Identifikation sowie um das expressive Potenzial der Tiefenschärfe (je stärker wir ein Objekt anzoomen, desto unschärfer wird der Hintergrund, auf diese Weise entsteht der Eindruck von Intimität oder Isolation). Im Verlauf des Films sind viele Experimente mit Einstellung und Tiefenschärfe zu sehen – die Schüler ließen sich dabei von Gus van Sants ELEPHANT (2003) inspirieren. Das zweite angewandte Verfahren, die Eliminierung des Tons, war beinahe noch bedeutsamer, denn die Schüler stießen von selbst darauf und schilderten uns ihre großartige Entdeckung. Sie erzählten uns von ihren Schwierigkeiten bei der Problemlösung mit so viel Leidenschaft, Begeisterung und Stolz, wie wir sie hier unmöglich wiedergeben können. Im ganzen Film spielt Musik eine tragende Rolle, aber die Suche nach der Musik für diese besondere Szene gestaltete sich sehr schwierig. Bei der Montage wurde schließlich der Ton ganz weggelassen, und diese Wirkung überzeugte. Die jungen Autoren erläuterten ihre Entscheidung so: »Manchmal kann ein Gefühl durch Stille viel wirksamer ausgedrückt werden als durch irgendein Wort oder durch Musik.« In dieser Sequenz gibt es also gleich dreimal große Gefühle: Die der Protagonistinnen Anna und Àlex, die Freude über die Einstellung (Farben, Licht, Zoom und Unschärfe) und die Stille und dann noch die der Filmcrew angesichts der harten aber lohnenswerten Aufgabe, einen ki-

Zooms schaffen Identifikation: Von Schülern erarbeitete Stills aus FRAGMENTS CAFÉ

nematografischen Ausdruck für die Empfindungen der Figuren zu finden.

Die Überlegungen der Schüler führen uns eine grundlegende Qualität von kreativer Arbeit vor Augen: Sie ermöglicht künstlerische und – in unserem Fall – kinematografische und emotionale Erfahrungen. Die Schüler werden auch in Zukunft Stille, Einsamkeit und Traurigkeit erleben, aber nach dem Dreh der beschriebenen Einstellungen werden ihre Erfahrungen wahrscheinlich immer von den Spuren dieses entscheidenden schöpferischen Moments geprägt sein.

Wir möchten des Weiteren auf die Gestaltung der Einstellungen eingehen. Für alle Filme, die im Rahmen von Cinema en curs entstehen, gilt folgende Vorbedingung: Die Wahl für eine Einstellung wird stets aufgrund aller Parameter wie Bildausschnitt,

Beleuchtung, Schärfe, Bewegung, Farben usw. getroffen. Jede Einstellung erfordert extreme Sorgfalt. In den Schülerfilmen findet man tatsächlich keine nachlässigen Einstellungen, sondern gründliche und ernsthafte Arbeitsergebnisse, hinter denen eine große Intensität und eine aufmerksame Wahrnehmung der Welt und der filmischen Mittel zu spüren ist. Diese Art von Sorgfalt ist, nebenbei bemerkt, nicht einmal bei den meisten Kinoproduktionen selbstverständlich.

Diese künstlerische und emotionale Intensität beherrscht das ganze Projekt. Dazu trägt allerdings eine bestimmte Aktivität zum Auftakt der Workshops in besonderer Form bei: Los Minutos Lumière (dt. Lumière-Minuten): Jedes Kind dreht eine Einstellung zu den Bedingungen der Brüder Lumière [7]. Wir führen diese Aktivität in jedem neuen Schuljahr zur Einführung durch, weil in ihr alle Gesichtspunkte gemeinsam zum Tragen kommen, die wir für die Filmvermittlung im Unterricht als wesentlich erachten: die genaue Wahrnehmung der unmittelbaren Umgebung, die Lust am Filmen, die Sorgfalt bei der Gestaltung der Einstellungen und die Bedeutung der Gruppenarbeit. Bei der Realisierung einer Lumière-Minute erfährt jedes Kind unmittelbar, worauf es beim Film (wie überhaupt im Leben) ankommt: Auf die Anderen, auf eine vorbeiziehende Wolke oder auf einen Lastwagen, der durch den Bildausschnitt fährt. Beim Drehen ist die ganze Gruppe voll und ganz auf das Geschehen konzentriert; ihr Blick ist wachsam und offen für alles, was rundherum vor sich geht. Plötzlich herrscht im Unterricht eine außergewöhnliche Aufmerksamkeit und Faszination, und diese Intensität, Begeisterung und Spannung (beim Drehen stockt allen der Atem) sind bei jeder neuen Aufnahme sofort wieder da.

Im Grunde sollte jede kreative Übung diesen Zustand anstreben: Der Moment der Entstehung sollte als etwas Außergewöhnliches und Wunderbares bewahrt werden. Bei den Lumière-Minuten wird dies unter anderem dadurch erreicht, dass jeder Schüler seine eigene (auf der Welt einzigartige) Minute drehen darf, wobei ihm nur eine einzige Aufnahme zur Verfügung steht. Dies sorgt für Spannung und verleiht dem Moment des Drehens ein besonderes Gewicht, das ihn positiv von der Mehrzahl der oberflächlichen Bilder, die unseren Alltag überfluten, abhebt.

Beim Dreh des Abschlussfilms ist den Schülern dann bewusst, wie kostbar und unwiederbringlich jede Einstellung ist, und sie wissen außerdem um die Intensität vergänglicher Augenblicke (der Wind, der in den Blättern eines Baumes spielt, ein Blick, die Lichter eines Autos in der Ferne). Zur Vermittlung der Einzigartigkeit jeder Einstellung trägt außerdem bei, dass alle Aufgaben nach einem Rotationsprinzip ausgeführt werden: Während des Drehs führen alle Schüler nacheinander alle Tätigkeiten aus (Regie, Kameraführung, Script, Tontechnik ...). Auch wenn man jeweils nur einmal an die Reihe kommt: Diese Gelegenheit ist unvergesslich.

Durch die besondere Sorgfalt, mit der die Schüler eine Einstellung finden, mit der sie gefilmte und erzählte Welten aufnehmen und mit der sie die Arbeiten ihrer Mitschüler beobachten, stellen sie eine neue und einzigartige Beziehung zum Film, aber auch zur Wirklichkeit und zu den Mitschülern her. Nur echte Kreativität mit ihren Schwierigkeiten und unvermeidlichen Durststrecken, mit ihren Sehnsüchten, Enttäuschungen, Überraschungen und Träumen eröffnet uns diese besondere Erfahrung eines intensiver erlebten Lebens.

Übersetzung aus dem Spanischen: Vera Toro

Anmerkungen

1   Übersetzung von Ulla de Herrera und Edith Aron in: Jorge Luís Borges /Margarita Guerrero/Gisbert Haefs (1982): Einhorn, Sphinx und Salamander. Buch der imaginären Wesen.In:Jorge Luís Borges: Gesammelte Werke, Band 8. München/ Wien 1993., S.9.

2   Der Workshop wurde in Zusammenarbeit mit Gonzalo de Lucas konzipiert. Die Ausstellung wurde vom Zentrum für Zeitgenössische Kultur in Barcelona (CCCB) und vom Centre Georges Pompidou (Paris) organisiert und von Jordi Balló und Alain Bergala kuratiert. In Barcelona war sie von Februar bis Mai 2006 zu sehen, in Paris von September 2007 bis Januar 2008.

3   Den vollständigen Film kann man im Programm *Lignes de temps* des Institut de recherche et d'innovation (IRI) des Centre Pompidou abrufen (web.iri.centre-pompidou.fr/pop_site.html).

4   Siehe den Beitrag der Projektleiterin Nathalie Bourgeois in diesem Band (Anm. d. Hg.).

5   Der vollständige Film wird im Blog *Cinema en curs 07-08* reproduziert (blocs.xtec.cat/cinemaencurs-lescorts0708).

6   Vgl. auch den Beitrag von Alain Bergala zu seiner DVD *Le point de vue* in diesem Band (Anm. d. Hg.).

7   Das Projekt *Jeunes Lumières* wurde von Nathalie Bourgeois von der Cinemamthèque française anlässlich des 100-jährigen Jubiläums des Kinos 1995 konzipiert und durchgeführt. 10- bis 18-jährige Schüler aus ganz Frankreich drehten eine, »ihre« Einstellung nach den Bedingungen der ersten Filmemacher. Aus den 360 Aufnahmen wurden 60 ausgewählt und in einer 35mm-Kinokopie der Öffentlichkeit präsentiert. Der Film gibt ein Panorama des heutigen Frankreichs aus Sicht von Kindern und Jugendlichen.

Die KurzFilmSchule

Ein Projekt künstlerischer Filmvermittlung an Hamburger Schulen

Von Nina Rippel und Manuel Zahn

Im Folgenden stellen wir mit der KurzFilmSchule ein Projekt aus der Filmvermittlungspraxis vor, an dem wir selbst in Form einer wissenschaftlichen Begleitung partizipieren. Unser Text konzentriert sich auf ihr handlungsleitendes Konzept der künstlerischen Filmvermittlung, das unseres Erachtens eine notwendige Ergänzung der deutschen filmpädagogischen Praxis darstellt.

Die künstlerische Filmvermittlung als Konzept zu bezeichnen ist gewagt, ist sie doch eher ein *werdendes* Konzept, das zwar für die Vermittlungsarbeit der KurzFilmSchule grundlegend ist, aber auch gleichsam durch diese selbst weiterentwickelt und damit stetig verändert wird. Die künstlerische Filmvermittlung ist daher – im Sinne von Karl-Josef Pazzinis Aufsatz *Kunst existiert nicht, es sei denn als angewandte* – mehr eine Form der »Anwendung« als eine Methode [1]. Entsprechend bietet der vorliegende Text eine offene Sammlung von konzeptuellen Gedanken zur künstlerischen Filmvermittlung und nicht ein Set aus Theoremen, Regeln, Werkzeugen und Techniken.

Der Text ist in drei Teile gegliedert: Bevor wir auf die künstlerische Filmvermittlung näher eingehen, werden wir zuerst die KurzFilmSchule, ihre Entstehung, ihre institutionelle Einbindung und ihr Konzept beschreiben. Zuletzt wird die künstlerische Filmvermittlung am Beispiel des im Rahmen der KurzFilmSchule entstandenen Kurzfilms BUNNY HOOD. WAHRE LÜGEN – GELOGENE WAHRHEITEN diskutiert.

1. Die KurzFilmSchule – Von der Gründungsidee bis zum Konzept

Die KurzFilmSchule wurde Ende 2004 von Hamburger Lehrer/innen, der Behörde für Kultur, Sport und Medien und der KurzFilmAgentur Hamburg e.V. [2] entwickelt. Sie will die schulische Filmbildung in Hamburg fördern, indem sie mit ortsansässigen unabhängigen Filmschaffenden eine künstlerische Filmpraxis in die Schulen bringt. Die KurzFilmSchule funktioniert dabei als Bindeglied zwischen den Filmkünstler/innen und den Schulen. Sie arbeitet fächerübergreifend, ihr Schwerpunkt liegt aber im Bereich des Kunstunterrichts. In fünf- bis zehntägigen Workshops werden die Schüler/innen durch ein Team von Filmvermittler/innen angeleitet, einen Kurzfilm zu produzieren. Seit 2005 realisiert die KurzFilmSchule jährlich zehn bis zwölf Filmworkshops mit Hamburger Schüler/innen in allen Schulformen und Altersstufen. Die filmtechnische Grundausstattung wird von der KurzFilmSchule gestellt. Die jeweils verantwortlichen Lehrer/innen werden in die Filmprojekte eingebunden, sodass die gemeinsamen Erfahrungen im Laufe eines Filmworkshops als filmpädagogische Weiterbildungen verstanden werden können.

Der Ausgangspunkt für die Arbeit der KurzFilmSchule ist die KurzFilmAgentur, die Teil der gewachsenen Kurzfilmkultur der Stadt Hamburg ist und enge Kontakte zu den unabhängigen Kurzfilmschaffenden hat. Dadurch sind sinnvolle Zusammenführungen zwischen Filmemacher/innen und Schulen möglich, die auch über die gemeinsamen Projekte in den Kurzfilm-Workshops hinaus Bestand haben. Die umfangreichen Aktivitäten der KurzFilmAgentur mit dem Internationalen KurzFilmFestival, dem Internationalen Kinderfilm Festival Mo&Friese, dem »Dienstagskino«, den zahlreichen Kurzfilm-Editionen auf DVD und dem großen Filmarchiv bilden eine lebendige Filmkultur, an der die Kinder und Jugendlichen sowie die Lehrer/innen der Schulen teilhaben können. So wurden beispielsweise viele der in der KurzFilmSchule produzierten Filme auf diversen deutschen Kinder- und Jugendfilmfestivals gezeigt und einige auch prämiert. Und jüngst programmierten und moderierten Schüler des Gymnasiums Ohmoor im Rahmen des Hamburger Internationalen KurzFilmFestivals 2009 Kurzfilme für Kinder und Jugendliche.

Die KurzFilmSchule versteht sich als ein lernendes Projekt. Ein kontinuierlicher Austausch zwischen den Filmvermittler/innen ist daher ein elementarer Bestandteil. Dazu sind regelmäßige Treffen aller Filmvermittler/innen eingerichtet, um, ausgehend von den in den Workshops produzierten Kurzfilmen, über Vermittlungsfragen zu sprechen. Eine Beteiligung der Lehrer/innen an diesem Austausch in Form eines Feedbacks oder der Teilnahme an den Reflexionsgesprächen wird erwartet. So fließen die während der Workshops gewonnenen Erfahrungen in die Weiterentwicklung des Vermittlungskonzeptes der KurzFilmSchule ein. Zudem werden in diesen Gesprächen die Lehrer/innen und die Filmschaffenden füreinander, für ihre je unterschiedlichen Arbeitsweisen, institutionellen und diskursiven Rahmungen sensibilisiert. Ziel dieser Gespräche ist keineswegs die unmögliche Vermittlung der widerstreitenden Diskurse, des pädagogischen und des künstlerischen [3]. Wir sind vielmehr daran interessiert, die jeweiligen Unterschiede herauszuarbeiten und danach zu fragen, wie wir diese Unterschiedlichkeit für die Filmvermittlung produktiv machen können. Diese unhintergehbare und (gerade dadurch) produktive Differenz zwischen künstlerischen und pädagogischen Diskursen, Fragestellungen, Denk- und Arbeitsweisen kann als eine erste, sehr allgemeine Antwort auf die Frage verstanden werden, warum denn nun gerade Filmkünstler/innen in der Schule Film vermitteln sollen.

Die KurzFilmSchule zielt ab auf eine Erweiterung des Verständnisses von Film und des Filmschaffens im Rahmen schulischer Bildung. Dies geschieht, indem die Schüler/innen die Erfahrung künstlerischer Arbeitsprozesse am und mit dem Film machen. Sie nimmt die je verschiedenen Arbeitsweisen der Künstler/innen ernst, die sich im Prozess des Filmemachens erfahren, jedoch nicht in Lehrbüchern vermitteln lassen. *Der* Film wird dabei nicht als etwas Bekanntes vorausgesetzt, sondern vielmehr als hybrides und offenes Medium verstanden, in dem im Laufe des künstlerischen Prozesses eine Vorstellung, eine Darstellungsidee, ihre jeweils konkrete filmische Form findet [4].

Für die ästhetische Bildungsarbeit in der Schule eignet sich der Kurzfilm besonders gut [5]. Die kurze Form ermöglicht gemeinsame Betrachtungen und konzentrierte Besprechungen in den Unterrichtszeiten. Zudem sind Kurzfilme in einwöchigen Workshops realisierbar. Darüber hinaus ist der Kurzfilm ein Filmbereich, in dem sich sehr unterschiedliche filmische Formen versammeln. Die Kürze verlangt nach anderen Erzähl- und Darstellungsformen, daher ist der Kurzfilm das Format, in dem am meisten mit der filmischen Form experimentiert wird. Die experimentellen Sicht-, Denk- und Erzählweisen des Kurzfilms treffen produktiv auf die durchschnittlichen Sehgewohnheiten der Schüler/innen. Kinder und Jugendliche, die zunehmend durch Internet, Computer- und Videospiele, Multiplex-Kino und Fernsehen sozialisiert werden, orientieren sich am Mainstream filmischer Gestaltung. Unsere Erfahrung in der schulischen Filmvermittlung zeigt jedoch, dass diese Schüler/innen sich in der gemeinsamen Kurzfilmproduktion gerne auf experimentelle, kunstnahe Strategien und Praxen einlassen oder sie (weiter)entwickeln, um sich spielerisch und mit großer Lust des Mediums zu bedienen und es zu erforschen. Dabei reiben sie sich an filmästhetischen Klischees, die ihre Vorstellungen besetzen, ebenso wie an den sogenannten professionellen Produktionsweisen der Kinospielfilme.

Der Kurzfilm wird bildungsrelevant, insofern die ästhetische Erfahrung und künstlerisch-experimentelle Praxis mit Kurzfilmen Bildungsprozesse auszulösen vermag, die in der Vermittlungsarbeit und über diese hinaus realisiert werden können. Filmbildung verstehen wir dabei als Form ästhetischer Bildung, in all der Bedeutungsbreite, die der Begriff »ästhetisch« umfasst [6], von der sensibilisierten Wahrnehmungs- und Empfindungsfähigkeit bis hin zur Fähigkeit zu fantasieren, also etwas zu denken, was aktuell (noch) nicht wahrnehmbar, aber als Virtuelles anwesend ist. Mit anderen Worten: die filmische »Pädagogik der Wahrnehmung« [7], mit ihren vielfältigen Formen von Herstellungs-, Darstellungs- und Wahrnehmungsweisen der Welt und des Menschen, erschließt sowohl in der Rezeption als auch in der Produktion neue Denkräume und erweitert die Handlungsmöglichkeiten ihrer Zuschauer/innen und Produzenten/innen.

2. Zur »Anwendung«: Künstlerische Filmvermittlung in der Schule

Mit dem Projekt der KurzFilmSchule werden zwei sehr unterschiedliche gesellschaftliche Institutionen zusammengebracht. Die Schule dient idealtypisch der Verallgemeinerung, der Vergesellschaftung der Individuen. Sie soll die Schüler/innen mit den die Gesellschaft tragenden symbolischen Systemen bekannt machen, an diese heranführen und den Schüler/innen ermöglichen, dieselben zu kritisieren. Die Kunst soll nun teilhaben an den grundsätzlichen Funktionen der Schule und mithelfen, die Schüler beiderlei Geschlechts zu kritikfähigen Individuen zu bilden. Das kann man auch so formulieren: Inhalt, Form, Geschichte, Performanzen und Strategien der Kunst werden gegen die Beschränkungen einer familiär [8] induzierten Sicht auf die Welt und sich selbst genutzt. Die Kunst hilft, gewöhnliche Wahrnehmungsarten und Interpretationsweisen zu irritieren, zu befragen und dabei andere Wahrnehmungen zu bilden. Sie geht dabei gerade nicht verallgemeinernd vor, sondern mit der Kunst kann ein Weg beschritten werden, der bekannt macht mit besonderen und singulären [9] Auseinandersetzungen mit den symbolischen Systemen und soziokulturellen Verhältnissen.

Wenn Kunst in die Schule kommt, geschieht das immer als eine Anwendung [10]. Kunstpädagogik ist eine Form der Anwendung von Kunst neben der Ausstellung, der Kunstkritik, der Kunstgeschichte, dem Gebrauch in der Werbung usw. Darüber hinaus kann die Anwendung selber als Kunst, künstlerisch oder kunstnah konzipiert sein. Zu letztgenannter Anwendung von Kunst gehört auch die künstlerische Filmvermittlung. Sie knüpft an die jüngsten theoretischen Entwicklungen in der Kunstpädagogik an. Im kunstpädagogischen Diskurs hat sich die Kunstvermittlung seit den 1990er Jahren als ein neues Paradigma etablieren können [11]. Die Kunstvermittlung richtet sich methodisch und strukturell an ihrem Gegenstand aus, sie betont die künstlerische Dimension des Vermittlungsvorgangs von Kunst. Sie bedient sich dabei nicht nur künstlerischer Verfahrensweisen, sondern bringt diese selbst hervor. Die künstlerische Filmvermittlung verstehen wir entsprechend als eine Form der Anwendung, welche ihre Vorgehensweisen aus der Kunst bzw. dem Film(en) schöpft. Das möchten wir mit Masets Begriff der »ästhetischen Mentalität« kurz erläutern.

Maset diagnostiziert der gegenwärtigen kunstpädagogischen Praxis eine Loslösung von der Kunst, wie sie bereits in den 1970er Jahren mit der Visuellen Kommunikation begann. Diese Problematik formuliert er als das »Zum-Instrument-Werden der menschlichen Kreativität« [12], welche die Bildung des Individuums als Konfrontation mit dem Fremden, dem Nicht-Identischen im Sinne einer Bildung der Differenz [13] nicht berücksichtigt. Lösungen für dieses Problem sieht er in »den Diskursen und Methoden, [die] in den Verfahren und Mentalitäten der Kunst enthalten« [14] sind. Es geht ihm um die Herausbildung einer »ästhetischen Mentalität« in der Kunstpädagogik, wofür er das Verfahren der »ästhetischen Operation« [15] vorschlägt, die versucht, »das operative Schema einer bestimmten künstlerischen bzw. ästhetischen Arbeitsweise [...] und eine mentale Disposition, die zu einer spezifischen Arbeitsweise geführt hat« [16], herauszufinden, um im *Ausleben* dieser mentalen Disposition einen offenen, ästhetischen Erfahrungsprozess bei den Schüler/innen anzuregen. Der Kunstunterricht sei, so Maset, »seinem Wesen nach eine experimentelle Situation, in der anhand von Auseinandersetzungen mit Materialien, Wahrnehmungen und Begriffen Welt- und Selbstreferenzen erprobt und erfahren werden können. [...] Sie [die Kunst] ist es, die unser Vorstellungsvermögen und unsere Handlungsmöglichkeiten intensivieren kann, indem sie das, was unsere Praktiken und unsere Vorstellungen betrifft, aus anderer – ästhetischer – Perspektive exponiert.« [17] Eine solche experimentelle Situation wird auch durch die künstlerische Filmvermittlung ermöglicht, da sie das Experimentieren mit filmischen Formen, Inhalten und deren impliziten ästhetischen Operationen umfasst und damit »ästhetische Mentalitäten« bei den Schüler/innen hervorbringen kann. An diesen komplexen Verflechtungen von Film, Wahrnehmung, Denken und Handeln setzt unser Konzept an und fördert eine ästhetisch-künstlerische Praxis mit Film, deren Besonderheit darin besteht, dass Produktion, Rezeption und Imagination ineinander verschränkt sind.

Wie aber gelingt es der KurzFilmSchule, diese Überlegungen zur künstlerischen Filmvermittlung in die Schule einzubringen?

Eva Sturm hat in einem Aufsatz [18] drei Fragen zur Kunstvermittlung gestellt, die uns als geeignet erscheinen, das Setting der künstlerischen Filmvermittlung in der Schule zu beschreiben. Erstens fragt sie nach der Kunst: Welche Rolle spielt sie, wie, wann und an welchen Stellen taucht sie auf, und was machen die Beteiligten mit ihr? Zweitens befragt sie den »Raum«, die Situationen, die durch Kunst eröffnet werden. Sturms dritte Frage zielt auf die an der Situation beteiligten Personen: Was bringen im Fall der KurzFilmSchule die Künstler/innen, Lehrer/innen und Schüler/innen in die Vermittlungssituation ein? Und was kann mit ihnen im »Raum« der künstlerischen Filmvermittlung passieren?

Die erste Frage scheint leicht zu beantworten: Die Kunst taucht in der KurzFilmSchule durch das Zeigen von Kurzfilmen [19] auf, entweder als Vorbereitung für einen Kurzfilm-Workshop, für ein konkretes Film-Projekt oder auch als Anregung im Verlauf des Arbeitsprozesses. Und sie kommt selbstverständlich in Person der Künstler/innen in die Schulklassen, die aus ihrer künstlerischen Arbeit heraus ein Interesse an dieser Form der Filmvermittlung haben. Die Künstler/innen müssen sich (als externe »Lehrer/innen«) mit ihrem jeweiligen Wissen und Können erst legitimieren. Dies geschieht im gemeinsamen Arbeiten an einem Kurzfilm, in das die Vermittler/innen ihre je eigenen Filmerfahrungen, ihre Arbeitsweise und ihre »ästhetische Mentalität« einbringen. Dadurch bekommen die Schüler/innen Einblicke in andere, zum Teil sehr unterschiedliche Arbeitsformen und Erfahrungen mit Film. Neben einem mitteilbaren, »gesicherten« und kanonisierten Filmwissen kann gerade in der je eigenen künstlerischen Praxis der Filmvermittler/innen etwas erfahrbar werden, was sich nicht begrifflich fassen und didaktisieren lässt. Die Künstler/innen haben sich ein Vertrauen in offene Arbeitssituationen erarbeitet und mit der Unvorhersehbarkeit der Ergebnisse umzugehen gelernt. Sie wissen um die Komplexität ästhetischer Entscheidungen, die im Laufe eines Produktionsprozesses getroffen werden müssen, und haben Übung darin, das Andere einer konventionellen Wahrnehmung oder auch eines intendierten Ergebnisses aus- und offen

zu halten. Damit eröffnet die KurzFilmSchule einen »Möglichkeitsraum« der Filmvermittlung, ein Handlungsfeld, in dem ein experimentierendes Arbeiten, ein forschendes, sammelndes, analysierendes, reflektierendes und auswertendes Tun im Umgang mit den audiovisuellen Filmbildern zuallererst möglich wird. Die Eigenart des künstlerischen Arbeitens, die wir zuvor als experimentell und offen beschrieben haben, kann sich dabei von den Vermittler/innen als je singuläre Einstellung, Mentalität und Praxis auf die Schüler/innen übertragen.

Die Schüler/innen gehen an ein Kurzfilmprojekt mit Seherfahrungen und Vorstellungen heran, die aus dem Konsum der sie umgebenden medialen Film- und Bildwelten resultieren. Sie haben oft sehr klare Vorstellungen davon, wie ihr Film aussehen soll. Beim Machen jedoch geraten die Bilder und Töne meist anders. Die Filmvermittler/innen können nun dieses *Anders-Werden* der Filmbilder aufgreifen, um zuerst mit den Schüler/innen genau darauf zu schauen, was sich anders oder als Anderes zeigt. Filmvermittlung kann an dieser Differenz der Filmbilder zu den mitgebrachten Imaginationen, Vorstellungen und Wünschen der Schüler/innen arbeiten, indem sie diese zur Sprache bringt und diese darüber hinaus durch konkrete Vorschläge zum Weiterarbeiten, durch gestalterische Eingriffe, durch das Zeigen von Filmen und das Aufzeigen neuer Perspektiven usw. weiterführt, bearbeitet und »*auslebt*«, im Sinne Masets. Dieses Interesse am *Anders-Werden* gilt es zu wecken, als gemeinsame künstlerische Forschung an den Darstellungs- und Wahrnehmungsweisen des Films.

Die künstlerische Forschung (in der Kurzfilmproduktion) lässt sich als ein Suchen, ein Ausprobieren, Prüfen, Hinterfragen von ästhetischen Entscheidungen und Impulsen beschreiben. Sie wird durch ein Begehren, durch Neugierde, durch Fragen angestoßen und muss ihre Ergebnisse, ihr Wissen in Form von Antworten erst konstruieren. Das widerspricht einer wissenschaftlichen Vorstellung von Forschung, die Wissen als objektiv Daseiendes darstellt. Entscheidend bei der »(Er)Findung« der künstlerischen Forschungsergebnisse ist die Hinwendung zum Werk, hier dem Kurzfilm. Die Fülle von Beobachtungs-, Bewertungs- und Entscheidungsprozesse – das Drehen, Sichten, Nachdrehen, Schneiden, Umschneiden, Vertonen und Nachvertonen usw. –, die im Laufe einer Kurz-filmproduktion ablaufen, zielen alle auf eine sensi-bilisierte Wahrnehmung der Schüler/innen. Zudem bekommen diese Einblick in den komplexen Verlauf kreativer Gruppenprozesse, deren Entscheidungen eben nicht entlang von bestehenden Vorgaben getrof-fen werden können, sondern zwischen den Schüler/innen, aber auch mit den Filmschaffenden im Blick auf das gemeinsame Filmprojekt erst erfunden, be-sprochen, gemeinsam gefällt und verantwortet wer-den müssen. Die ästhetische Bildung an und durch Film geschieht in diesen Wahrnehmungs-, Produk-tions- und Kommunikationsprozessen, die durch die unterschiedlichen Perspektiven, Vorstellungen und Wünsche aller an seiner Produktion Beteiligten in Gang kommen. Und sie geschieht zwischen ih-nen, in den Übergängen. Sie setzt sich dort fort, wo von einem Medium in ein anderes übersetzt werden muss: zum Beispiel von Wahrnehmungen in Vorstel-lungsbilder, von Vorstellungen in Sprache, in Schrift oder Zeichnungen, in Filmbilder und deren Monta-ge und umgekehrt; und da, wo gewohnte Kategori-sierungen und begriffliche Beschreibungen in der je individuellen Erfahrung mit Film versagen und noch keine neuen artikuliert sind.

Der zuletzt formulierte Gedanke unterscheidet das Konzept der künstlerischen Filmvermittlung bzw. die KurzFilmSchule von anderen filmpädagogischen Konzepten und Institutionen, die »Film-Profis« mit Schüler/innen zusammenbringen. Die professio-nellen Vermittlungsbemühungen orientieren sich oft an einem gesicherten Wissensbestand über den Film oder an einem professionellen Umgang in ei-nem Bereich der Produktion oder Distribution, wie beispielsweise Drehbuch, Kamera, Schnitt, Verleih usw. Die Repräsentanten der zugehörigen Filmberufe vermitteln ihr Wissen und Können als instrumentelle Umsetzungen planbarer Darstellungs- und Bedeu-tungsabsichten. Die künstlerische Filmvermittlung orientiert sich gerade nicht an einem gesicherten und kanonischen Wissen. Vielmehr bezieht sie sich kritisch auf diese Wissensbestände, um an diesen eine Differenz oder die Schüler/innen in einem Aus-halten und »Ausleben« der Differenz zu bilden. Die Differenzierungen einer künstlerischen Filmvermitt-lung liegen vornehmlich in einem Aufzeigen neuer oder anderer ästhetischer Perspektiven und Praxen

für die Schüler/innen, die sie angesichts der zuvor skizzierten Repräsentationen des professionellen Dokumentar-, Fernseh- und Spielfilms ausbilden müssen, da die Schülerfilme schon allein aus tech-nischen und finanziellen Gründen nie an die pro-fessionelle Bildästhetik heranreichen können. Aus diesem Mangel wird mithilfe der Filmvermittler/innen eine forschende, suchende und dekonstruie-rende Arbeit in Gang gesetzt, die ihre jeweiligen »Wege«, im Sinne von Bedeutungen und Absichten, erst herausfinden muss. Die Künstler/innen fungie-ren dabei als »Wegsucher/innen«, gerade solcher Wege, die noch nicht gegangen worden sind. Denn es geht bei Vermittlung von Kunst, so Pazzini, »um das ›Weg-finden‹ und die Weitergabe der Erzählung vom Weg [als] unbedingtem Produkt« [20].

3. Zum Beispiel: BUNNY-HOOD. WAHRE LÜGEN – GELOGENE WAHRHEITEN (2006)

Der Film BUNNY-HOOD. WAHRE LÜGEN – GELOGENE WAHRHEITEN, dem wir uns im folgenden Abschnitt widmen wollen und den wir insbesondere auf seinen Entstehungsprozess und die dabei geleistete Vermitt-lungsarbeit befragen werden, ist im Rahmen einer Pro-jektwoche an der Gesamtschule Mümmelmannsberg mit Schülern der elften und zwölften Klassenstufe entstanden (vgl. Film clips no. 17-19). Er wurde im November 2007 bei *abgedreht. Die 9. Hamburger Ju-gendmediale für Video und Multimedia* [21] mit dem Preis der Gewerkschaft Erziehung und Wissenschaft (GEW) ausgezeichnet. In der Begründung der Jury heißt es, der Film setze »sich dramaturgisch gelun-gen mit dem realen Problem gekaufter Wahrheiten in den Medien auseinander. Bewusst fragmentarisch und ironisch verfremdet zeichnen die Filmemacherin-nen und Filmemacher Bilder einer lebendigen Schule und greifen dabei gekonnt in die Filmtrickkiste.« Mit diesen Aussagen sind Form und Inhalt des Kurzfilms schon sehr treffend angesprochen. Das Besondere von BUNNY-HOOD ist die Verschränkung eines konkreten Inhalts mit einer spezifisch filmischen Form: einer Ästhetik der Bilder, die ihre eigene Konstruiertheit mitthematisiert. Schon in den ersten Filmminuten zeigt sich diese komplexe Konstruktion des Kurz-films. Der Titel des Films tritt aus einem Wirrwarr von Tafelanschrieben hervor.

Was aber meint »Bunny-Hood«? »Bunny Mountain« ist auf der Tafel zu lesen, also »Hasenberg«. Ersetzt man »Hase« durch das etwas metaphorisch verniedlichende »Mümmelmann«, wird daraus »Mümmelmann(s)berg«. Der zusammengesetzte Begriff »Bunny-Hood« verweist dann auf den Ort und das Thema des Films und ist daher *buchstäblich* zu verstehen, also zu übersetzen mit »Hasen-Viertel«.

Zudem fällt auf, dass auf der Tonspur neben der Musik auch noch Schreibgeräusche zu hören sind. Der Ton löst sich von den Bildern ab: Während in der Titelsequenz auf der visuellen Ebene sich die Schultafel wie von Zauberhand entleert und den Titel zu erkennen gibt, hören wir möglicherweise die Schreibgeräusche, die bei der Erstellung des Tafelbildes entstanden sind. Es verschränken sich damit zwei Zeiten (Vergangenheit und Gegenwart) und auch zwei Bewegungen (Anschreiben und Wegwischen) im audiovisuell komponierten Filmbild. Die paradoxe Komposition der Titelsequenz verstärkt auf ästhetischer Ebene die paradoxe Aussage des Titels: Was wir in den folgenden elf Minuten zu sehen und zu hören bekommen, sind »wahre Lügen – gelogene Wahrheiten«!

Unsere Wahrnehmung ist nach diesem Auftakt bereits geschärft und auf die »Buchstaben«, genauer: die materialen Bestandteile des Films – die Bilder, die Töne, Geräusche, die Musik, die Sprechakte etc. – und deren Komposition gelenkt. In den darauffolgenden Szenen verstärkt sich die durch den Film gebildete Aufmerksamkeit für seine Ästhetik.

Ein Klassenraum, drei Schülerinnen sitzen hintereinander in Stuhlreihen,; eine vierte junge Frau, wahrscheinlich die Lehrerin, verteilt Arbeitsblätter, einen Test oder Ähnliches. Alle beginnen zu schreiben, und die Lehrerin schreitet umher, beaufsichtigt, treibt an und unterstützt. Sie geht aus dem Bild, tritt ab ins Off und kommt wieder zurück. An der Szene fällt auf, dass eine der drei Schülerinnen sich in einer normalen Geschwindigkeit bewegt, während alles um sie herum sich in Windeseile, ja in einem *Fast-Forward-Modus* vollzieht. Der Eindruck wird auf der Tonebene des Films unterstützt, da die Stimmen klingen, als würde ein Tonband oder eine Tonspur schnell abgespielt bzw. vorgespult. Eine Uhr, deren Zeiger rasen, wird dazwischengeschnitten (siehe Abbildungen S. 116).

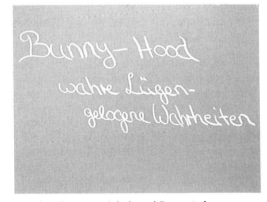

Verschränkung von Inhalt und Form: Anfangssequenz von BUNNY-HOOD

In dieser kurzen, schultypischen Szene wird ihre Konstruiertheit, ihre filmische Inszenierung thematisch. Das Filmbild wird erneut als Gemach-

Schulstunde im *fast forward*-Modus: Die Konstruiertheit der Bilder wird ausgestellt

tes und Zusammengefügtes erfahrbar. Das »normale«, üblicherweise synchrone Bewegungsbild zerfällt in verschiedene Bewegungsgeschwindigkeiten der handelnden Figuren im Bild, dessen Tonebene sich vom Dargestellten löst. Die »Stimmen« werden zu technisch anmutenden Geräuschen, wie man sie auch aus (Zeichen-)Trickfilmen kennt. Die Kamera bewegt sich dabei nicht, sondern verharrt in einer Einstellung. So wird der Raum zu einem theatralischen Raum mit Auf- und Abgängen der handelnden Figuren, die zum Teil aus ihrer »Rolle fallen«, wie beispielsweise die Figur der Lehrerin, die sich mehrfach zur Kamera wendet und die Zuschauer/innen direkt anblickt. Zusammenfassend könnte man das auch so formulieren: In dieser kurzen Sequenz wird auf der »schulischen Bühne« (des Klassenzimmers) das Filmbild selbst ausgestellt.

Die darauffolgende Szene zeigt das Redaktionsbüro des Fernsehmagazins *Realtime*: Fünf Frauen sitzen um einen Tisch, ein Flipchart ist im Hintergrund zu sehen, auf dem die Kurve der Absatz- oder Zuschauerzahlen eines Magazins mit Namen *Realtime* nach unten weist. Schnell wird klar: Die Szene ist nachvertont. Eine Uhr tickt im Hintergrund, zwei der Frauenfiguren gestikulieren, sind im Gespräch, doch erst nach einigen Sekunden kommt der Ton hinzu. Erst jetzt können auch die Zuschauer/innen hören, worüber gesprochen wird. Eine sechste Frau kommt ins Bild. Kurze Begrüßung, dann die Frage nach Vorschlägen zur Rettung des Magazins. Man brauche Schlagzeilen, etwas, was den Verkauf ankurbeln könne. Man habe einen Bericht gesehen über Gewalt an Berliner Schulen, so etwas brauche man auch in Hamburg. Ein Ort wird gefunden: Mümmelmannsberg. Nun brauche man nur noch Täter, am besten Ausländer, und Opfer. Über Geld wird auch gesprochen. Man verabredet sich für morgen an der Schule.

Die in diesen ersten Filmminuten entwickelte ästhetische Strategie wird nun durch den gesamten Film programmatisch durchgeführt. Die Reporterinnen des Magazins *Realtime* befinden sich dabei in der Gesamtschule Mümmelmannsberg und ihrem Umfeld auf der Suche nach spektakulären Bildern gewalttätiger und krimineller Schülerinnen und Schüler. Die Suche wird unterbrochen von »verrückten« Bildern (*pixilated pictures*) der Schülerinnen und Schüler, die mittels diverser tricktechnischer Verfahren wie der Pixilation [22] hergestellt wurden. Um hier nur einige Beispiele zu nennen:

BUNNY-HOOD: *Pixilated pictures*

Schüler/innen fliegen durch die Luft (siehe linke Spalte, Mitte), schweben durch die Schulkorridore oder purzeln die Treppe hinab; sie verschlingen ihre Kaffeebecher, die Tageszeitung (siehe linke Spalte, oben) oder auch Geldscheine. Das Mädchen aus der ersten Klassenszene taucht, an ihrem Schultisch sitzend, an den unterschiedlichsten Orten – in der U-Bahn, an der Bushaltestelle, im Supermarkt, in der

Disco usw. – auf (siehe S. 117, rechte Spalte). An einigen Momenten verdichten sich die heterogenen Bilder und reflektieren sich ineinander, wenn zum Beispiel die jungen *Realtime*-Journalistinnen, wie von den Fast-Forward-Bildern angesteckt, zu »rasenden Reporterinnen« werden oder sie auf eine der Schülerinnen aus der zuvor beschriebenen Klassenszene treffen, an der ihre stereotypen Fragen abprallen und unbeantwortet bleiben.

Es ließe sich ohne Zweifel noch weiter an den Filmbildern von BUNNY-HOOD arbeiten, wir brechen aber an dieser Stelle ab, um ausgehend von dem, was sich in der Film-Erfahrung von BUNNY-HOOD gezeigt hat, über die künstlerischen Vermittlungsprozesse bei seiner Herstellung zu reflektieren. Zuvor halten wir noch einmal fest: Mit BUNNY-HOOD gelingt den jungen Filmemacher/innen eine spielerisch-gewitzte, intermediale Reflexion über den Film und über das Fernsehformat *Realtime*, stellvertretend für eine Kultur des fernsehjournalistischen *Infotainments*, solcher vermeintlichen TV-Dokumentationen, die sich nach Einschaltquoten richten, auf der Suche nach dem spektakulären Bild, das sich gewinnbringend verkauft. Die ästhetische Strategie des Films bezeichnen wir als *intermedial*, da einmal der Film zur Bühne wird, auf der das Fernsehen sich offenbart, und zugleich das Filmbild selbst auf der schulischen Bühne als Inszeniertes erfahrbar wird. Die parodistische Kritik des Fernsehformats *Realtime* verdichtet sich dabei zu einer Kritik filmischer, medialer Bilder überhaupt. Die journalistische Dokumentation wird im Film als eine Inszenierung wahrnehmbar, die eben nur anderen Formen und Regeln als denen des Spielfilms folgt. Auch bei der dokumentarischen Kamera wird die Realität von anderen Interessen gerahmt, die, nicht im Bild sichtbar, das Sichtbare steuern und inszenieren.

Das verhandelte Thema des Films verdoppelt sich in seiner ästhetischen Strategie. Die Betrachter/innen schauen bei den vielfältigen Manipulationen der Filmbilder zu. Daher geht der Film auch unseres Erachtens über ein emanzipatorisches, politisches Gegenkino im Sinne der Visuellen Kommunikation hinaus. Die Schülerinnen und Schüler versuchen, gerade nicht zusammen mit den Filmvermittler/innen der KurzFilmSchule das »wahre« Leben in Mümmelmannsberg oder an ihrer Schule in einem,

dem vermeintlich richtigen Bild zu repräsentieren. Sie proklamieren, ganz im Gegenteil, das »Hergestellt-Sein«, das »Falsche« jedes Bildes. Alle Bilder sind »wahre Lügen – gelogene Wahrheiten«!

Wie aber kam es zu diesem Film [23]?

Ausgangspunkt des Workshops war ein viel diskutierter *ZDF.reporter*-Beitrag über die »Mümmels«, eine angebliche jugendliche Schlägergang aus Mümmelmannsberg [24] Der Schulleiter der Gesamtschule Mümmelmannsberg hatte daraufhin schwere Vorwürfe gegen das ZDF erhoben. Mitarbeiter des Magazins *ZDF.reporter* sollen Jugendliche bezahlt haben, die in dem Beitrag als gewalttätig dargestellt wurden. Auch ein Lehrer der Schule, Herr Krane, hatte sich an die Tagespresse gewandt und öffentlich gegen den Fernsehbeitrag Stellung genommen. Daraus entstand die Anfrage der Schule zusammen mit »ProQuartier e.V. [25] an die KurzFilmSchule, im Rahmen der Projektwoche einen medienkritischen Kurzfilm zu produzieren. Der Film sollte im Rahmen von *A Wall is a Screen*, einer Kombination aus Stadtführung und Filmnacht [26], an öffentlichen Plätzen in Mümmelmannsberg gezeigt werden. In den Vorgesprächen und ersten Treffen vor dem Workshop wurde neben der gemeinsamen Sichtung des angesprochenen ZDF-Beitrags von den Filmvermittler/innen angeregt, das Thema des Workshops nicht zuvor festzulegen, sondern freizustellen, ob die Schüler/innen sich filmisch mit dem Fernsehbeitrag beschäftigen wollten oder nicht und vor allem, *wie* sie das tun wollten. Zudem stellten die Filmvermittler/innen – Doro Carl, Julia Kapelle und Arne Bunk – ein Kurzfilmprogramm zusammen, das verschiedene filmische Formen und ästhetische Strategien (vom spielerischen Umgang mit Bildern und deren Bedeutung über deren Zeitmanipulation bis zu unterschiedlichen tricktechnischen Verfahren wie der Pixilation) umfasste. Ihr Ziel dabei war, die thematische Fokussierung der Kritik des Fernsehjournalismus auf eine Infragestellung des filmischen Mediums als solchem zu verschieben und zu erweitern: Wie entsteht ein audiovisuelles, bewegtes Filmbild? Was ist seine Technik, Materialität und Medialität?

Nach der Sichtung und Besprechung des Filmprogramms entstanden drei Gruppen, die sich jeweils mit unterschiedlichen Themen oder ästhetischen Formen beschäftigten: Eine Gruppe setzte sich mit tricktechnischen Verfahren auseinander, die zweite experimentierte mit der Herstellung von filmischen Räumen, Zeiten und Bewegungen, und die dritte Gruppe hatte die Idee zu einer TV-Format-Parodie. Mit den ersten Filmaufnahmen in den Gruppen bildete sich bei den Vermittler/innen eine vage Vorstellung davon, dass man die unterschiedlichen Gruppen produktiv zu einem Film zusammenführen könnte. Sie schlugen den Schüler/innen vor, auf einen Film hinzuarbeiten, ohne genau zu wissen, wie dieser aussehen könnte (es gab zu diesem Zeitpunkt weder einen Filmtitel noch ein Drehbuch oder ein Storyboard oder ähnliches). Die Schüler/innen reagierten mit Interesse auf den Vorschlag und ließen sich auf diesen offenen Prozess ein – entgegen den Sorgen der beteiligten Lehrer/innen. Von da an begann jeder Drehtag mit der gemeinsamen Sichtung und Besprechung des bereits produzierten Filmmaterials, sodass alle Beteiligten die Arbeitsergebnisse der jeweils anderen Gruppen kannten. Ausgehend von den Filmbildern wurden in diesen Besprechungen Ideen entwickelt, wie sich die Gruppen treffen könnten, um an weiteren, gemeinsamen Szenen zu arbeiten. Dabei inspirierten sich die Gruppen auch untereinander. Das möchten wir am Beispiel der zuvor beschriebenen Szene im *Realtime*-Redaktionsbüro etwas genauer ausführen: Der Ton der Szene war stark verrauscht und somit unbrauchbar. Die Schüler/innen hatten keine Lust, die Szene nachzudrehen, sondern entschieden sich, inspiriert von der intensiven Auseinandersetzung mit der Konstruktion des Filmbildes der beiden anderen Gruppen, für den Vorschlag der Filmvermittlerin, die Szene nachträglich zu vertonen, obwohl die Nachvertonung bedeutend arbeitsaufwändiger war, als die komplette Szene nachzudrehen. Entscheidend ist hier der Einfall der Vermittlerin, den eigentlichen Fehler, den Mangel des Filmbildes, als Ausgang für eine weiterführende kreative Gestaltung desselben, seine Nachvertonung, zu nutzen. Das führte die Gruppe in eine intensive Auseinandersetzung mit Fragen des Bildtons und ließ gleichsam eine Szene entstehen, die das Thema des Films verdichtete.

Die Vermittler/innen beschrieben den gesamten Produktionsverlauf von BUNNY-HOOD als einen »Verdauungsprozess«, in dem sich die anfangs noch rohen Ideen langsam zu konkreten Inszenierungs- und Bildideen bis hin zu deren Montage umwandelten. Dabei waren die konzentrierten Besprechungen des Filmmaterials mit den Schüler/innen und die Reflexionsgespräche der Filmvermittler/innen wichtig: Langsam setzten sich in diesen Übersetzungsprozessen die einzelnen Filmteile zusammen. Wie zuvor mit Pazzini angesprochen, musste der Weg zum Film erst gesucht werden, oder mit anderen Worten: der Sinn des Films, seine Intensität und Intention, entwickelte sich erst im »Machen« – im »Filmen« stellte sich heraus, was mit dem Film mitgeteilt werden wollte. Dabei entstand durch das »Weg-Finden« der Filmvermittler/innen – zuerst weg von den festen und intentionalen Vorstellungen der Lehrer/innen und Schüler/innen zu Anfang des Workshops und damit hin zu einer offeneren, künstlerischen Forschung am Filmbild selbst – eine intensive Wahrnehmung der Konstruktion des Filmbildes bei den Schüler/innen, die auch am Film erfahrbar ist.

Anmerkungen

1   In seinem Aufsatz *Kunst existiert nicht, es sei denn als angewandte* unterscheidet Karl-Josef Pazzini die Anwendung von jeder Form der Methodik. Er bezieht sich dabei auf ein Interview mit Jacques Derrida, in dem dieser über die Dekonstruktion spricht. Pazzini schlägt vor, in dem folgenden Zitat Derridas »Dekonstruktion« durch »Kunst unterrichten« zu ersetzen: »Sie kann nicht angewendet werden, weil die Dekonstruktion keine Doktrin ist, sie ist keine Methode, noch ist sie ein Set von Regeln oder Werkzeugen. Sie kann nicht vom Performativen gelöst werden, von Signaturen, von einer gegebenen Sprache. Wenn Sie also ›Dekonstruktion tun‹ wollen – [...] – dann müssen Sie etwas Neues aufführen [...], in Ihrer eigenen singulären Situation, mit Ihrer eigenen Signatur. Sie müssen das Unmögliche erfinden und mit der Anwendung im technischen, neutralen Sinn des Wortes brechen. Also, einerseits gibt es keine ›angewendete Dekonstruktion‹. Andererseits aber gibt es nichts anderes, weil die Dekonstruktion nicht aus einem Set von Theoremen, Axiomen, Werkzeugen, Regeln, Techniken oder Methoden besteht. Wenn die Dekonstruktion an sich also nichts ist, dann ist alles, was sie tun kann, anwenden, angewendet auf etwas anderes.« Karl-Josef Pazzini: Kunst existiert nicht, es sei denn als angewandte. In: Bauhaus-Universität Weimar / Brigitte Wischnack (Hg.): Tatort Kunsterziehung. Thesis. Wissenschaftliche Zeitschrift der Bauhaus-Universität Weimar, Bd. 2. Weimar 2000.

Vgl. auch Jacques Derrida: As if I were Dead. An Interview with Jacques Derrida. (Als ob ich tot wäre. Ein Interview mit Jacques Derrida.) Herausgegeben und übersetzt von Ulrike Oudée Dünkelsbühler, Thomas Frey, Dirk Jäger, Karl-Josef Pazzini, Rahel Puffert, Ute Vorkoeper. Wien 2000, S. 23ff.

2 Die KurzFilmAgentur Hamburg e.V. wurde 1992 gegründet. Sie betreibt seit 1994 einen Kurzfilmverleih für Kinos im deutschsprachigen Raum, den weltweiten Handel mit Lizenzrechten, eine Kurzfilmdatenbank mit zugehörigem Videoarchiv sowie Maßnahmen zur Filmbildung und führt Projekte mit nationalen und internationalen Partnern durch. Jährlich veranstaltet sie das Internationale KurzFilmFestival und seit 1999 auch das Mo&Friese KinderKurzFilmFestival Hamburg. Für mehr Informationen siehe http://www.shortfilm.com.

3 Vgl. dazu Karl Josef Pazzini: Kann Didaktik Kunst und Pädagogik zu einem Herz und einer Seele machen oder bleibt es bei ach zwei Seelen in der Brust? In: Kunstpädagogische Positionen, Bd. 8. Hamburg 2005, insbes. S. 11ff.

4 Vgl. zur Medialität des Films Manuel Zahn: Filmvermittlung ist? Gastbeitrag im Dossier »Filmvermittlung und Pädagogik« des Projekts »Kunst der Vermittlung. Aus den Archiven des Filmvermittelnden Films«, Entuziazm. Freunde der Vermittlung von Film und Text e.V., Berlin. Oder Manuel Zahn: Film-Bildung. In: Michael Wimmer / Roland Reichenbach / Ludwig Pongratz (Hg.): Medien, Technik und Bildung. Schriftenreihe der Kommission Bildungs- und Erziehungsphilosophie der DGfE. Paderborn 2009, S. 107-121.

5 Vgl. dazu Nina Rippel: Zum bildenden Potential experimenteller und künstlerischer Kurzfilme. In: Renata Luca / Helene Decke-Cornill (Hg.): Jugendliche im Film – Filme für Jugendliche. Medienpädagogische, bildungstheoretische und didaktische Perspektiven. München 2007, S. 73–92.

6 Vgl. dazu Wolfgang Welsch: Ästhetisierungsprozesse – Phänomene, Unterscheidungen, Perspektiven. In: W.W.: Grenzgänge der Ästhetik. Stuttgart 1996. S. 9-61; insbes. S. 21-39.

7 Gilles Deleuze: Unterhandlungen 1972-1990. Frankfurt/Main 1993, S. 107.

8 Alles Mögliche kann »familiär« werden, auch wenn die erste Bezugsgruppe der Schüler/innen aus unterschiedlichen Fernsehprogrammen, Videospielen, Internetseiten o.ä. besteht. Gemeint ist das vertraute, bekannte, also eigene Perspektive der Kinder auf die Welt und sich selbst, die sie mit in die Schule bringen – das englische *familiar* erinnert daran.

9 Das Singuläre (lat. *singularis*; »einzeln«, »vereinzelt« sowie »eigentümlich«, »außerordentlich«) wird oft gleichbedeutend mit dem Individuellen verwendet. Es unterscheidet sich in seiner Einzigartigkeit oder Einzähligkeit von anderen Urteilsformen, dem Allgemeinen und dem Besonderen, wie sie Immanuel Kant in seinen drei *Kritiken* ausgearbeitet hat.

10 Vgl. Pazzini 2000, a.a.O., S. 8-17.

11 Vgl. beispielsweise Carmen Mörsch u.a. (Hg.): Kunstvermittlung 1+2, Berlin 2009; Eva Sturm: Vom Schießen und vom Getroffen-Werden. Kunstpädagogik und Kunstvermittlung »Von Kunst aus«. Kunstpädagogische Positionen, Bd. 7. Hamburg 2005 oder Eva Sturm / Stella Rollig: Dürfen die das? Kunst als sozialer Raum. Wien 2002; NGBK (Hg.): Kunstcoop©. Berlin 2002; Pierangelo Maset: Ästhetische Bildung der Differenz. Kunst und Pädagogik im technischen Zeitalter. Stuttgart 1995.

12 Pierangelo Maset: Ästhetische Operationen und kunstpädagogische Mentalitäten. Kunstpädagogische Positionen, Bd. 10. Hamburg 2005, S. 10.

13 Vgl. Maset 1995, a.a.O.

14 Maset 2005, a.a.O., S. 10.

15 Ebenda, S. 15-20.

16 Ebenda, S. 16.

17 Ebenda, S. 9f.

18 Sturm 2005, a.a.O., S. 5f.

19 Die KurzFilmAgentur verfügt über ein umfangreiches Kurzfilmarchiv, dessen Bestand die zum Internationalen KurzFilmFestival in Hamburg eingereichten Filme seit 1984 umfasst.

20 Pazzini 2000, a.a.O., S. 14.

21 www.talent-film.net/jugendmediale2007.

22 Pixilation (von engl. *pixilated*; leicht verrückt, skurril, exzentrisch) ist eine der einfachsten Techniken des Trickfilms und bezeichnet das Filmen oder Fotografieren von Personen oder Objekten mit Einzelbildschaltung. Der früheste Referenzfilm zum Verfahren der Pixilation ist der kanadische Kurzfilm NEIGHBOURS (1952; R: Norman McLaren).

23 Der folgende Abschnitt, der den Herstellungsprozess von BUNNY-HOOD rekonstruiert, geht auf ein Gespräch mit Doro Carl und Arne Bunk vom 19.7.2009 zurück.

24 Vgl. beispielsweise den Artikel auf *Spiegel-Online* vom 6.4.2006: Fernsehteam zahlte prügelnden Jugendlichen 200 Euro (www.spiegel.de/kultur/gesellschaft/0,1518,410103,00.html).

25 ProQuartier wurde als Tochterunternehmen des Hamburger Wohnungsunternehmens SAGA gegründet. Es »initiiert und fördert Prozesse in benachteiligten Wohngebieten, die die Wohn- und Lebensverhältnisse verbessern und die Wohnzufriedenheit erhöhen.« Siehe auch www.proquartier.de.

26 www.awallisascreen.com

Im Kino

Filmvermittlung für Schulen im Österreichischen Filmmuseum

Von Dominik Tschütscher

Die Vermittlung von Film ist grundsätzliche und natürliche Aufgabe des Österreichischen Filmmuseums in Wien. Grundlage dieser Vermittlung war dabei immer die Filmpräsentation in einem für eine Filmanschauung adäquaten Ausstellungsrahmen: dem Kino. Peter Kubelka, der 1964 mit Peter Konlechner das Filmmuseum gründetet hat, entwickelte dafür das Konzept eines Ideal-Kinos: das *Invisible Cinema*, völlig schwarz und eine räumliche Anordnung, in der nichts von dem konzentrierten Blick auf die Leinwand und dem darauf ausgestellten Film ablenken soll. Nachdem er sie zunächst 1970 zur Gründung der Anthology Film Archives in New York realisierte, brachte Kubelka seine Idee des Ideal-Kinos 1989 nach Wien und gestaltete den Vorführsaal des Filmmuseums im Gebäude der Albertina in ein Unsichtbares Kino um.

Der Ausstellungsaspekt des Filmmuseums besteht somit in der Vermittlung eines Ensembles zwischen historischer Technologie (adäquate Filmaufführung), sozialer Praxis (ins Kino gehen) und ästhetischem Erleben (Filmanschauung). Dass der Film und das Kino jedoch aus sich selbst und sich selbst vermitteln, also neben Film (= Ausstellungsobjekt) und Kino (= Ausstellungsraum) keine weitere Vermittlungsinstanz benötigen, ist die romantische Sicht der Cinephilen, die sich gegen eine vermeintlich aufklärerische Übersetzung dieser intrinsischen Vermittlungskraft wehren. Vielleicht zu Recht, wenn man bedenkt, in welche Sackgasse eine schulische Filmbildung lief, die den kritischen Medienkonsumenten und nur das Verstehen der fil-

mischen Inszenierungsmittel zum Ziel hatte oder in der praktischen Anwendung Film oft nur auf einen thematischen Zuspieler reduzierte; vielleicht auch aus Angst, dass in dieser didaktischen Übersetzung das Unberechenbare verloren geht, was einem für seine eigene Filmsozialisierung so wichtig erscheint; aber vielleicht auch aus dem abgrenzenden Unwillen heraus, Verständnisbrücken für alle, die sich ins Kino setzen, anbieten zu müssen.

Das Österreichische Filmmuseum hat über Jahrzehnte selbst einen Vermittlungspurismus, der sich auf die Ausstellung und Anschauung von Film konzentrierte, betrieben. Dieser Purismus wurde in den letzten Jahren aufgeweicht, und seit 2002 nehmen die Kontextualisierung und Übersetzung der Kinoerfahrung in den Bildungsbereich einen immer größeren Stellenwert in der Arbeit des Museums ein. Das Filmmuseum bleibt zwar immer noch eine Cinémathèque (mit einem großen Sammlungsbereich), aber kommt in verstärkter Form einem Bildungsauftrag nach, der an ein Museum üblicherweise herangetragen wird. Die Vermittlungsprogramme richten sich jedoch nicht gegen den lange praktizierten Purismus, sondern speisen aus ihm ihre grundlegende Ausrichtung. Dabei wird versucht, verschiedene Anknüpfungspunkte zu bieten, in denen die sinnliche Erfahrung eines Kinobesuchs genauso wichtig ist wie die Vermittlung dessen, wie man mit dieser Erfahrung umgehen kann, woher sie kommt, wie Film und Kino überhaupt funktionieren und welche gesellschaftlichen, historischen, künstlerischen wie auch persönlichen Bezüge hergestellt werden können.

In der Filmvermittlung für Schulen gibt das Filmmuseum im Programm *Schule im Kino* für Schulklassen im Alter von 8 bis 18 Jahren für zwei Stunden Einblicke in thematisch ausgerichtete Fragestellungen: *Manipulation und Kino*, *Mach dir ein Bild vom Krieg*, *Film und Kunst* oder *Im Atelier mit: Peter Tscherkassky* sind einige der Titel, die in den Schulsemestern angeboten werden. Das Vermittlungsprogramm *Fokus Film* richtet sich an Schulklassen, die sich intensiver mit einer Film-Thematik auseinandersetzen wollen: Entlang ausgewählter Monatsretrospektiven werden Unterrichtspakete zusammengestellt und in enger Abstimmung mit den teilnehmenden Schulklassen über ein Schulsemester verteilt thematisiert. Die bisherigen Schwerpunkte in diesem neu eingeführten Programm hatten die Retrospektiven zu Direct Cinema und zur Screwball Comedy als Basis. Für Lehrerinnen und Lehrer wird zudem seit drei Jahren die *Summer School* angeboten, ein mehrtägiges Filmseminar, in dem sich entlang der Pole *Film als Kunst* und *Film als Dokument* Fragestellungen, Be-

Das *Invisible Cinema* in New York ...

trachtungsweisen und Erfahrungswelten entfalten, aus denen sich interessante Anknüpfungspunkte für den Unterricht ergeben. Die Vermittlungsprogramme werden von Mitarbeitern des Filmmuseums, externen Filmvermittlern oder von Filmemachern und -künstlern gestaltet, deren Kompetenzen und Erfahrungen natürlich stark die Ausgestaltung der Programme prägen.

Anhand des Programms *From Silence to Sound*, das das Filmmuseum im Rahmen von *Schule im Kino* für Schülerinnen und Schüler im Alter von 14 bis 18 Jahren anbietet und als Beispiel aus der Praxis im Januar 2009 beim *Bremer Symposium zum Film* vorstellte, versuche ich, die Vermittlungsarbeit im Österreichischen Filmmuseum zu skizzieren.

From Silence to Sound

Gerhard Gruber, Film- und Theatermusiker und seit 2003 Stummfilmpianist im Filmmuseum, trat mit

dem Wunsch an das Filmmuseum heran, Stummfilmvorführungen mit Klavierbegleitung – sein Vorschlag war THE GENERAL (Der General; 1927; R: Clyde Bruckman, Buster Keaton) – auch für junge Menschen anzubieten. Wieder standen wir vor der grundsätzlichen Frage einer Filmvermittlung: Sollen wir die Jugendlichen mit etwas konfrontieren, was sie nicht kennen (die wenigsten Kinder und Jugendlichen kennen Stummfilme, als Kinoerfahrung schon gar nicht), und vertrauen auf die alleinige Kraft der Filmvorführung und -anschauung? Oder möchten wir die Jugendlichen an diese Kinoerfahrung heranführen? In der Vermittlung versierte Leser können diesem letzten Satz vermutlich ebenso wenig abgewinnen wie der fachdidaktischen Zauberformel »Wir müssen die Kids dort abholen, wo sie sind«. Beide Ansichten, sofern sie sich auf diese Zugänge versteifen, trauen sowohl dem Filmischen in Bild und Ton als auch dem jungen Menschen nichts oder zu wenig zu. Für das Programm *From Silence to Sound* haben wir uns ausnahmsweise, aber bewusst, für ebendiesen Weg entschieden: Wir möchten das junge und nicht stummfilmerfahrene Publikum an diese Erfahrung heranführen. Am Ende des Programms möchten wir den Moment ausgelöst haben, in dem sich die Jugendlichen auf eine neue Erfahrung einlassen. Es steht nicht im Vordergrund, dass sich die jungen Menschen zum ersten Mal einen Stummfilm ansehen, sondern dass sie diese neue Erfahrung mitunter besser oder anders – oder überhaupt – einordnen und bestenfalls für sich persönlich bewerten können. Wir wussten, dass wir am Ende einen längeren Stummfilm spielen. Die Wahl fiel bald auf BIG BUSINESS (Das große Geschäft; 1929; 20 Minuten) von James W. Horne und Leo McCarey mit Stan Laurel und Oliver Hardy. Also haben wir eine Stunde Zeit (die Programme sind auf 90 bis 120 Minuten angelegt), um die Schülerinnen und Schüler am Ende dort zu haben, wo wir sie haben möchten. Wir beginnen das Programm mit einem

Stück Kino, wie es die Jugendlichen heute kennen: zwei Ausschnitte aus einer zeitgenössischen US-Produktion im Cinemascope-Format, THE AVIATOR (2004; R: Martin Scorsese). Die zwei gewählten Ausschnitte zeigen Testflüge des Luftfahrtpioniers Howard Hughes, gespielt von Leonardo DiCaprio. Der erste Testflug endet im Absturz auf bewohntes Gebiet, der zweite zeigt den erfolgreichen Start der *Hercules*, des größten Flugboots der Welt. In beiden Ausschnitten mischen sich Toneffekte, Dialog und Musik-Soundtrack. Der Absturz wird musikalisch eingeleitet mit einer Interpretation des barocken Orgelwerks *Toccata und Fuge d-Moll* von Johann Sebastian Bach; der zweite Testflug wird von einem Soundtrack des kanadischen Filmkomponisten Howard Shore begleitet. Wir zeigen den Jugendlichen die beiden Ausschnitte nacheinander und bitten sie, vor allem darauf zu achten, was wann wie zu hören ist.

    Im Kino sieht man nach den zehn Minuten erschlagene Gesichter. Auch wenn manche den Film schon kannten, wirkt in diesen zwei Ausschnitten die ganze audiovisuelle und emotive Kinokraft, der die Jugendlichen soeben völlig erlegen sind. Es herrscht ein Moment des skeptischen Einverständnisses darüber, im Programm den nächsten Schritt weiterzugehen. In diesem Moment der leichten Verunsicherung wagen wir den größtmöglichen Sprung: an den Anfang des Kinos, hin zum 28. Dezember 1895, als die Brüder August und Louis Lumière ihre neueste Erfindung, den Cinématographen, und ihre ersten Filme zur Schau stellten – um zu sehen und zu hören, wie sich Bild und Ton bei der Geburtsstunde des Kinos präsentierten. Wir sind in unserem Falle historisch nicht ganz korrekt und zeigen L'ARRIVÉE D'UN TRAIN EN GARE DE LA CIOTAT (Die Ankunft eines Zuges im Bahnhof von La Ciotat; 1896; R: Louis und Auguste Lumière) aus dem Jahre 1896 gemeinsam mit einem anderen Film der Lumières aus dem selben Jahr, PANORAMA DE L'ARRIVÉE EN GARE DE PERRA-

CHE PRIS DU TRAIN, in dem die Zugfahrt zunächst aus dem fahrenden Zug aufgenommen wird. Mit dabei ist ein Pianist, der, wie 1895 im Grand Café zu Paris, diese Filmvorführung am Klavier begleitet. Das junge Publikum schaut und hört gespannt hin: Die reduzierte Inszenierung eines im Bahnhof

... und das Unsichtbare Kino in Wien

ankommenden Zuges wird vom Pianisten musikalisch durch sein improvisiertes Klavierspiel übersetzt. Was in diesem Moment geschieht, ist die augen- und ohrenscheinliche Offenbarung des Ereignisraums Kino als eine alle Sinne umfassende Erfahrung. Nur, dass zu AVIATOR-Zeiten im Jahre 2004 die Bild- und Tongewalt gewaltiger und trickreicher ist und es im Jahr 1895 offenbar – aus Gründen, die die Jugendlichen noch kennenlernen – nur einzelne Kameraeinstellungen gab, deren emotionaler Gehalt nun auf eindrückliche Weise verdichtet in ein Klaviermusikspiel übersetzt wird.

    Was danach folgt, sind Einblicke in die Filmgeschichte: Warum war der Film anfänglich stumm (dazu Materialkunde mit Filmstreifen)? Wie hat man von Anfang an versucht, dem Bild einen Ton zu geben (offensichtlich durch Klavierspiel; später gab es auch Musikzuspielung durch Orchester, Orgel- oder Schallplattensysteme)? Vermittelt werden soll nicht, dass dem Stummfilm bloß die Tonspur fehlt, sondern dass eine Stummfilmaufführung, und vor allem eine improvisierte, immer eine besondere, weil einzigartige Qualität in sich trägt: Egal, ob wir uns den Film stumm, mit improvisierter Klavierbegleitung oder einstudierter Orchestermusik ansehen, die Film-Erfahrung bietet (fast unzählig) viele Ton-Bild-Erfahrungen, im Gegensatz zum Tonfilm, bei dem (unveränderliches) Bild und (unveränderlicher) Ton an denselben Filmstreifen gekoppelt sind und der (außer bei verschiedenen Sprachfassungen) immer dieselbe Film-Erfahrung bereithält. Mit diesem Gedanken leiten wir in den nächsten, etwas längeren Ausschnitt über: die letzten zehn Minuten aus George Méliès' LE VOYAGE À TRAVERS L'IMPOSSIBLE (Die Reise durch das Unmögliche; 1904), in denen wiederum als schöne Motivkette Züge, Testflüge und auch kleinere Katastrophen vorkommen. Weitere Programmpunkte in *From Silence to Sound* sind ein Gespräch mit Gerhard Gruber über seinen Zugang und seine Arbeit als Stummfilmpianist sowie unterhaltsame Neu-Interpretationen der Duschszene in Alfred Hitchcocks PSYCHO (1960). Wie Gerhard Gruber beweist, kann sie auch als romantische Fernsehfilm-Variante vorgetäuscht werden, in der Marion Crane genüsslich duscht und ihr Liebhaber Norman Bates sich zu ihr ins Bad gesellt. Am Ende des Programmes wird mit BIG BUSINESS ein 20-minütiges Meisterwerk der Weihnachtsbaumzerstörung mit Stan

Laurel und Oliver Hardy, den Göttern der verlangsamten komischen Reaktion, gezeigt. Mitten im Geschehen agiert ihr dritter Komplize: der Pianist Gerhard Gruber – sowie das junge Publikum, das nun auf die Film- und Klavierspielperformance eingestimmt sein sollte.

Der Moment der Verunsicherung

Auf den schon oben angesprochenen Moment der (durchaus vergnüglichen) Verunsicherung möchte ich kurz eingehen, da er, wie ich finde, für die Filmvermittlung, wie sie das Filmmuseum versteht, von zentraler Bedeutung ist. Im Vergleich zu anderen Bild-Medien bleibt die Kraft des Kinofilms (im Kino) in seiner Wirkung und seinem Potenzial, Momente hervorzurufen und auszulösen, unerreicht. Dabei geht es um ebenjenes bereits genannte verführerische Ensemble von Kino-Dispositiv, ästhetischem Erleben und einer sehr speziellen sozialen Praxis, die mit einer stillen Übereinkunft einer sich sonst fremden Masse verbunden ist, die sich bewusst dem Kino ausliefert. Hiermit ist jedoch kein Eskapismus gemeint, sondern vielmehr das Einverständnis darüber, sich konfrontieren zu lassen, sich auf Sinneseindrücke einzulassen, die Einbildungskraft des Filmes in Bild und Ton mit der eigenen zu verhandeln. In diesem Sinne empfinde ich eine Filmerfahrung, speziell im Kino, auch

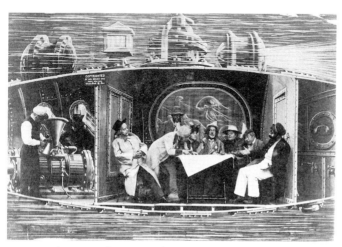

meist als eine zutiefst persönliche Erfahrung. Was sagt und bedeutet mir das, was ich höre und sehe? Warum (be)trifft es mich, und warum nicht? Das Kino kann in seiner sinnlichen Anordnung dieses Aufeinanderprallen der filmischen mit der persönlichen Einbildungskraft ermöglichen, um uns dann erfreut, voller Lust, gleichgültig oder angewidert wieder auszuspucken. Das Schöne am Kino ist: Was auch immer das Kino mit uns macht, böse kann man ihm nicht sein. Man hat sich (meist) freiwillig, und immer wieder gerne, der Gefahr ausgesetzt, konfrontiert und herausgefordert zu werden.

LE VOYAGE À TRAVERS L'IMPOSSIBLE (1904; R: Georges Méliès)

Die Filmvermittlung hat die große Hürde schon überwunden, dass Jugendliche sich tagtäglich mit Laufbildern beschäftigen, ob im Kino oder auf YouTube. Filmvermittlung, die nicht mit der Moralkeule und einer Feuerlöscher-Mentalität daherkommt, kann diesen großen Vorteil nutzen und diesen Moment des Interesses noch verstärken und in weitere, den Jugendlichen unbekannte Richtungen lenken: durch den Einsatz und das Aufeinanderprallen von Bildern und Tönen, denen eine spielerische Auseinandersetzung folgt und die differenzierte und neue Betrachtungsweisen und Erfahrungswelten eröffnen; und durch einen ganz im Sinne des Vermittlungspurismus offenen Zugang, der letztlich zu einer Form der

BIG BUSINESS (1929; R: James W. Horne, Leo McCarey)

persönlichen Haltung diesen Bildern und ihren Kontexten und Nuancen gegenüber führt. Das Kino als Erfahrungsraum ist dabei keine Voraussetzung, aber ein adäquater Ort, um diese Begegnungen zu ermöglichen und Haltungen zu verhandeln. Filmvermittlung – und damit meine ich die versuchte Übersetzung der dem Film intrinsischen Vermittlungskraft in den Bildungskontext – kann solche Momente auslösen, muss sich jedoch auch, vor allem wenn sie Kinder und Jugendliche betrifft, dieser Kraft bewusst sein.

Der Filmvermittler agiert nach seiner eigenen Dramaturgie (letztlich will er ja irgendwohin mit dem, was er zeigt, sagt und tut), darf dabei aber selber nie den Glauben an die natürliche Vermittlungskraft eines Filmes oder von Filmbildern verlieren. Der anfängliche Vermittlungspurismus des Österreichischen Filmmuseums und der Glaube an die Kraft des Filmbildes und des Kinos werden von dieser Form der Filmvermittlung nicht untergraben, sondern bewusst und verstärkt weitergeführt.

»Writing a Text that Will Be Read with the Body«

Kuratieren als somatischer Akt

Von Christine Rüffert

»Die kuratorische Arbeit mit Film und Video hat sich im Laufe der Zeit stark verändert. Kino findet inzwischen nahezu überall statt, die Praxis des Kuratierens steht vor neuen Herausforderungen.« [1]

Im klassischen Museumskontext bezeichnet der Begriff kuratieren (abgeleitet vom lateinischen *curare* = »pflegen, sich sorgen um«) das Betreuen von Sammlungen und das Gestalten von Ausstellungen. Die Publikation von wissenschaftlichen Arbeiten und museumspädagogische Tätigkeiten erweitern das Arbeitsfeld. Was ist nun das Spezifikum des Kuratierens für Film- und Kunstmuseum, Filmfestival und Kino? Die folgenden Betrachtungen sollen einige Facetten und Bedingungen des Kuratierens beleuchten, die sich aus der spezifischen Form des filmischen Artefakts und seiner Aufführung im Kinodispositiv sowie der Persönlichkeit und Leiblichkeit des Kurators ergeben. Die Überlegungen gehen von einer Perspektive aus, die das Kuratieren als intellektuellen, ästhetischen und körperlichen Akt der Vermittlung von Filmästhetik und Filmgeschichte sieht. Anhand der Erfahrungen von Kuratoren wird der Frage nachgegangen, welchen Kriterien eine gelingende kuratorische Praxis genügen sollte. Der Schwerpunkt der Betrachtung liegt auf Werken aus dem Bereich der experimentellen Filmavantgarde, deren Präsentation die Schnittstelle von Film und Kunst markiert.

Filmisches Artefakt und Kinodispositiv

Film vergegenwärtigt seinen Kunstwerkcharakter nur in der Aufführung selbst: Das materielle Artefakt, der aufgerollte Streifen Nitrocellulose, Acetatcellulose oder Polyester gibt nichts von seinem Kunstwerkcharakter preis. Die Reproduzierbarkeit von Film ist einerseits Voraussetzung für die Auswertung des eingesetzten Produktionskapitals auf dem multinationalen Kinomarkt, auf dem ein Erstaufführungsstart mit mehreren 100 Kopien gleichzeitig möglichst viele Leinwände erreichen soll. Auf dem Kunstmarkt dagegen, auf dem Wertschöpfung durch Verknappung erzielt wird, ist die Reproduzierbarkeit des Mediums eher Anlass für Misstrauen und limitierte Editionen. Aber ob Hollywoodblockbuster oder australischer Experimentalfilm: Ansichtig wird der Betrachter des Werkes erst in seiner Aufführung, seiner immateriellen Aktualisierung.

Abgesehen von der Videokunst, die auf eine Monitor-Präsentation angelegt ist, oder Werken der Medienkunst, die für installative oder performative Zusammenhänge in Museen und Galerien konzipiert sind, war es in der Vergangenheit das klassische Dispositiv des Kinos mit Vorführkabine, abgedunkeltem Zuschauerraum und planer Leinwand, in dem Filmerleben und Filmerfahrung stattfanden. Seit den 1950er Jahren bietet das Fernsehen für den Spielfilmbereich eine Zusatzverwertung. Für die Filmavantgarde entwickelte sich jedoch kein alternativer Abspielbereich, trotz der in den 1960ern betriebenen Versuche, Fernsehen als Ausstellungsort für die junge Videokunst zu etablieren [2].

Weder der Aufführungskontext des Fernsehens noch der des Museums werden durch ihre jeweilige Anordnung dem für die Kinoleinwand produzierten Film gerecht. »Die Eigenschaften des filmischen Materials lassen sich im Fernsehen nicht erfahren und ›erfühlen‹ [...]. Mit den Körpern ist das Publikum im Kino anwesend – und es erfährt an seinen eigenen körperlichen Reaktionen die Präsenz, die das Lichtspiel des Films – in seiner Projektion und mit seiner Materialität, die es aus seinem fotochemischen Material schöpft – in ihm hervorruft. Fernsehen kann das nicht simulieren.« [3] In beiden Dispositiven, dem Fernsehen wie dem Museum, sorgen eine verkürzte oder unterbrochene Betrachtungszeit häufig dafür, dass dem Film nicht die Art der Aufmerksamkeit zukommt, die in der zeitlich gebundenen Performanz angelegt ist. Im Fernsehen werden anspruchsvolle Filme innerhalb der quotenorientierten Schemata in Nischen platziert. Diese werden zwar von den Sendern als Programmzusammenhänge geplant, aber durch den Zuschauer einer eigenen zapping-gesteuerten Programmierung unterworfen, die der gezielten Betrachtung durch den fernsehtypischen Zerstreuungskontext eine tendenziell beiläufige Wahrnehmung entgegensetzt. Ähnliche Effekte ergeben sich – wenn auch aufgrund anderer Voraussetzungen – im Museumskontext, in dem eine psychosomatische Versenkung in den Film durch die räumliche Anordnung und Störungen durch äußere Einflüsse (Einstreuen von Lichtquellen, Spiegelungen auf Monitoroberflächen, Überlagerungen der Tonebene durch andere Werke oder Gespräche von Besuchern etc.) erschwert wird. Ähnlich wie beim Fernseh-Zapping kann der Besucher einer Ausstellung sein eigenes Programm zusammenstellen: Dem museumstypischen Flanieren entsprechend, kann er je nach Gefallen zum nächsten Ausstellungsobjekt überwechseln oder über das Projektionsende hinaus verweilen und Loops mehrfach betrachten oder sich durch Überspringen und Richtungsänderungen einem programmierten Rundgang entziehen. Außer bei bewusst kinoähnlichen *blackbox*-Projektionen wird er in der Regel einen Film nicht mit einem Anfang beginnend sehen.

Der zeitbasierte und materialgebundene Charakter eines Films vergegenwärtigt sich am deutlichsten im Kinodispositiv: »Das Kino ist erstens ein Ort, an dem zweitens Filme gezeigt werden für Zuschauer, die drittens in einer bestimmten Weise zum technisch-apparativ projizierten Bewegungsbild auf einer Leinwand angeordnet sind. [...] Zugleich hat der Film ›als Film‹ seine optimal technische Darstellungsform im Kino gefunden: Im Kino ist der Film am schönsten.« [4]

Österreichisches Filmmuseum, Eingang

Der hier anklingende bestmögliche Erlebniswert liegt wesentlich in der körperlichen Präsenz des Zuschauers begründet. Im Zuge der filmwissenschaftlichen Verschiebung von der Texttheorie zur Ereignistheorie liegen vermehrt Untersuchungen zur Bedeutung der Körperlichkeit in der Filmerfahrung vor. Es ist eine Besonderheit des Films, den Betrachter auf mehreren Affektionsebenen gleichzeitig zu erreichen, seine Sinne auf eine direkte physische Weise anzusprechen und durch die mimetische Seite eindrücklich an bereits existente Erinnerungsbilder und -töne anzuknüpfen. Sabine Nessel weist in *Kino und Ereignis* nach, dass die somatische Reaktion des Zuschauers im Kino eine zentrale Rolle spielt und die ästhetische Wahrnehmung des Films sich als eine den Prozessen des Lesens und Erkennens vorgängige erweist, die maßgeblich über den Körper erfolgt [5]. Nach Steven Shaviros Ansatz in *Cinematic Body* sei der Zuschauer den Filmbildern ohne Möglichkeit zur Distanznahme ausgeliefert, weil die affektiv-körperliche Reaktion der kognitiven vorausgehe: »Wir reagieren aus dem Bauch heraus auf visuelle Formen, bevor wir die Muße haben, sie als Symbole zu lesen oder zu interpretieren.« [6] Daraus lässt sich schließen, dass eine Position intellektueller Distanz, wie der Betrachter sie vor nicht zeitgebundenen und nicht fotografiebasierten Kunstobjekten einnehmen kann, für filmische Artefakte nur bedingt verfügbar ist. Nicht nur die somatische Affektion ist konstitutiv für die Erfahrung des Filmerlebens, sondern auch die an die Erlebenszeit gebundene Wahrnehmung und die als Realismus empfundene Abbildqualität der fotografischen Aufnahmen.

An der grundsätzlichen Bedeutung des Kinos als eines kulturellen Ortes dürfte auch das bevor-

Österreichisches Filmmuseum, Foyer

stehende digitale Rollout der Majors zunächst wenig ändern. Gleichwohl hat die Digitalisierung zu einer leichteren Verfügbarkeit des Films geführt. In Kunstausstellungen ist die DVD das gängige Format der Filmpräsentation. Im Internet finden sich immer häufiger *streams* von Avantgardewerken, die früher nur über eine Archivausleihe zugänglich waren. Auf dem Weg zu einer verstärkten gesellschaftlichen Anerkennung von Film als Kunstform ist die höhere Präsenz gerade auch von Werken jenseits des Mainstream zu begrüßen. Für die Filmvermittlung stellt sich die Frage, was darüber hinaus an vermittelnder Tätigkeit einzubringen ist, um die Kenntnisse der Betrachter zu erweitern und damit verbundene persönliche Wertschätzung auszubilden. Neben der Begegnung des Zuschauers mit den materiellen Qualitäten des Trägermediums und seiner performativen Entfaltung im Kinodispositiv ist dies die Person des Kurators, die als Vermittlungsinstanz auch körperlich auftritt.

Vermittlung am Beispiel Filmmuseum

Das Österreichische Filmmuseum vertritt diesen Ansatz mit Konsequenz. Es hat den Schritt vom archivarischen Forschen und Sammeln zum Präsentieren und Reflektieren umgesetzt, indem es das von Peter Kubelka 1970 für das Anthology Film Archive entworfene »Unsichtbare Kino« 1989 für Wien adaptierte. In diesem »idealen Kino«, das jegliche das Filmerlebnis störenden Elemente eliminieren will, weist seit 2002 eine Texttafel die BesucherInnen darauf hin, dass es sich bei dem Österreichischen Filmmuseum um eine »Cinémathèque« handelt, deren Ausstellungen auf der Leinwand stattfinden [7].

Gemeinsam mit anderen filmvermittelnden Institutionen hat das Österreichische Filmmuseum damit begonnen, seine Ausstellungsaufgaben neu zu bewerten:

In einer Veranstaltung am 3. Oktober 2008 wird der neunte Band der FilmmuseumSynemaPublikationen, *Film Curatorship – Museums, Archives, and the Digital Marketplace*, vorgestellt, ein »experimentelles Buch« zur Theorie und Praxis der kuratorischen Arbeit mit Filmen und Filmsammlungen. In einem dialogisch verfassten Kollektivtext setzen sich drei Generationen von Filmarchivaren mit den ästhetischen, technologischen, ökonomischen und politischen Fragestellungen auseinander, die das Kuratieren von Filmen im digitalen Zeitalter hervorbringt. Durch diese besondere Textform werden die Kuratoren nicht nur mit ihren jeweiligen inhaltlichen Positionen lesbar, sondern positionieren sich gleichzeitig wie in einem Gespräch anwesende Personenkörper. Ebenso interessant wie die mehrstimmige dialogische Textform, die die komplexe Situation eher in philosophische Betrachtungen denn in konkrete Handlungshinweise auflöst, ist das Konzept der Veranstaltung zu sehen, das den kuratorischen Aspekt der Präsentation in schöner Deutlichkeit zur Anschauung bringt: Unter dem Veranstaltungstitel *Die Utopie Film* treten drei der vier Herausgeber (Paolo Cherchi Usai, Alexander Horwath und Michael Loebenstein) »zur Diskussion über einige zentrale Fragen der Disziplin an (ca. 60 min)«, bevor im Anschluss ein eigens zusammengestelltes Filmprogramm von 94-minütiger Länge folgende Konstellationen zeigt: »Stan und Ollie im Krieg gegen die Schwerkraft, gegen die Dummheit und gegeneinander. Germaine Dulac und Antonin Artaud im Wettstreit um den ›richtigen‹ Surrealismus. Buñuel & Dalí (und Richard Wagner) im Kampf für ein Kino der Schocks und des Wunderbaren. Charlie Chaplin und Norbert Pfaffenbichler (und Bernhard Lang, mit Richard Wagner) im Infight über 94 bzw. 143 Jahre hinweg, im Auge eines stillstehenden Orkans, in 35mm CinemaScope-« [8] So wird im Ankündigungstext nicht nur der kuratorische Faden der für die Präsentation getroffenen Filmauswahl für alle sichtbar durch eine thematische Spielregel (Kampf) geknüpft. Zudem werden die vier völlig unterschiedlichen Filme abschließend augenzwinkernd mit einem »Vorschlag zur Genrebildung« kategorisiert: *La comédie d'avant-garde*. Erwähnt sei auch, dass gerade diese Filmauswahl die Körperlichkeit der Protagonisten (und damit verbunden die der Zuschauer) aufs Äußerste fordert. Vor dem Hintergrund eigener archivarischer und konservatorischer Tätigkeit werden im Text selbstverständlich Hinweise auf die jeweils für die Neurestaurierung zuständigen Institutionen wie das Nederlands Filmmuseum und die Filmoteca Española gegeben, ebenso wie der Vermerk des für einen Experimentalfilm besonderen Vorführformats von 35mm CinemaScope.

Besser kann sich das Selbstverständnis eines Filmmuseums als kuratorischer Institution nicht ausweisen: In einer Veranstaltung versammeln sich das Denken, Publizieren, Sprechen über Film sowie das Konservieren, Dokumentieren, Auswählen, Kategorisieren und Aufführen von Film wie auch die zugehörigen Personenkörper.

Folgerichtig verstehen die besagten Kuratoren ihre Rolle gerade nicht als das Sammeln filmischer Artefakte im Sinne einer möglichst umfassenden Endlagerung. Sie stellen vielmehr die auswählende und interpretatorische Qualität ihrer Arbeit heraus und setzen sie in Bezug zu ihrem Interesse am Kino als kulturellem Erbe, das es immer neu auszustellen und in immer anderen Zusammenstellungen neu zu konstituieren gilt. Sie beschließen ihr Buch mit folgender Definition für das Kuratieren von Film: »The art of interpreting the aesthetics, history, and technology of cinema through the selective collection, preservation, and documentation of films and their exhibition in archival presentations.« [9]

Wenn sich der Film nur in der Aufführung vergegenwärtigt und Selektion das entscheidende Kriterium der Filmvermittlung ist, welche spezifischen Anforderungen ergeben sich daraus für das Kuratieren von filmischen Kunstwerken? Worin genau besteht »the art of interpreting«?

Das Programmieren von Film im Kino – Auswahl und Anordnung

Das Auswählen von Filmen und das Präsentieren in einer Kinovorstellung – »their (selective) exhibition as cinematic events« – sind die beiden Aspekte, die das Kuratieren zur filmkulturellen Vermittlung werden lassen [10]. Im Gegensatz zu der Beliebigkeit, mit der Film auf dem digitalen Markt häufig zum bloßen *content* verschiedener Trägermedien degradiert wird, wählt ein Kurator unter ganz bestimmten Kriterien selektiv aus, was Bestandteil der »moving image experience« wird [11]. Wie an dem Begriff abzulesen ist, geht es dabei um mehr als nur die Aufführung bewegter Bilder. *Experience* meint eine geistige, physische und emotionale Erfahrung, die nicht nur von der Qualität der gezeigten Filme selbst, sondern entscheidend auch von der Qualität der Zusammenstellung und dem Präsentationskontext abhängig ist.

Die Bedeutung der Programmierung für das Gelingen einer Kinoveranstaltung ist seit der Frühzeit des Kinos unumstritten [12]. Bereits die erste deutsche Kinovorführung, das Wintergarten-Programm der Brüder Skladanowksy 1895, folgte einer »geschickt komponierten, der Varieté-Dramaturgie verpflichteten Programmfolge« [13]. Im Kino der Attraktionen war die Abfolge der Programme »nicht beliebig, sondern nach wirkungspsychologischen Gesichtspunkten organisiert« [14]. Und bereits in diesen frühen Kurzfilmprogrammen ließen sich Wirkungen beobachten, die sich aus der zeitlichen Nähe und Kontextualisierung der Filme ergaben. Filme »unterstützten und widersprachen sich [...] und nahmen Einfluss auf die Wahrnehmung des jeweils anderen«, es kam zu »kontextuellen Reibungen und Kontaminierungen«, die »auch ungewünschte, zuweilen gar subversive Effekte zur

Die Utopie Film (v.l.n.r.): LA COQUILLE ET LE CLERGYMAN (1928; R: Germaine Dulac); UN CHIEN ANDALOU (1929; R: Luis Buñuel); HELPMATES (1932; R: James Parrott); MOSAIK MÉCANIQUE (2008; R: Norbert Pfaffenbichler)

Folge haben konnten« [15]. »Der kognitive Prozess, der durch ein Programmformat ausgelöst wurde«, wird von Nico de Klerk »sowohl als Risiko wie als Gewinnposten« bezeichnet [16].

Gerade das Abzielen auf einen kognitiven Erkenntniszuwachs im Sinne einer filmhistorischen oder filmästhetischen Vermittlung kann den Kuratoren aber in die programmatische Irre führen. Der Filmemacher, Professor und Kurator Matthias Müller warnt davor, die filmvermittelnde Absicht bei der Selektion dominieren zu lassen: »Grundsätzlich ist die Autonomie des einzelnen Werks zu gewährleisten: Ein Film darf nicht instrumentalisiert werden durch ein rigides kuratorisches Konzept, dass ihn zum bloßen Argument eines Diskurses degradiert, für den er nicht produziert wurde. Die individuelle Leistung des einzelnen Films wird entwertet in

einem Programm, das beispielsweise nichts anderes vermag, als unterschiedliche Flicker-Filme zu akkumulieren.« [17]

Demnach sind solche Auswahlkriterien als verfehlt zu bezeichnen, die – Magazinsammlungen vergleichbar – nach Ähnlichkeitsbeziehungen sortieren und ausstellen, also historisch verwandte oder thematisch bezogene oder ästhetisch gleichartige Filme in einem Programm versammeln.

Christine Noll Brinckmann, ebenfalls Filmemacherin, Professorin und Kuratorin, berichtet aus der Praxis: »Der Hauptfehler vieler Kuratoren ist, ähnliches Material zu vereinen, sodass alles zu einer großen Soße zusammenfließt. Also keine Programme nach Ähnlichkeit, schon gar nicht ästhetischer Ähnlichkeit. Stattdessen eine andere Bezugsgröße wählen, die es erlaubt, die Filme kontrastiv zueinander zu platzieren. Dabei kann es gelingen, sie gegenseitig zum Leuchten zu bringen, statt sie miteinander stumpf werden zu lassen.« [18]

Um solche Bezugsgrößen setzen zu können, ist ein umfassendes filmhistorisches Wissen notwendig. Eine genaue Kenntnis der einzelnen Werke ist dabei zwar Voraussetzung, aber keineswegs Garant für eine gelungene Auswahl. Der Kurator muss die Qualitäten, die sich aus der spezifischen Form des filmischen Artefakts ergeben, (er-)kennen und in seinem audiovisuellen Gedächtnis physisch erinnern können, er sollte die spezifischen Gegebenheiten des Kinodispositivs mit einbeziehen und schließlich beides in Beziehung zueinander setzen, wenn er die ausgewählten Filme in eine wirkungsvolle Reihenfolge bringt. Den Zuschauer als Erlebenden in seiner somatischen Befindlichkeit in das planerische Konzept miteinzubeziehen ist Voraussetzung gelungenen Kuratierens. Auf diese Weise kann ein Spannungsbogen aufgebaut werden, der dem Unterhaltungsanspruch des Publikums gerecht wird und gleichzeitig einen Erkenntniszuwachs über den Film und das Kino ermöglicht.

»Ein spannendes, die Sinne wach haltendes Experimentalfilm-Programm braucht beides: Analogien, Parallelen, Wahlverwandtschaften zwischen unterschiedlichen Arbeiten wie auch Kontraste, Brüche, Unversöhnliches. Als Kunstform betrachtet, gilt auch für das Kuratieren von Experimentalfilm-Programmen die alte Regel, dass Kunst den Konflikt braucht«, konstatiert Matthias Müller [19].

Durch die Zeitgebundenheit des Mediums Film tritt die Ähnlichkeit von kuratorischer Selektion und künstlerischer Produktion noch deutlicher zutage. Der Kurator vollbringt mit der Zusammenstellung von Einzelwerken in einer zeitlichen Abfolge einen kreativen Prozess, der dem des Filmemachens selbst ähnelt. Hinweise auf diesen Zusammenhang finden sich in den Aussagen der von mir befragten Kuratoren: »Das Programmieren von Experimentalfilmen ist im Grunde wie der Schnitt eines 90-minütigen Films, verlangt also viel Kunstverstand. Und wie man am Schneidetisch nur produktiv arbeiten kann, wenn man sein Material aus dem Effeff kennt, so muss man auch die Experimentalfilme sehr genau kennen. Aber schlimmer noch als am Schneidetisch, wo ja bereits Material zusammengehöriger

Art vorliegt, muss man den Nenner für die Show erst noch finden. Und das bedeutet, dass man viel mehr Material sehr genau kennen muss, enorm viel, um aus dem Vollen schöpfen zu können – das ist die erste Bedingung, und eine Bedingung *sine qua non*.« [20]

Für Matthias Müller ist die detailgenaue Kenntnis der ausgewählten Filme ebenfalls oberstes Gebot. Seine Beobachtung bekräftigt die Analogie der Situation von Vorführung und Schneidetisch: »Florian Wüst etwa, der kürzlich seine kuratorische Praxis in einem meiner Seminare vorstellte, überprüft bei seinen Programmen auch jeweils das Schlussbild des vorangegangenen mit dem Anfangsbild des nachfolgenden Films.« [21]

Der Filmkurator als *passeur*

Als eine dem Filmemachen vergleichbare künstlerische Tätigkeit ist das Kuratieren von Kurzfilmprogrammen immer auch von subjektiven Kriterien geleitet. Unabhängig von Kuratierungskontext oder kuratorischem Auftrag (als Teil eines Kinoprogramms, einer Ausstellung, eines Festivals, als Informationsreihe für Filmstudierende, als thematisch bezogene Ergänzung zu anderen Künsten etc.) wird deutlich, dass neben den möglichst umfassenden Kenntnissen auch der persönliche Geschmack und die Liebe zu einzelnen Werken bei der Auswahl eine Rolle spielen. Die Filmemacherin Ute Aurand beschreibt ein explizit filmvermittelndes Anliegen, nämlich bestimmten Filmen eine Öffentlichkeit zu verschaffen, wobei sie ihre Motivation aus ihrer eigenen Zuschauerperspektive herleitet:

»Ich habe angefangen, Filme von anderen zu zeigen, weil die Filme, die mir wichtig sind und die ich mag, selten im Kino zu sehen sind. So ist meine Auswahl sehr subjektiv. Ich habe dann aber auch angefangen, besonders nach Filmemacherinnen zu suchen, deren Filme ich vielleicht mögen könnte, und so fand ich Marie Menken oder Margaret Tait. Ich versuche zu vermeiden, Filme zu zeigen, weil sie historisch wichtig oder gut gemacht sind [...]. Programme, in denen die Weltsicht des Kuratierenden erkennbar ist, finde ich interessant.« [22]

Wie aber konstituiert sich die »Weltsicht des Kuratierenden« in der Auswahl und Montage von

Filmen? Welchen Einfluss haben die Persönlichkeit des Kurators und die Eigenschaften des filmischen Artefakts auf diesen Prozess?

Als bei der Eröffnung des Sammlermuseums Weserburg in Bremen im Jahre 1992 die Leitung des Hauses mich einlud, regelmäßig Filmkunst in den Museumsräumen zu präsentieren, war das für ein Museum der zeitgenössischen Kunst durchaus nicht selbstverständlich. Auch wenn bereits auf der legendären Szeemann-*documenta* 5 von 1972 Filme unter anderem von Birgit und Wilhelm Hein liefen, die für die folgende *documenta* 6 im Jahr 1977 sogar eine eigene Experimentalfilmsektion kuratierten, so hat es der Azetatfilm im Museumskontext schwer. Birgit Hein resümiert: »Nein, das Museum ist eben nicht Spielort für den Experimentalfilm geworden [...]. Schließlich setzte sich die Videokunst aufgrund der Präsentationsproblematik durch und nicht der Film. Die Diskussion, wie man Film im Kunstzusammenhang zeigen kann, ist bis heute nicht abgeschlossen.« [23] Die kuratorische Einladung der Weserburg war aber keineswegs auf die Videokunst beschränkt, sondern bezog sich ganz bewusst auf die Aufführung von »Filmfilm«. Mitten im Museum wurde ein provisorisches Kinosetting mit Leinwand, 16mm-Projektor, Soundanlage, Stuhlreihen, Verdunkelung und abgetrennter Vorführkabine installiert. Im Laufe von zehn Jahren etablierte sich diese Kooperation zwischen dem örtlichen Kommunalen Kino und dem Museum; in über 80 Veranstaltungen liefen mehr als 600 Filme. Meinen anfänglich didaktischen Anspruch, in einer Art »Schule des Sehens« die Historie des Internationalen Experimentalfilms chronologisch aufzuarbeiten, gab ich bald zugunsten eines Konzepts auf, das mir im Nachhinein und gerade bei der Betrachtung von Kuratieren als Vermittlungsarbeit interessant erscheint. Ich verlegte mich darauf, eine Carte blanche an ausgewählte Personen zu vergeben, die als Filmkuratoren tätig waren oder als Vermittler geeignet erschienen. Die Programme, die auf diese Weise entstanden, waren sehr unterschiedlich. So breiteten MitarbeiterInnen von Institutionen die Schätze ihrer Einrichtung aus: Zum Beispiel veranstaltete Brigitte Burger-Utzer von *sixpackfilm* in Wien eine »Treibjagd im Archiv« des österreichischen *Found Footage*-Films oder präsentierte Steve Gallagher, da-

maliger Kurator von *The Kitchen* in New York, den zeitweiligen Trend, mit billigen Spielzeugkameras grobkörnig-pixilierte Videos zu drehen. Auch stellten FilmemacherInnen ihre eigenen Filme in deren stilistischen und historischen Entstehungskontext, so gab zum Beispiel Kuratorin, Filmemacherin und Professorin Birgit Hein einen Überblick über den Materialfilm oder Matthias Müller mit *Endlosschlaufen – One Step Forward, Two Steps Back* Einblick in den *Found Footage*-Film. Am interessantesten waren die Programme, in denen persönliche Vorlieben im frei gewählten Thema Ausdruck fanden: Dazu zählte das aus persönlicher Lebens- und Arbeitsbiografie entwickelte Programm *From Private to Public Space – über die Bedeutung von Politik im Experimentalfilm* von Yann Beauvais, Filmemacher und Kurator aus Paris, oder das Doppelprogramm *Landschaften und Leidenschaften*, in dem Christine Noll Brinckmann zwei zentrale Themen des Experimentalfilms gegenüberstellte.

Was zeichnete diese Programme aus? Auf dem Hintergrund ihrer Kenntnisse und ihres Filmverstandes ließen die Kuratoren sich in ihrer Auswahl von einer individuellen Sichtweise auf den Aufführungsgegenstand leiten. Die in der verbalen Präsentation des Programms teilweise emotional gefärbte persönliche Ansprache der Zuschauer veränderte deren Rezeptionshaltung. Der Kurator ist hier in einer analogen Rolle zu dem bei Bergala geschilderten *passeur* zu sehen, »der in einen Bereich der Kunst einführt, der ihn persönlich berührt und den er sich gerade deshalb ausgesucht hat« [24]. Matthias Müller schildert seine prägende Begegnung mit einem deutschen *passeur*: »Den größten und nachhaltigsten Eindruck als Experimentalfilm-Kurator hat Ende der 80er Jahre Alf Bold von den Freunden der Deutschen Kinemathek auf mich gemacht. In einer ganz eigenen Mischung aus grenzenloser Begeisterungsfähigkeit und profunder Sachkenntnis, gern angereichert mit einschlägigem *gossip*, hat er wiederholt Programme in der Filmklasse der HBK Braunschweig vorgestellt, in der ich damals studierte. Alf Bold lebte das Kuratieren von Experimentalfilm-Programmen als eine Kunstform, die vergleichbare Qualitäten verlangt wie die Produktion eines Kunstwerks.« [25]

Eine Spezialität des Kuratierens von Alf Bold lag in der Ausrichtung langer Experimentalfilmnächte, bei denen er nur einen Teil des Programms vorab festlegte. Da er die Filme der von ihm verantworteten Experimentalfilmsammlung fast auswendig kannte, war er in der Lage, auf Zuschauerreaktionen, die er mehr erspürte als beobachtete, mit dem Zeigen eines bestimmten Films direkt einzugehen [26]. Christian Hüls vergleicht diese improvisierte Montageform mit der Tätigkeit eines Discjockeys und den Erfahrungsraum von Kino mit dem der Diskothek [27].

Der hier anklingende Vergleich von Filmaufführung und musikalischem Erleben rückt die Bedeutung von Körperlichkeit in den Blick, die einen wesentlichen Anteil an der kuratorischen Tätigkeit (über das sinnliche Erinnern) wie auch an dem Rezeptionserlebnis hat. In dem geschilderten Extremfall setzt sich der körperlich präsente Kurator direkt mit den anwesenden Zuschauerkörpern in Verbindung und wertet deren Reaktionen aus: »Immer wenn sie abschlafften, suchte ich etwas, um sie aufzumuntern.« [28] Für eine gelingende kuratorische Praxis ist die Fähigkeit der sinnlichen Erinnerung als auch der körperlichen Antizipation von entscheidender Bedeutung.

Die somatische Affektion als kuratorischer Leitfaden

»Neben der Handschrift der Kuratorin, des Kurators spielt also die besondere Situation der Aufführung des Programms vor einem Publikum eine wesentliche Rolle in diesem Kontext programmatischer Bemühungen. Für ein Publikum wird das Programm zusammengestellt, und vor einem Publikum ergeben sich neue, unvermutete Zusammenhänge, Assoziationen und Verknüpfungen, die in der Konfrontation, in dieser ›Live-Situation‹ erst entstehen. Das Publikum bildet gewissermaßen den Zwischenraum, eine Art Resonanzkörper für die Komposition, für die Zusammenstellung des Programms. Ohne die Zuschauer ›klingt‹ in gewisser Weise nichts«, so Hüls [29].

Bei einem Kurzfilmprogramm sind es meiner Beobachtung nach die ästhetischen Qualitäten ganz unterschiedlicher Filme, die sich miteinander in Verbindung setzen, indem sie korrespondieren, sich widersprechen oder ergänzen. Dies geschieht

Kino als somatische Erfahrung: QUAY LANDING

auf dem Hintergrund der somatischen Affektion der Zuschauer. Gerade bei Experimentalfilmen wird die Verbindung nicht so sehr durch kognitive Schlüsse hergestellt, sondern durch die Verknüpfung der

133

Erinnerungsbilder und Körpersensationen, die den jeweiligen, meist fotografischen Aufnahmen inhärent sind. Die Filme treten gleichsam miteinander ins Gespräch.

Stefanie Schulte Strathaus von den Freunden der Deutschen Kinemathek, Kuratorin im Kino Ar-

Österreichisches Filmmuseum, Bar

senal und beim Internationalen Forum der Berlinale, spricht davon, »dass ein Programm immer mindestens zwei Filme benötigt, um einen Zwischenraum zu eröffnen, einen dritten Raum, an den sich der Zuschauer zusammen mit den einzelnen Filmen erinnern wird.« [30]

Vor dem Hintergrund der Bedeutung der Zwischenräume stellt sich die zentrale Rolle des Montageprinzips neu dar: In der Programmierung kommen die grundsätzlichen Anordnungen des Kinos, die in die Materialität des Films eingeschrieben sind, zum Tragen, und zwar nicht nur in der Produktion, sondern gleichermaßen auch in Aufführung und Rezeption. Der Eigensinn des Materials drückt dem Kuratieren seinen Stempel auf.

Für den Kurator bedeutet das bereits in der Auswahl, mögliche Wirkungen, die durch die Montage einzelner Filme zu einem Programmganzen entstehen, antizipieren zu können. Hierzu muss er sich auf seine sinnliche Erinnerung verlassen können, die

wiederum abhängig ist von der Situation, in der er den Film das erste Mal erfahren hat, und von den Reaktionen des zu dieser Vorführung versammelten Publikums. »Das Programm entsteht somit als Mischung aus der eigenen Erinnerung der Wahrnehmung von bestimmten Filmen, ihren Details und den Reaktionen, die sie einst hervorriefen, und der Tätigkeit, sie neu zu sichten und in neue Kontexte einzubringen.« [31] Trotz erleichterter (digitaler) Verfügbarkeit von Filmen ist bislang die erneute Sichtung vor dem Programmieren in meiner eigenen Praxis eher die Ausnahme.

Als Kuratorin sitze ich an einem imaginären Schneidetisch: Wenn ich die Filme auf einer somatischen Ebene erinnere, erinnere ich auch Qualitäten, die Bilder und Töne des Films eher sekundär transportieren und in eine somatische Erfahrung übersetzen. Wenn ich zum Beispiel QUAY LANDING (1998; vgl. Abbildungen S. 133 u. Film clip no. 20) von Stephan Sachs erinnere, spüre ich gleichzeitig mit dem Aufsteigen der Bilder von Palmen und Strand am Venice Beach, California, auch die zugehörige Sonne auf der Haut und den leichten Wind, der vom Meer kommt. Und gleichgültig, ob ich den Film als Studie über Körperkult programmiere oder als Beispiel für strukturelle Schnittfolgen in Bild und Ton: Ich werde auch die Sonne und den Wind berücksichtigen, denn ich vertraue darauf, dass sich auch bei anderen Betrachtern ein ähnliches Gefühl der Leichtigkeit einstellt, wenn sie sich den scheinbar endlos gelooppten fließenden Bewegung der Skater hingeben.

Die Kuratorin Karola Gramann nennt als Voraussetzung für eine gute Arbeit das körperlich erinnerte Verknüpfen von Filmen: »Man muss die Fähigkeit kultivieren, dass die Filme aus der Erinnerung aufsteigen, dass zum Beispiel die Farbe in dem einen Film einen anderen Film im Gedächtnis evoziert, nicht, weil in ihm auch diese Farbe vorkommt, sondern weil er mit einer Stimmung, einem Rhythmus, einem Klang auf den ersten Film antwortet.« [32] Sie vergleicht die Programmgestaltung gerne mit der Kunst des Kochens: »die Speise ist mehr als die Summe der Ingredienzien« [33]. Ob die Zutaten sich zu einer schmackhaften Speise verbinden, zeigt letztlich erst die Aufführung. Karola Gramann – ganz im Sinne des *passeurs* – nennt als Bezugspunkt ihrer Auswahl den eigenen Geschmack: »Grundsätzlich mache ich die Programme so, wie sie für mich richtig sind. Ich halte es für einen Fehler, für ein im Vornherein doch immer abstrakt bleibendes Publikum zu programmieren. In der Situation, wenn die Filme laufen, ist das etwas anderes. Dann nehme ich Publikumsreaktionen wahr, die manchmal auch meine Programmierung in Frage stellen.« [34] Ungeplante und teilweise überraschende Reaktionen liegen darin begründet, dass die Filme in der Regel nicht vollständig erinnert werden und die Montage der Gesamtkomposition vor dem inneren Auge und nicht an einem Schneidetisch stattfindet. Oftmals ergeben sich in der Live-Präsentation auch neue Querverbindungen einzelner Filmelemente, die auch Stefanie Schulte Strathaus dem somatischen Erleben zuordnet: »Normalerweise entstammen Programme dem Filmgedächtnis der Kuratoren. Andererseits entstehen Berührungspunkte unerwartet im physischen Akt des Sehens der Filme.« [35] Die Präsentation ist ebenso gebunden an die leibliche Präsenz des Kurators, wie auch die Wahrnehmung und Verarbeitung der Publikumsreaktionen. Ich notiere solch überraschend auftretende Linien und Publikumsrückmeldungen mit Interesse, um sie bei einer nochmaligen Programmierung des Films berücksichtigen zu können. Reaktionen sind jedoch nur bedingt übertragbar, da sie stark von Erwartungshorizont, Zusammensetzung des jeweiligen Publikums und Präsentationskontext abhängen. Neben der Erfahrung des Kurators spielt auch die (Vor-)Erfahrung des Publikums eine Rolle. Das Sich-Einlassen auf die Vorführsituation und das Vertrauen in den Kurator ebnen den Weg für eine ganz andere eigene Art der Erfahrung des Zuschauers: »Es stößt ihm etwas zu – etwas in ihm wird zum Klingen gebracht, und um die Weitergabe dieses nur schwer in Worte zu kleidenden Etwas, dieser Erfahrung, geht es womöglich in besonderem Maße bei der kuratorischen Arbeit.« [36]

Dieses Etwas, diese Erfahrung ist besonders in Experimentalfilmprogrammen geprägt durch die Begegnung mit Alterität. Der Zuschauer setzt das audiovisuelle und somatische Erleben im Kinoraum zu seinem Leben außerhalb und vordem in Beziehung. Im Abgleich von erlebtem Film und gelebtem Leben entfaltet sich die identitätstiftende Wirkung des Kinos. Filmvermittlung als *passeur*-geleitete Begegnung mit der Alterität des filmischen Kunstwerks kann nicht nur Gedanken, Gefühle und Erleben von Welt evozieren, sondern auch den Blick auf die filmhistorische Perspektive öffnen. Matthias Müller fordert: »Es muss um eine Vergegenwärtigung des Historischen gehen, und dies legt die Kombination alter mit neuen Filmen nahe. Gleichzeitig sollten von neuen Filmen Traditionslinien in die Vergangenheit, Genealogien aufgezeigt werden.« [37]

Durch die immer wieder neue Komposition von Programmen entstehen neue Blickwinkel, und die Programme werden damit selbst Teil der Filmgeschichte.

Stefanie Schulte Strathaus bringt dies auf den Punkt: »A heterogeneous structure of a film and video program creates new images through repetition and displacement. By drawing lines between different times and places, thoughts and visions, the structure assumes a textual quality. One can say that every single program, whether it is showing old or new work, is re-writing the history of moving images. Curating moving images is writing a text that will be read with the body.« [38]

Anmerkungen

1 Mit diesem Statement verkündet das arsenal institut für film und videokunst am 20.3.2009 die Einrichtung eines Stipendiums für einen Filmkurator. Der hier konstatierte Bedeutungszuwachs filmkuratorischer Tätigkeit lässt fast vergessen, dass erst in jüngerer Zeit der Begriff des Kuratierens häufiger im Zusammenhang mit Film und Kino in Erscheinung tritt.

2 Im Auftrag des WDR 3 entwickelte Gerry Schum 1968 das Konzept einer Fernsehgalerie.

3 Christian Hüls: Das Programm – zwischen Planung, Vorschrift und ›Erfahrung‹. Film und Programmarbeit in der BRD. In: Heike Klippel: »The Art of Programming«. Film, Programm und Kontext. Münster 2008, S. 62.

4 Anne Paech / Joachim Paech: Menschen im Kino. Film und Literatur erzählen. Stuttgart 2000, S. 2.

5 Vgl. Sabine Nessel: Kino und Ereignis. Das Kinematographische zwischen Text und Körper. Berlin 2008, S. 40.

6 »We respond viscerally to visual forms, before having the leisure to read or interpret them as symbols.« Steven Shaviro, zitiert in: Nessel 2008, a.a.O., S. 39.

7 Vgl. Michael Loebenstein: »Lebende Ausstellung«, Wunderkammer, Notation. In: Bettina Henzler /

Winfried Pauleit (Hg.): Filme sehen. Kino verstehen. Methoden der Filmvermittlung. Marburg 2008, S. 201-215.

8 Programm gemäß der Online-Ankündigung der Veranstaltung (vgl. www.filmmuseum.at.): »Die Utopie Film. Film Curatorship. Paolo Cherchi Usai, Alexander Horwath und Michael Loebenstein im Gespräch. HELPMATES (1932) von Stan Laurel & Oliver Hardy / James Parrott. s/w, 22 min, engl. OF. LA COQUILLE ET LE CLERGYMAN (1928) von Germaine Dulac. s/w, ca. 40 min, frz. ZT. Neurestaurierung: Nederlands Filmmuseum. UN CHIEN ANDALOU (1929) von Luis Buñuel & Salvador Dalí. Musik: Richard Wagner, Argentinische Tangos. s/w, ca. 22 min, frz. ZT. Neurestaurierung: Filmoteca Española. MOSAIK MÉCANIQUE (2008) von Norbert Pfaffenbichler. Musik: Bernhard Lang. s/w, 10 min.«

9 Paolo Cherchi Usai / David Francis / Alexander Horwath / Michael Loebenstein (Hg.): Film Curatorship. Archives, Museums, and the Digital Marketplace. Wien 2008, S. 231.

10 Ebenda, S. 223.

11 Ebenda, S. 5.

12 Eine umfassende Darstellung der Filmprogrammierung liefert Klippel 2008, a.a.O.

13 Wolfgang Jacobsen: Frühgeschichte des deutschen Films. In: W.J. / Anton Kaes / Hans Helmut Prinzler: Geschichte des Deutschen Films. Stuttgart 2004 (2. Aufl.), S. 16.

14 Andrea Haller: Das Kinoprogramm. In: Klippel 2008, a.a.O., S. 22.

15 Ebenda, S. 37.

16 »After all, the cognitive process activated by the program format was as much a risk as an asset.« Nico de Klerk: Program Format. In: Richard Abel (Hg.): Encyclopedia of Early Cinema. London 2005, S. 535. Zitiert nach: Andrea Haller: Das Kinoprogramm. In: Klippel 2008, a.a.O., S. 38.

17 Matthias Müller: E-Mail-Interview von Christine Rüffert. 23.3.2009.

18 Christine Noll Brinckmann: E-Mail-Interview von Christine Rüffert. 24.3.2009.

19 Müller 2009, a.a.O.

20 Noll Brinckmann 2009, a.a.O.

21 Müller 2009, a.a.O.

22 Ute Aurand: E-Mail-Interview von Christine Rüffert. 8.4.2009.

23 Birgit Hein, zitiert nach: Christin Wähner: Experimentalfilmprogramme in den 60er und 70er Jahren – Ein Interview mit Birgit Hein. In: Klippel 2008, a.a.O., S. 111-112.

24 Alain Bergala: Kino als Kunst. Filmvermittlung in der Schule und anderswo. Hg.: Bettina Henzler / Winfried Pauleit. Marburg 2006, S. 52.

25 Müller 2009, a.a.O.

26 »I almost knew them by heart«. Alf Bold in einem Interview von Christine Noll Brinckmann: The Art of Programming. Juli 1989. In: Millenium. Film Journal. Winter 1990-1991, S. 86-100. Zitiert nach: Hüls 2008, a.a.O., S. 76.

27 Ebenda, a.a.O., S. 77.

28 »Whenever they seem to slacken, I choose something to cheer them up.« Bold 1989, a.a.O., S. 76.

29 Hüls 2008, a.a.O., S. 75.

30 Stefanie Schulte Strathaus: Andere Filme anders zeigen. Kino als Resultat filmischen Denkens. In: Klippel 2008, a.a.O., S. 90.

31 Hüls 2008, a.a.O., S. 79.

32 Karola Gramann: »Man nehme ...« – Ein Gespräch mit Heide Schlüpmann. In: Klippel 2008, a.a.O., S. 132.

33 Ebenda, S. 132.

34 Ebenda, S. 132-133.

35 Schulte Strathaus 2008, a.a.O., S. 9.

36 Hüls 2008, a.a.O., S. 78.

37 Müller 2009, a.a.O.

38 Eine heterogene Struktur eines Programms mit Filmen und Videos schafft durch Wiederholung und Verrückung neue Bilder. Indem Linien zwischen verschiedenen Zeiten und Orten gezogen werden, zwischen verschiedenen Gedanken und Vorstellungen, bekommt die Struktur eine textuelle Qualität. Man kann sagen, dass jedes einzelne Programm, ob es neue oder alte Arbeiten zeigt, die Geschichte der bewegten Bilder neu schreibt. Kuratieren von Filmen ist das Schreiben eines Textes, der mit dem Körper gelesen werden wird. Stefanie Schulte Strathaus: text + film. In: Karyn Sandlos (Hg.): Waiting ... and Wanting. Curating, Pedagogy and the Media Arts. Toronto 2005, S. 29.

Filmvermittlung im Medium Film

Zum Beispiel M – EINE STADT SUCHT EINEN MÖRDER

Von Stefan Pethke und Stefanie Schlüter

Das unabhängige Forschungsprojekt »Kunst der Vermittlung – Aus den Archiven des Filmvermittelnden Films« möchte auf ein Format aufmerksam machen, das Filmvermittlung im Medium Film betreibt. Zu diesem Zweck ist eine Homepage entstanden, auf der Filme *von* Filmen, *mit* Filmen und *über* Filme in einer Datenbank erfasst werden. Zusätzlich haben wir in einer Veranstaltungsreihe diese auf verschiedene Medien verstreuten Filme an den Ort zurückgebracht, von dem sie ausgehen: das Kino. In jeder Veranstaltung wurde ein Filmblock gezeigt und jeweils ein Aspekt von filmvermittelnden Filmen mit internationalen Gästen genauer beleuchtet: So sprachen wir unter anderem mit Harun Farocki zu »Filmvermittlung und Kino«, mit Alain Bergala zu »Filmvermittlung und Cinephilie« oder mit Alexander Horwath und Michael Loebenstein zu »Filmvermittlung und Museum«. Begleitend zu den Veranstaltungen haben wir auf der Projekt-Homepage auch thematische »Dossiers« publiziert, die unsere Rechercheergebnisse mit Interviews, Filmbeschreibungen und einer umfangreichen Filmografie öffentlich zugänglich machen. Die Präsentation verschiedener Traditionen von Filmvermittlung im Medium Film macht ein heterogenes, aber doch eigenes »Genre« sichtbar, das sich parallel zur Filmgeschichte herausgebildet hat [1].

Im Feld der filmischen Filmvermittlung ist Fritz Langs Film M – EINE STADT SUCHT EINEN MÖRDER (1931) ein besonders häufig zitiertes Beispiel.

Das überrascht nicht, handelt es sich doch um einen kanonisierten »Klassiker«. Die Vielzahl an Filmen über M gibt uns die Möglichkeit, Ausschnitte aus verschiedenen analytischen Arbeiten zu denselben Szenen aus M zu vergleichen und so den Formenreichtum des Genres »filmvermittelnder Film« zu umreißen. In der Gegenüberstellung verschiedener Analyseverfahren sollen das »Was« und das »Wie« von Vermittlung anschaulich werden.

Wir werden diese Beispiele in der Chronologie des Films M vorstellen; als Referenzszenen dienen uns dabei die Eröffnungssequenz, die Stammtischszene, die Parallelmontage zwischen Polizei und Unterwelt, die Schaufensterszene und schließlich das Femegericht.

1. Exposition – In einem Bild alles zeigen

Jean Douchets Bilderfächer

Der Filmkritiker Jean Douchet, Wegbegleiter der Nouvelle Vague, ist eine Galionsfigur der französischen Cinephilie. Seit den 1960er Jahren hat Douchet immer wieder an filmvermittelnden Filmen mitgearbeitet, unter anderem für das französische Schulfernsehen – wie auch Eric Rohmer und Jean Eustache. In vielen seiner Analysen geht Douchet von der Arbeitshypothese aus, dass in der Eröffnungssequenz eines Films im Kern bereits der ganze Film enthalten sei. Auch im Lehrfilm M VON FRITZ LANG [2] nehmen Douchet und seine Mitarbeiter Suzuki und Jaganathen die Exposition als Bezugspunkt, zu dem ihre Analyse immer wieder zurückkehrt [3].

In unserem Ausschnitt lenkt Douchet den Blick des Zuschauers durch den filmischen Raum der ersten Einstellung von M und führt damit zugleich in einen sozialen Raum ein. Lang schwenkt hier über einen typischen Berliner Hinterhof, in dem spielende Kinder einen blutigen Abzählreim sprechen. Was der Kameraschwenk hinauf zu einem Balkon verwischt, macht die Analyse mit früher Videotechnik wieder deutlich: Eine Anordnung dünn gerahmter Einzelbilder baut eine im Originalfilm so nicht vorhandene Raumtotale nach. Ein wandernder roter Winkel begleitet diesen Bilderfächer und veranschaulicht Kamerapositionen und Aufnahmerichtungen – ein Verweis auf eine gän-

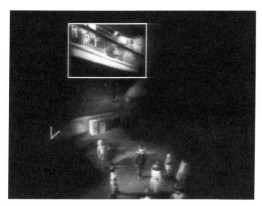

Schaffensanalyse in Jean Douchets M VON FRITZ LANG und André S. Labarthes LE DINOSAURE ET LE BÉBE

gige Praxis im filmischen Schaffensprozess [4], wie Fritz Lang selbst in einem anderen filmvermittelnden Film, LE DINOSAURE ET LE BÉBÉ (Der Dinosaurier und das Baby; 1967; R: André S. Labarthe) [5], anschaulich vorführt (siehe Bilder oben):

Es ist zu sehen, wie Lang ähnliche offene Winkel in den Grundriss eines Studiosets einzeichnet und anhand dessen dem jungen Jean-Luc Godard erläutert, wie der filmische Raum zusammengesetzt und der Ablauf der Dreharbeiten systematisiert wird.

Douchets Raumrekonstruktion und Langs Skizze haben dieselbe vermittelnde Funktion. Beide ermöglichen es, auf einen Blick zu erfassen, was im Film nur nacheinander zu sehen ist: Kompression

Douchets Raumrekonstruktion der Eröffnungssequenz zeigt eine im Original nicht vorhandene Totale

als Verfahren der Vermittlung – in einem Bild alles zeigen.

Zu Douchets bildlicher Operation liefert ein Off-Kommentar Erklärungen ab. Der Text geht stark auf die Komposition ein, auf Linien und geometrische Figuren im Bild, und lässt daher an kunstgeschichtlich orientierte Methoden der Bildbeschreibung denken (siehe Bild unten):

»Von dem Kreis der Kinder schwenkt die Kamera ... empor zu einem Balkon, auf dem Wäsche hängt. Decke und Boden schwarz, bedrückend. Der Balkon, der das Bild durchschneidet, das Gitter, das es abschließt – eine starre Welt. Zwei Perspektiven, zwei Welten in diametralem Gegensatz zueinander: Dem Blick von oben wird der von unten, dem Kreis die Gerade, der Welt des Spiels die Welt der Arbeit gegenübergestellt.«

Das Labor des Hartmut Bitomsky

Mit der »Soziologie der Berliner Mietskaserne« in M befasst sich auch der Regisseur Hartmut Bitomsky. Seine Arbeit KINO FLÄCHEN BUNKER (1991) [6] widmet sich keinem einzelnen Werk, sondern unternimmt einen Streifzug durch verschiedene Filme. Sequenzen werden in Kontakt miteinander gebracht [7], und zwar im Hinblick auf eine spezifische Fragestellung: Wie gehen unterschiedliche Projekte mit der Gestaltung von Schauplätzen um? Neben Filmausschnitten aus Filmen wie THE NIGHT OF THE HUNTER (Die Nacht des Jägers; 1955; R: Charles Laughton) oder LES YEUX SANS VISAGE (Augen

»Ein Kind ist nicht an seinem Platz«

»Der Stuhl, der nicht besetzt ist«

ohne Gesicht; 1959; R: Georges Franju) analysiert Bitomsky eine kurze Passage aus der Exposition von M. Auf einem Fernsehbildschirm sind drei Einstellungen menschenleerer Räume zu sehen, zu denen die verzweifelte Stimme von Frau Beckmann den Namen ihrer Tochter Elsie ruft. Dann schwenkt Bitomskys Kamera vom Bildschirm auf zwei Männerhände, die durch Kaderfotografien blättern, durch direkt vom Filmstreifen aufgenommene Fotos. Die Reihe der Standbilder setzt sich aus neun Abzügen zusammen, von denen der erste ein Mädchen mit einem Ball zeigt und der neunte einen leeren Tisch. Ein Off-Kommentar beschreibt, was ohnehin zu sehen ist (siehe Bilder oben, vgl. Film clip no. 21).

»Der Stuhl, der nicht besetzt ist« zum Bild des gedeckten Mittagstischs – diese vermeintliche Verdoppelung setzt eine eigentümliche Poesie frei. Bitomsky zieht hier auf verbaler Ebene dasselbe Register wie Lang auf visueller; er übersetzt ins Sprachliche zurück, was Langs Bilder an präzisen Ideen enthalten. Beschreibend setzt sich der analysierende Filmemacher Bitomsky an die Stelle des analysierten Filmemachers Lang. So vollzieht er ästhetische Entscheidungen nach, als drehte er die analysierte Szene in einem virtuellen Remake ein zweites Mal.

Nach den ersten drei Abzügen nimmt das Blättern durch die Bilder Fahrt auf, die »Schnittfrequenz« erhöht sich – jeder Satz ein Bild, bis auf dem letzten Bild eine Zusammenfassung der gesamten Exposition erfolgt: »Dieser Tisch ist schon das ganze Drama für sich.« Hatte Douchet noch die komplette Er-

öffnungssequenz zum *pars pro toto* für den ganzen Film erklärt, schafft Bitomsky das mit einem einzigen Bild. Fortschreitende Verdichtung.

Wie im Film die Kaderfotografien durch die Hände des Assistenten gehen, das erinnert zum einen an eine elementare Form von Filmschnitt und zum anderen an das Blättern in einem Buch. In der Tat repräsentieren die Fotografien in ihrer buchähnlichen Nutzung und der Fernseher als Videomonitor alte bzw. neue filmanalytische Instrumente. Sie gehören zu Bitomskys Versuchsaufbau, den er als provisorisches Labor für Bildforschung inszeniert, womit er seiner Untersuchung von Kinoschauplätzen ein Meta-Exemplar hinzufügt.

Wo konventionelle Filmanalyse bildfüllend Ergebnisse präsentiert, durchwandert Bitomsky ausgesuchte Fragmente einer persönlichen Filmgeschichte, als führte er uns durch einen selbst angelegten Park. Der doppelte Rahmen des Fernsehgeräts innerhalb des Filmbilds leistet dabei zweierlei: Er fungiert als ein Anführungszeichen, das ein Zitat markiert, und unterstreicht zugleich, dass hier neue Bilder, ein eigenes Werk entstehen.

2. Stammtisch: Sozioanalyse der Bilder

Werner Dütsch: Argumentieren mit Bildern

Wiederholung bindet Aufmerksamkeit, der Serienmörder ist schnell in aller Munde, in allen Köpfen

Schuss-Gegenschuss aus Filmstills in Werner Dütschs FRITZ LANG

– kollektive Nervosität steigert sich zum Verdacht aller gegen alle. Eine Szene in M zeigt die Zusammenkunft von Spießbürgern an einem Stammtisch, die in gegenseitigen Denunziationen eskaliert.

In seinem Film FRITZ LANG geht Werner Dütsch, langjähriges Mitglied der WDR-Filmredaktion, auf diese Szene ein: »Die Hysterie bekommt zusätzliche Nahrung. Der Täter wird als gespenstischer Unhold beschrieben.« [8] Das bleibt der einzige Kommentar zur Stammtischsequenz. Nachdem der Satz auf einem angehaltenen Bild ausgesprochen ist, lässt Dütsch Langs Originalszene weiterlaufen. Als sich der Streit zweier Spießbürger zuspitzt, fährt die Analyse im Standbilder-Modus fort, unter Beibehaltung des Originaltons. Der Schnitt der Szene ist bei Lang konfrontativ: klassischer frontaler Schuss-Gegenschuss – eine Erzählfigur des Kinos, die in den Standbildern bei Dütsch besonders deutlich zum Tragen kommt (vgl. Film clip no. 22).

So wird auf umittelbar bildhafte Weise anschaulich, wie die Szene gebaut ist: Aus einer Gruppe von Menschen werden zwei Figuren herausgelöst, zwischen den Streitenden eine Handlungsachse etabliert, die die Kamera nicht überschreitet. Zwei Aufsichten verschaffen dem Zuschauer anfangs Orientierung und schließlich Distanz zum Geschehen.

Indem Dütsch die laufenden Einstellungen auf Einzelbilder reduziert, lässt er sie in konzentrierter Form noch einmal für sich selbst sprechen. Das Auswählen der Standbilder ist schon eine Operation

der Vermittlung: Wann ist die Figur in größtmöglicher Körperspannung zu sehen? Wie sind die Lippen geschürzt in dem Moment, wo ein Schlüsselwort ausgesprochen wird? Wann treten bestimmte charakterisierende Eigenschaften der Kostümierung besonders deutlich hervor? In den starren Bildern kommt das Typische, das Karikaturale der Figuren Langs klar zum Vorschein. Auf diese Weise bringt Dütschs Verfahren ein wesentliches Merkmal des filmischen Erzählens von Fritz Lang auf den Punkt: Wie hier Einzelne zu Stellvertretern ganzer sozialer Klassen erklärt werden, das entspricht Langs Ruf als Regisseur, der weniger psychologisiert als typologisiert.

Klaus Kreimeier: Illustrieren von Fakten

Ein anderer auf die Stammtisch-Szene in M bezogener Beitrag ist im dritten Teil von Klaus Kreimeiers Trilogie zu Fritz Langs deutschen Filmen zu sehen. Dieser Teil trägt den Titel DER BÜRGER UND DIE POLITISCHE MACHT [9] und stellt eine Verbindung zwischen Langs frühen Filmen und den sozio-ökonomischen Rahmenbedingungen der Weimarer Republik her. Kreimeiers Analyse der Stammtischsequenz setzt auf dem Höhepunkt des Disputs ein, genau an der Stelle, an der Dütsch geendet hatte. Allerdings unterhält Kreimeier ein gänzlich anderes Verhältnis zu den Filmbildern als Dütsch. Dütsch geht vom Bild aus, lässt es für sich stehen und argumentieren. Kreimeier dagegen nutzt die laufenden

Bilder als Hintergrundfolie für einen faktenreichen zeitgeschichtlichen Off-Kommentar. Die unterschiedlichen Ansätze von Kreimeier und Dütsch kommen in der Beobachtung der Lang'schen Typisierungen zusammen: »In Langs deutschen Filmen gibt es keinen einzigen Proleten, umso gegenwärtiger ist das Proletariat als geknechtete oder gefährlich organisierte Masse.«

Wo Dütsch ästhetisch operiert, illustriert Kreimeier Thesen zur Proletarisierung des deutschen Kleinbürgertums. Dazu verwendet er zusätzlich eine Sequenz aus METROPOLIS (1926; R: Fritz Lang), die einen Schichtwechsel von Fabrikarbeitern zeigt. Die Passage endet mit einem Schriftinsert, auf dem Kreimeier wie auf einer Schultafel die politischen Ziele von Hugo Stinnes, einem der wichtigsten Unternehmer der deutschen Industriegeschichte, zusammenfasst.

Auch wenn Kreimeiers Kommentar mit marxistischem Jargon aufwartet und deshalb apodiktisch wirkt, bleibt er seinem Gegenstand zugewandt. Er hat die Filme Langs gründlich studiert und wählt seine »Beweisbilder« mit großem Gespür für das Motivische aus. Seine historisch-materialistische Argumentation überprüft, inwieweit sich spezifische gesellschaftspolitische und ökonomische Entwicklungen in den Filmen von Fritz Lang niedergeschlagen haben. Kreimeier tritt als Sozio-Analytiker auf, der die Kultur als Produkt gesellschaftlicher Strukturen in den Zeugenstand ruft und zu den Verhältnissen befragt, denen sie ihre Entstehung verdankt.

3. Parallelgesellschaften: Polizei und Unterwelt

»Auge in Auge« und »Aus dem Off«: Wenders' persönliche Haltung und Douchets »wissende Stimme«

Filmschaffende als Vermittler: Der Film AUGE IN AUGE – EINE DEUTSCHE FILMGESCHICHTE (2008) [10] von Hans Helmut Prinzler und Michael Althen lässt sieben Regisseure, einen Drehbuchautoren, einen Schauspieler und einen Kameramann ihre Lieblingsfilme der deutschen Filmgeschichte vorstellen. Der Lieblingsfilm des Regisseurs Wim Wenders ist

Schriftinsert als Schultafel in Klaus Kreimeiers FRITZ LANGS DEUTSCHE FILME

M, und die Parallelmontage, in der die Milieus von Polizei und Unterwelt miteinander verschränkt werden, erklärt er zu seiner Lieblingssequenz. Der betreffende Filmausschnitt aus M zeigt nacheinander Gangster und Ordnungshüter bei einer Besprechung: Lang schneidet dem Gangsterboss das Wort mitten im Satz ab. Der Polizeipräsident vervollständigt ihn in der Folgeeinstellung bruchlos. Diesen Ausschnitt kommentiert Wenders, indem er auf Tonerfindungen und neue Drehbuchtechniken zu sprechen kommt, die die Einführung des Tonfilms erforderlich machten (vgl. Film clip no. 23).

Talking Head Wim Wenders in AUGE IN AUGE – EINE DEUTSCHE FILMGESCHICHTE

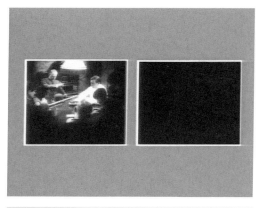

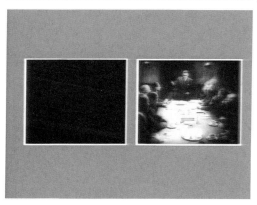

Douchets Analyse der Parallelmontage

Der Regisseur Wim Wenders übernimmt hier die Rolle des *passeurs* [11] und begibt sich damit auf Augenhöhe sowohl mit seinem Gegenstand als auch mit seinem Publikum. Wir erfahren, wie

sein analytischer Blick maßgeblich durch konkrete Dreherfahrung geschult ist. Gleichzeitig gibt er die privilegierte Position des Regisseurs zugunsten eines subjektiven Ansatzes auf, wenn er von seinem Lieblingsfilm, seiner Lieblingssequenz und an anderer Stelle auch von seinem Lieblingsschnitt spricht.

Das Verfahren, auf dem AUGE IN AUGE basiert, ist geläufig: Ein *Talking Head* in Expertenfunktion wird alternierend mit unkommentierten, bildfüllenden Filmausschnitten gezeigt. Insgesamt halten hier die Autorität des anerkannten Filmschaffenden einerseits und Wenders' persönlicher Sprachgestus andererseits die Vermittlungssituation in einer ausgewogenen Spannung zwischen vertikal-wissender und horizontal-mitteilender Diskurspraxis.

Douchets Analyse der Parallelmontage liefert in immer derselben Split-Screen-Anordnung acht Einzelbeispiele für verschiedene Verfahren des Bewegungs- bzw. Dialoganschlusses [12]. Sein erstes Beispiel bezieht sich auf denselben Ausschnitt, den Wenders in AUGE IN AUGE beschreibt. Wo dieser sich mit dem Überlappen des Tons beschäftigt, betont Douchet die visuelle Ebene. Wir sehen nebeneinander, wie die Armbewegung des Polizeipräsidenten anschließt an die gleiche Geste des Gangsterbosses – die Montagefigur des sogenannten Matchcuts. Die beiden Bildfenster von Douchets Split Screen lassen an eine Klebestelle im Filmstreifen denken, und in der Nahtlosigkeit des Übergangs können wir erkennen, wie akkurat beide Szenen aufeinander bezogen inszeniert wurden: »Der Anschluss zwischen beiden Einstellungen fällt zusammen mit einer waagerechten Armbewegung. Schränker beginnt sie, der Polizeipräsident setzt sie fort. Desgleichen im Dialog ...« (siehe Bilder links).

Am Ende des Miniatur-Vergleichs zeigt Douchet die aufeinanderfolgenden Einstellungen der Sequenz wieder im Vollbild, sodass wir Zuschauer das soeben Gelernte noch einmal in der üblichen Vorführsituation überprüfen können. Douchets Didaktik entspricht einem eher vertikalen Modell der Vermittlung: Die »wissende Stimme« aus dem Off erklärt, der Betrachter kann mitvollziehen, aber erst nachträglich die Schlüssigkeit der Argumentation bestätigen [13]. Auch die neutrale Intonation des Kommentars unterstreicht, im Gegensatz zu Wen-

ders' persönlicher Haltung, den objektivierenden
Zugriff auf den Film.

Farocki/Hofmann: Abstraktion und Mimesis

Die Schauspielerbiografie PETER LORRE – DAS DOP-
PELTE GESICHT (1984) [14] von Harun Farocki und
Felix Hofmann geht von Lorres einziger Regiearbeit
DER VERLORENE (1951) aus, bei der Lorre wie in
M die Hauptrolle spielt. Farocki/Hofmann beziehen sich auch auf M und beschreiben zunächst den
Handlungsrahmen des Films. Dabei konzentrieren
sie sich auf die Antipoden von Polizei und Unterwelt, nicht auf den Kindermörder, und legen so
den Grundriss frei, auf dem der Filmplot basiert:
ein dialektisches Gesellschaftsbild. In drei Serien
von Filmstills stellen Farocki/Hofmann mehrere,
für beide Milieus typische Motive zusammen. Indem sie sie antithetisch einander gegenüberstellen,
machen sie sich das Verfahren der Parallelmontage
zu eigen, die bereits von Lang als eine sozioanaly-
tische Abstraktionstechnik eingesetzt wird. Damit
vollziehen die Autoren die zentrale geistige Bewegung von M nach: die Verwandlung einer abstrakten
Vorstellung in filmische Form. Die synthetisieren-
de Schlussfolgerung »Die Unterwelt ist die bessere
Polizei« wird ausgesprochen über drei Standbildern
(zwei davon siehe rechts), die den als Polizisten ver-
kleideten Gangsterboss zeigen.

Sowohl der Satz als auch die Stills zwingen Ge-
gensätze in eine vereinheitlichende Form. Farocki/
Hofmann vollziehen mit ihren Mitteln nach, was Lang
über das Kostüm klar macht: den Prozess des Einebe-
nens gesellschaftlicher Unterschiede zugunsten einer
moralisch gleichgültigen Ordnung. In dieser Konstellation spielt der Kindermörder nur noch die Rolle eines
Katalysators, der die beiden antagonistischen Lager
dazu bringt, dasselbe zu wollen – den Störfaktor zu
beseitigen und den Status quo wiederherzustellen.
Dem entspricht auf der Textebene eine Wortwahl,
die die Differenz zwischen Polizei und Unterwelt
beim Durchkämmen des städtischen Raums betont
und als Gegensatz zwischen kalter Stadterschließung
und aufgeheiztem Dschungelkrieg zusammenfasst.
Ähnlich wie bei Bitomsky fällt bei Farocki/Hofmann
eine Vorliebe für prägnante Sprachbilder auf: Wenn
etwa zum Bild eines Kreise zeichnenden Zirkels von
einer »Kreise ziehenden« Polizei die Rede ist oder zum

Die Unterwelt als Polizei in PETER LORRE – DAS
DOPPELTE GESICHT

Lederhandschuh auf einem Stadtplan von »Hand-
anlegen an die Stadt«, dann gehen Kommentar und
Bild ein mimetisches Verhältnis ein (siehe Bilder S.
144; vgl. Film clip no. 24).

Zweifache Mimesis, zweifache Vereinfachung:
Farocki/Hofmann empfinden die Parallelmontage mit angehaltenen Bildern nach, ihr Kommentar
scheint sich mit wörtlichen Entsprechungen zu be-
gnügen. Doch zwischen Bild und beschreibendem
Wort bleibt immer eine Lücke, und genau damit
arbeiten Farocki/Hofmann. Ihr manifestartig poin-
tierter Kommentartext vermittelt gerade in dem,
was unausgesprochen bleibt, eine Ahnung von kom-

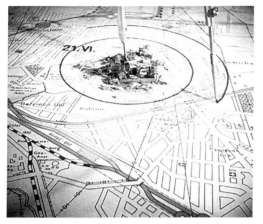 

Methoden des Zugriffs auf die Stadt in PETER LORRE – DAS DOPPELTE GESICHT

plexen Wechselwirkungen, die filmanalytische Arbeit ausmachen. Es ist dem Material anzumerken, dass hier keiner vorgefassten Idee gefolgt wurde. Bilder und Worte reiben sich aneinander, schleifen sich wechselseitig ab, bis eine präzise und zugleich freie Form gefunden ist. Farocki/Hofmann öffnen den Diskurs, statt ihn hermetisch zu schließen. Sie redynamisieren die starren Bilder und halten die Begriffe im Fluss, das Denken in Bewegung: Reduktion ohne Komplexitätsverlust.

4. Das Schaufenster – Verwandte der Kinoleinwand

Die gleiche Szene vom selben Autor zweimal beschrieben: Werner Dütsch hat in seinen beiden filmvermittelnden Filmen zu Fritz Lang [15] teilweise identisches Material verwendet. Die fragliche von Dütsch kommentierte Szene zeigt den Kindermörder, der so tut, als betrachte er ein mit Besteckmessern ausstaffiertes Schaufenster. In Wirklichkeit nutzt er einen Spiegel dazu, ein kleines Mädchen am Straßenrand zu beobachten.

Zwischen beiden Filmen Dütschs liegen 16 Jahre; ein Vergleich ermöglicht es, die intellektuelle Entwicklung einer Autorenposition nachzuvollziehen.

Im Beitrag DIE SCHWEREN TRÄUME DES FRITZ LANG (1974; vgl. Film clip no. 25) ist Dütschs Vorgehen ein deutlich konventionelles: durchgehender

Filmausschnitt ohne Eingriffe; dazu ein professioneller Sprecher aus dem Off. Der Kommentar spiegelt eine große Nähe zum Theoriejargon der Zeit, Marxismus und Psychoanalyse, wider: »Der Betrachter, den Waren nah und fern zugleich, taucht ein in den Zauber des Warenarrangements, und hervor tritt das Bild eines verbotenen Wunsches.«

Der Beitrag FRITZ LANG (1990; vgl. Film clip no. 27), anlässlich des 100. Geburtstags von Lang produziert, geht dagegen spielerischer mit der Szene um. Dütsch setzt hier seine eigene Stimme ein, im Duett mit einer weiblichen Sprecherin (Martina Müller). Gemeinsam schneiden sie eines der komplexesten Themen bei der Beschäftigung mit Kino an – die Beziehung von Dargestelltem und Zuschauer. Ihre These bringt den Rezipienten mit seinem Kino-Gegenüber, dem Kindermörder, in ein psychologisches Verhältnis von Identifikation und Projektion: »Wir sehen die Reaktion auf ein Bild« (Dütsch), »Und wir, die Zuschauer, projizieren in dieses Bild unsere Vorstellung davon, was im Kopf von Peter Lorre vorgeht« (Müller), »Komplizenschaft« (Dütsch).

Rahmungen, Spiegelungen, Doppelungseffekte: Der Kommentartext weist auf die vielen Bildebenen hin, die sich in der Auslage als optische Schichten präsentieren, als eine auf der Fläche eingefangene Welt. Dütsch macht aus der Schaufensterscheibe eine Verwandte der Kinoleinwand.

Gegenüber dem Beitrag von 1974 ist Dütschs Umgang mit Theorie hier weniger jargonlastig. Seine Überlegungen zu Fritz Lang haben sich nicht radikal geändert, aber sie sind enger verbunden mit dem analysierten Material und haben das gesamte Kino-Dispositiv im Blick. Dabei erzeugen die wechselnden Sprecherstimmen eine suggestive Dynamik, mit der die Dütsch und Müller scheinbare Selbstverständlichkeiten infrage stellen können: Woher nehmen wir die Gewissheit, dass Peter Lorre der Kindermörder ist? Die Verblüffung, die entsteht, wenn feststehende Annahmen gegen den Strich gebürstet werden, involviert das Zuschauersubjekt zweifach. Es kann das Kino als Suggestionsmaschine erkennen und sich selbst in seiner Empfänglichkeit für dessen Effekte reflektieren.

5. Vergleiche vor Gericht

Sprachfassungen im Nebeneinander

A PHYSICAL HISTORY OF M (2004) von Issa Clubb ist als Bonus-Material für eine DVD produziert worden (vgl. Film clip no. 26) [16]. Bereits der Titel gibt zu erkennen, dass hier die Geschichte des Filmmaterials von M, die verschiedenen Versionen sowie die Restaurierung des Films in den Fokus gerückt werden. Uns interessiert hier Clubbs Vergleich der deutschen mit der französischen Sprachfassung. Parallel, per Split Screen, wird aus beiden Fassungen derselbe Ausschnitt des Schlussmonologs von Peter Lorre vor dem Femegericht der Gangster gezeigt. Zu hören ist ausschließlich der Ton der französischen Version [17]. Dabei lässt sich lernen, dass es in den Anfängen des Tonfilms üblich war, gleich mehrere Sprachfassungen herzustellen. Unmittelbar nach dem Dreh einer Szene auf Deutsch, wurden ihre französischen und englischen Varianten aufgenommen. Teilweise kam es dabei zu gravierenden Abweichungen: Andere Einstellungen und Schnitte sowie unterschiedliche Sprachmelodien verändern Wirkung und Bedeutung einer Szene.

Im konkreten Fall beschränkt sich A PHYSICAL HISTORY OF M darauf, die markantesten Montage-Unterschiede zwischen deutscher und französischer Fassung herauszustellen. In einem diagonal angeordneten Split Screen sehen wir auf einen Blick, dass die französische Version viel stärker in kürzere Einstellungen aufgelöst ist. Über Gründe hierfür

Bild, Reaktion, Projektion in FRITZ LANG

Französische Sprachfassung oben links, deutsche Sprachfassung unten rechts in A PHYSICAL HISTORY OF M

müssen wir spekulieren: Sehnte sich das französische Publikum nach höherer Schnittfrequenz? War der französische Verleiher ein Cutter? Oder sprach Lorre zu schlecht Französisch?

Der Off-Kommentar von A PHYSICAL HISTORY OF M ist so gestaltet, als käme er aus einem unmittelbaren Vermittlungszusammenhang: »Note how much more editing exists in the French version« – der Zuschauer wird direkt adressiert, zum Hinschauen aufgefordert. Man könnte von einer Form der Vermittlung sprechen, die der eigenen Methode und gleichzeitig dem Zuschauer vertraut.

Der archivarische Zugang bezieht seine Legitimation schon daraus, dass es seltenes Material zu sehen gibt. Der Hinweis auf verschiedene Sprachfassungen von M konfrontiert uns mit einer naiven Sichtweise auf Kunst und ihre Einzigartigkeit: Was ist in der Filmproduktion ein Original?

Rollenkonzepte in Gegenüberstellung

Es existieren viele Beiträge zu einzelnen Schauspielern, doch es überwiegt das anekdotische Porträt. Die bereits erwähnte Arbeit PETER LORRE – DAS DOPPELTE GESICHT von Farocki/Hofmann stellt eine seltene filmanalytische Ausnahme dar (vgl. Film clip no. 28) [18]: Anhand der Femegerichtsszene in M vergleichen sie die Figurenanlage des Kindermörders Beckert, gespielt von Peter Lorre, und die seines Gegenspielers Schränker, gespielt von Gustaf Gründgens. Der direkte Vergleich geht aus von den Gesten und den Kostümen beider Schauspieler, er

bleibt ausgerichtet auf Äußerlichkeiten: Figurenzeichnung, so die implizite These, ist eine Arbeit an der »reinen« Oberfläche; ein Ansatz, der dem Typologischen in Langs Werk angemessen erscheint.

Farocki/Hofmann setzen wieder auf die analytische Wirkung von Filmstills, die hier nach einem bestimmten Schema aufeinander folgen: (1) Einführung von Gründgens mit vier Filmstills, (2) Einführung von Lorre mit drei Stills und (3) abwechselnde Gegenüberstellung von Gründgens und Lorre durch ein mit denselben Filmstills simuliertes Schuss-Gegenschuss-Arrangement.

Farocki/Hofmann behandeln das Gestische mit einem Fokus auf Handhaltungen und Armbewegungen [19]: Schränker wird als ausladend Zeigender ins Bild gesetzt, wohingegen Beckert als Schutzbedürftiger erscheint, dessen Gesten nach Innen weisen. Beckert wird nur kurz beschrieben, und zwar als jemand, der dem Auge wenige Anhaltspunkte bietet, der gleichsam in sich selbst verschwinden will. Allerdings hat die vergebliche Flucht Spuren hinterlassen, denn der Schmutz, den Schränkers Mantel noch abweisen kann, überzieht Beckert weithin sichtbar und macht ihn zu dem Außenseiter, den alle in ihm sehen wollen. Schränkers Garderobe wird ausführlicher gedeutet, etwa in der gedanklichen Verknüpfung von Ledermantel und Gestapo. Seine Rolle muss – nicht nur in diesem Kommentar – die Bürde tragen, autoritären Führungsstil im Allgemeinen zu symbolisieren. Mit dem Sprachbild vom schmutzigen Geschäft, das die makellose

Kleidung zu verbergen hat, ist das Berufsfeld des Politikers gleich mitgemeint.

Farocki/Hofmann greifen dasselbe Verfahren auf, das sie zur Veranschaulichung der Parallelmontage einsetzen, nur mit einer anderen Ausrichtung. Diesmal führen sie kein synthetisierendes Gleichmachen vor, kein Identifizieren der Figuren. Vielmehr betreiben sie ein Ausbuchstabieren von Gegensätzen. Parallel zu den Bildern reiht der Off-Kommentar Adjektive zu einer Kette von oppositionellen Attributen, auf der einen Seite: »überlegen, überheblich, unanfechtbar, gebieterisch«, auf der anderen: »klein, unförmig, schwammig, verängstigt«. Bild- und Textanordnung sind jeweils sehr rhythmisch aufgebaut. Das entfaltet eine lyrisch-musikalische Qualität und erinnert in seiner Eingängigkeit an Techniken mündlicher Überlieferung.

6. Resümee: Filmvermittelnde Filme als Modelle der Vermittlung

Im direkten Vergleich besonders häufig analysierter Szenen aus dem Film M wollten wir die Vielfalt von Verfahren und Ansätzen filmvermittelnder Filme aufzeigen und verdeutlichen, dass der filmvermittelnde Umgang im Medium Film auf mehreren Ebenen ergiebig ist. So können wir etwas lernen über Film im Allgemeinen, über die Person Fritz Lang und sein gesamtes Werk im Besonderen, über den konkreten Film M, seine Machart, seine Produktions- und Rezeptionsgeschichte und nicht zuletzt über einzelne Szenen, ihre Bauweise und ihre Rolle im Zusammenhang des ganzen Films.

Darüber hinaus lässt sich etwas über verschiedene Haltungen, Sprech- und Denkweisen sowie über visuelle Vermittlungstechniken erfahren. Da in filmvermittelnden Filmen – anders als in Texten – der filmische Untersuchungsgegenstand sicht- und hörbar anwesend bleibt, machen sie Didaktik und Methodik – *was* wird *wie* vermittelt – gleichzeitig anschaulich.

Insofern sind filmvermittelnde Filme Modelle für Filmvermittlung und von praktischer Relevanz, denn aus ihren Verfahren lassen sich Methoden der Filmvermittlung generieren. Zu diesen Methoden gehört ganz grundlegend die Detailanalyse von Filmfragmenten, mit der sich eine Reihe von konkreten Fragestellungen verbindet: Wie wählt man Filmfragmente – das heißt Sequenzen, Szenen, Einstellungen oder Filmstills – aus einem Film aus? Unter welchen Gesichtspunkten lässt sich ein Fragment aus einem Film zu anderen Fragmenten desselben Films oder eines anderen Films in Beziehung setzen? Wie lässt sich von einer Detailanalyse auf größere Zusammenhänge schließen?

Die angeführten Ausschnitte geben auch einen Überblick über die Bandbreite an Eingriffsmöglichkeiten in das Filmbild: So lassen sich seine Zeitlichkeit manipulieren – sei es durch Zeitraffer, Zeitlupe oder Einfrieren des Bilds – oder Details isoliert hervorheben. Konkrete deiktische Interventionen können hinzugefügt werden, etwa ins Bild eingezeichnete Linien, die Kompositionsprinzipien markieren, oder Rahmungen, die die Aufmerksamkeit auf beschriebene Einzelaspekte lenken. Eine sehr anschauliche und daher häufig eingesetzte Methode zum Vergleich laufender Bilder ist deren Anordnung im Nebeneinander des Split-Screen-Verfahrens. Auch das Stilmittel des wiederholten Zeigens wird immer wieder verwendet.

Es empfiehlt sich, solche Verfahrensüberlegungen auf die Textebene auszudehnen. Während Fritz Lang die Auffassung vertrat, der Film solle für sich selbst sprechen [20], setzen die meisten filmvermittelnden Filme auf einen Kommentar. Kommentartexte differieren nicht nur in Denk- und Sprechhaltungen zu einem Film, sie adressieren den Zuschauer auch auf unterschiedliche Weisen: Es gibt die wissend-erläuternde Stimme und die das Publikum auffordernde »Ansprache«, das objektivierende und das subjektiv gefärbte Sprechen, den monologischen und den dialogischen Ansatz – je nachdem, ob die Öffnung oder Schließung eines Diskurses beabsichtigt wird, ob der Zuschauer zur aktiven Teilnahme am Erkenntnisprozess eingeladen werden soll oder ob man ihm fertige Erklärungen liefern möchte.

Letztlich geht es um das elliptische Potenzial der Montagekunst Film an sich. Film bietet seinen eigenen Ausschnitt von Welt an, seine eigene Ökonomie von Sichtbarem und Nicht-Gezeigtem. Im besten Fall erzeugt Film konzentrierte Verdichtung. Er vermag es, in kombinierter Anwendung einfacher Mittel komplexe Vorgänge darzustellen. Diese Fähigkeit machen sich filmvermittelnde Filme zunutze. Sie helfen zu erkennen, dass filmisches Denken mehr ist als Nachdenken über Film.

Anmerkungen

1   Ausführliche Informationen auf der Projekthomepage (www.kunst-der-vermittlung.de).

2   M VON FRITZ LANG. EINE FILMANALYSE (1987; R: Jean Douchet, Makiko Suzuki, Radja-Rajan Jaganathen), deutsch von Frieda Grafe und Enno Patalas (1989 als VHS veröffentlicht bei FWU); das französische Original: IMAGE PAR IMAGE: UNE ANALYSE DE »M LE MAUDIT«, wiederveröffentlicht als Bonus der französischen DVD-Edition zu M LE MAUDIT und LE TESTAMENT DU DR MABUSE (bei Opening).

3   Vgl. ausführliche Filmbeschreibung bei: Michael Baute / Volker Pantenburg: Klassiker des »Filmvermittelnden Films«. In: Bettina Henzler / Winfried Pauleit (Hg.): Filme sehen. Kino verstehen. Methoden der Filmvermittlung. Marburg 2008, S. 216-235 (v.a. S. 224-227).

4   Zur Schaffensanalyse als Methode der Filmvermittlung vgl. Alain Bergala: Kino als Kunst. Filmvermittlung an der Schule und anderswo. Hg.: Bettina Henzler / Winfried Pauleit. Marburg 2006. S. 91-110. Zur Analyse räumlicher Konstruktionen im Film vgl. Bergalas Ausführungen zu LE MÉPRIS (Die Verachtung; 1963; R: Jean-Luc Godard), S. 98f.

5   LE DINOSAURE ET LE BÉBÉ. DIALOGUE EN HUIT PARTIES ENTRE FRITZ LANG ET JEAN-LUC GODARD (1967; R: André S. Labarthe), in der Reihe Cinéastes de notre temps; wiederveröffentlicht als Bonus der amerikanischen DVD-Edition zu LE MÉPRIS (bei Criterion).

6   Bitomsky durchsucht die Filmgeschichte nach Motiven und Topoi u.a. in den Filmen DAS KINO, DER WIND UND DIE PHOTOGRAPHIE (1991) oder DAS KINO UND DER TOD (1988).

7   Dieses Vermittlungsverfahren nennt Alain Bergala »fragments mis en rapport« (dt.: Fragmente in Beziehung setzen); vgl. Bergala 2006, a.a.O., S. 81-89.

8   FRITZ LANG (1990; R: Werner Dütsch), produziert vom WDR.

9   FRITZ LANGS DEUTSCHE FILME (1971; R: Klaus Kreimeier), produziert von der UFA-Fernsehproduktion und dem WDR (Redaktion: Werner Dütsch). Der erste Teil trägt den Titel DER ÄSTHET UND DIE WIRKLICHKEIT. Fritz Langs M wird im zweiten Teil (DER IDEALIST UND DIE ZIVILISATION) und im dritten Teil behandelt.

10 AUGE IN AUGE – EINE DEUTSCHE FILMGESCHICHTE (2008; R: Michael Althen / Hans Helmuth Prinzler)

11 Alain Bergala greift in Anlehnung an den Filmkritiker Serge Daney die Idee des passeurs als Filmvermittler auf; vgl. Bergala 2006, a.a.O., S. 18ff., S. 39f. Vgl. Serge Daney: Im Verborgenen. Kino – Reisen – Kritik. Aus dem Französischen von Johannes Beringer. Wien 2000, S. 58f., S. 109.

12 Siehe Anmerkung 2.

13 Zur »wissenden Stimme« vgl. Bergala 2006, a.a.O., S. 82.

14 PETER LORRE – DAS DOPPELTE GESICHT (1984; R: Harun Farocki / Felix Hofmann), wiederveröffentlicht als Bonus der deutschen DVD-Edition zu Peter Lorres Film DER VERLORENE (bei Arthaus/Kinowelt).

15 DIE SCHWEREN TRÄUME DES FRITZ LANG (1974; R: Werner Dütsch); FRITZ LANG (1990; R: Werner Dütsch); beide produziert vom WDR.

16 A PHYSICAL HISTORY OF M (Autor nicht kreditiert), veröffentlicht als Bonus der amerikanischen DVD-Edition von M (bei Criterion). Die Information über die Autorschaft von Issa Clubb verdanken wir Dr. Martin Koerber (Stiftung Deutsche Kinemathek).

17 Das Verfahren des Versionenvergleichs mittels Split Screen findet man häufig bei filmvermittelnden Filmen, die aus kinemathekarischer bzw. konservatorischer Perspektive argumentieren.

18 Siehe Anmerkung 14.

19 Farockis Film DER AUSDRUCK DER HÄNDE (1997; R: Harun Farocki) beschäftigt sich ausschließlich mit dem Gestischen (zu beziehen über www.farocki-film.de; siehe auch: www.kunst-der-vermittlung.de/artikel/filmbeschreibung-der-ausdruck-der-haende/).

20 In: CONVERSATION WITH FRITZ LANG (1975; R: William Friedkin), wiederveröffentlicht als Bonus der französischen DVD-Edition zu Fritz Langs Film HOUSE BY THE RIVER (Das Todeshaus am Fluss; 1950) (bei Wild Side/Collection »Les Introuvables«).

Berliner Schule

Zur Lehrkraft des Kinos in PLÄTZE IN STÄDTEN und DIE INNERE SICHERHEIT

Von Wenke Wegner

Berliner Schulkino

Berliner Schule, diesen Sammelbegriff erfand die Filmkritik [1] 2001 für Regisseure wie Christian Petzold, Angela Schanelec und Thomas Arslan. Später wurden weitere Filmemacher wie Christoph Hochhäusler, Valeska Grisebach, Ulrich Köhler (und andere) der *Berliner Schule* zugeordnet. Das Label soll auf Gemeinsamkeiten in der Ästhetik und Erzählweise ihrer Filme verweisen – die »Schule« bezeichnet eine gemeinsame Stilrichtung. Man könnte den Filmen der *Berliner Schule* aber auch ein eigenes Lehrprojekt nachweisen: Sie fungieren als ästhetische »Schule« für die Zuschauer. Ein Bewusstsein für das Kino als Ort und Möglichkeit der Bildung artikuliert sich in diesen Filmen immanent über die filmische Form. Zwei Filme der *Berliner Schule* befassen sich aber auch explizit mit Fragen der Schulpädagogik, indem sie die Schule, oder genauer das Gymnasium, als Ort der Filmvermittlung thematisieren. In PLÄTZE IN STÄDTEN (1998; R: Angela Schanelec) und in DIE INNERE SICHERHEIT (2000; R: Christian Petzold) gibt es jeweils eine Sequenz, in der die Protagonistinnen Mimmi (Sophie Aigner) bzw. Jeanne (Julia Hummer) mit einer Schulklasse einen Film anschauen. In Petzolds Film sieht Jeanne mit einer Schulklasse den Film NUIT ET BROUILLARD (Nacht und Nebel; 1955; R: Alain Resnais) [2], Schanelec lässt Mimmi LA ROSIÈRE DE PESSAC (Die Rosenkönigin; 1979; R: Jean Eustache) in einer Schulvorführung kennenlernen. Die Sequenzen machen den Schulkontext der Filmvorführungen erkennbar und zeigen beide

einen längeren Ausschnitt des vorgeführten Films leinwandfüllend.

Wenn es hier um das Verhältnis von Kino und Schule gehen soll, sind diese Filmvermittlungssequenzen aus zwei Gründen interessant: Erstens *zeigen* sie Filmvermittlung in der Schule in spezifisch filmischer Weise. Und zweitens *betreiben* sie selbst Filmvermittlung. Sie setzen den Zuschauer einer filmpädagogischen Situation aus, indem sie andere Filme zitieren und sich in jeweils spezifischer Weise zu ihrem zitierten Filmfragment positionieren. Filmvermittlung spielt in diesem Zusammenhang auch als eine Frage des spezifischen Vermögens von Filmen, Wissen zu vermitteln, eine Rolle. Die zwei Filmsequenzen von Petzold und Schanelec konstruieren und problematisieren das Verhältnis von Kino und Schule in unterschiedlicher Weise. Aus drei Blickwinkeln möchte ich im Folgenden beleuchten, wie die Sequenzen Filme als Vermittler mit spezifischer Lehrkraft zeigen. Zunächst werde ich dicht am Material darlegen, wie die Filme über Einstellungsdetails und den Schnitt Kino und Schule oder Kino und Leben in ein Verhältnis setzen. Danach möchte ich an den Sequenzen zeigen, wie sie Filme als Vermittlungsinstanzen und als »bessere Lehrer« vorführen. Schließlich wende ich mich Alain Bergalas Ideen zur Filmvermittlung in Schulen zu, die er in *Kino als Kunst* [3] formuliert, und zeige, wie die Filme mit ihrer Darstellung von Filmvermittlung Bergalas Denken bestätigen oder auch problematisieren.

Vom Rot des Vorhangs über das Knacken der Schallplatte zum Zeigefinger des Lehrers: Inszenierung des Übergangs vom Kino zur Schule

Das Filmfragment von NUIT ET BROUILLARD in DIE INNERE SICHERHEIT endet mit dem Abspann (Film clip no. 29). Das auf der Leinwand erscheinende ENDE läutet den Übergang vom Kino in die Schule ein und damit den Wechsel von einer filmischen Vermittlung zu einer schulischen. Mit dem Erscheinen des Lehrers (Manfred Möck), der mit Vorwürfen und disziplinarischen Drohungen wieder ins Unterrichten einsteigt, wird die Filmvorführung von NUIT ET BROUILLARD plötzlich

Die Schulvorführung als eine ästhetische Erfahrung des Kinos ...

Kinopublikum. Dann führt uns die Kamera vor, was dieses Publikum anschaut. DIE INNERE SICHERHEIT zeigt uns den Ausschnitt von NUIT ET BROUILLARD als Großaufnahme der Leinwand. Petzolds Film scheint sich zurückzuziehen und dem Resnais-Film die Fläche der ganzen Leinwand zu überlassen, damit dieser seine volle Wirkung entfalten kann. Petzold rückt dem Originalfilm möglichst wenig zu Leibe: Er zeigt die letzte Minute von NUIT ET BROUILLARD ungeschnitten. Auch die Tonspur wird nicht angetastet, die Musik und später der Kommentar sind zunächst unter die Bilder von DIE INNERE SICHERHEIT gelegt und werden durch die dazugehörigen Bilder ergänzt, wenn NUIT ET BROUILLARD die ganze Bildfläche einnimmt.

Aber Petzold überlässt dem Resnais-Film nicht die ganze Leinwand, sondern nimmt die räumlichen Bedingungen der Projektion mit ins Bild: Am Rand der Projektion sind der Befestigungsrahmen der Leinwand und ein schmaler Streifen Hintergrund zu sehen. Diese doppelten Ränder des Bildes markieren das Filmfragment als Zitat. Kurz darauf werden in der unveränderten Einstellung zu beiden Seiten der Leinwand die roten Vorhänge der Schulbühne sichtbar, vor der die Leinwand platziert ist. Sie umrahmen die Leinwand wie eine Kinoleinwand. Es entsteht ein Bild, das den Resnais-Film als Kinofilm zeigt. Der Anblick der letzten Einstellung von NUIT ET BROUILLARD, das weiße ENDE auf schwarzem Hintergrund, gesäumt von den archetypischen Kinovorhangsfarben, ist der Blick von Kinozuschauern auf den Abspann eines Filmes, während sich der Zuschauerraum bereits erhellt. Dieser Moment, der angesichts der totalen visuellen Reduktion (der Blick auf das ENDE) lange vier Sekunden dauert, bildet den Höhepunkt in der Reihe der Bemühungen, uns die Schulvorführung als eine

und gewaltsam beendet. Dieses Ende wird als so abrupt empfunden, weil sich zuvor der Charakter der Filmvorführung im Film kontinuierlich gewandelt hatte und von einer Schul- zu einer Kinovorführung geworden war. Anders als in PLÄTZE IN STÄDTEN, auf den ich später eingehen werde, sind es in DIE INNERE SICHERHEIT filmische Details auf der Bild- und Tonebene, die noch vor dem Schnitt von der Leinwand zurück in die Schulumgebung die bevorstehende Veränderung der Vermittlungsweise als problematisch ankündigen.

Zu Beginn der Sequenz führt DIE INNERE SICHERHEIT den Zuschauer schrittweise an den Film heran: Eine Filmvorführung wird angekündigt, Filmmusik wird hörbar, und Schüler werden als Zuschauer gezeigt. In Petzolds Einstellung sehen sie aus wie ein ästhetische Erfahrung des Kinos zu zeigen. Zugleich deutet sich in diesem Moment auch der Übergang zurück in die Schule an. Und zwar auf subtile Art und Weise, sowohl auf der Ton- als auch auf der Bildebene. Bereits während der letzten Einstellung, die die Trümmer von Auschwitz zeigt und von dem letzten Wort des Off-Kommentars (»verstummt«; 52:08) begleitet wird, beginnen – für die Betrachter nur hörbar – die Jalousien des Klassenzimmers hochzufahren. Erkennbar wird dies am stetigen Aufleuchten des zunächst dunklen Vorhangs, vor dem die Leinwand steht. Als auf dieser in weißen Lettern ENDE erscheint, gibt sich der Vorhang als roter Bühnenvorhang zu erkennen und erweckt damit die Assoziation, auf eine Kinoleinwand zu schauen. Gleichzeitig verweist das Hochfahren der Jalousien auf eine im Off tätige Person, die einen Schalter betätigt hat (oder sie manuell hochzieht). Es verweist auf den Lehrer und damit auf den Unterrichtsbeginn und die Schule. Die Jalousien werden hochgefahren, noch während der Abspann läuft. Darin äußert sich eine Unruhe. Der Lehrer ist noch nicht im Bild, und doch schon da. Sein unverzügliches Fortschreiten im Unterrichtsplan zeugt von Ungeduld, er befördert die Zuschauer, seine Schüler, aus der Höhle des Kinos zurück in die Schule.

... NUIT ET BROUILLARD in DIE INNERE SICHERHEIT

Neben dem Bild steuert auch der Ton mit einem zunächst nicht identifizierbaren Geräusch Andeutungen eines Wandels der Vermittlungsinstanz bei. Die letzten Paukenschläge der Filmmusik sind noch zu hören, als auf der Leinwand ENDE«erscheint (53:01). Eine Sekunde später (53:02) ist in die kurze Stille hinein ein leises Klacken zu hören, das sich in regelmäßigen, etwa sekundenlangen Abständen viermal wiederholt. Es klingt wie die Nadel einer Schallplatte in der Auslaufrille, die über ein Staubkorn stolpert. Es folgt der Schnitt (53:05) auf Jean-ne, die vor sich hin starrend im Publikum sitzt, und noch zwei weitere Male ist das Knacken vernehmbar, das in seiner Regelmäßigkeit etwas Meditatives hat und zur Stille und Sprachlosigkeit im Anschluss an ein beeindruckendes Filmerlebnis passt. Es fällt auf, dass dieses Knacken stetig lauter und nach dem vierten Mal von einem Schlurfen beendet wird. Dieses Schlurfen macht das Knacken rückwirkend als Schritte von Schuhen mit Ledersohlen auf Fliesen identifizierbar (53:08). Der Ton bringt den Lehrer ins Spiel: zunächst als harmloses Geräusch, dann als Markierung der Position des Lehrers, der sich hinter Jeanne stellt und mit seinem Zeigefinger auf ihre Schulter tippt. Erst hier macht sich der Lehrer mit seiner Stimme bemerkbar: »Deinen Namen möchte ich.« Mit dem Zeigefinger und dem Tadel

Subtile Andeutung historischer Kontinuität: ...

Kontinuität. An dieser Stelle zeigt sich, wie DIE INNERE SICHERHEIT auf subtile Art und Weise Geschichte und ihr Nachwirken in der Gegenwart behandelt.

Schon die filmische Inszenierung des Übergangs vom Kino zur Schule in DIE INNERE SICHERHEIT macht deutlich, dass der Film das Verhältnis von Kino und Schule als problematisches konstruiert. Das indirekte Sichtbarwerden und Hörbarwerden des Lehrers wirkt wie ein gewaltsames Beenden der Filmsichtung und kündet von einer Unvereinbarkeit der beiden Vermittlungsweisen.

PLÄTZE IN STÄDTEN hingegen zeigt dieses Verhältnis in einem anderen Licht. Der Film entwirft ein visionäres Bild von Filmvermittlung. Diese These bezieht sich insbesondere auf den Schnitt zwischen Filmzitat und Hauptfilm. In Schanelecs Film deutet der Schnitt, mit dem das Filmfragment und damit die Filmvermittlungssequenz abgebrochen werden, weniger einen Rausschmiss aus dem Kino an – wie bei Petzold –, als eine Weiterverarbeitung des Filmerlebnisses im Alltagsleben. Auch Schanelec hat zuvor eineinhalb Minuten des Films als »Großaufnahme« gezeigt [5]. Trotz der nicht optimalen Vorführbedingungen – der Ton scheppert, die Vorführung findet auf einem Fernseher statt, eine Tatsache, die der Film auch auf der großen Leinwand durch die gewölbten Ränder des Bildschirms betont – zeigt PLÄTZE IN STÄDTEN, wie Mimmi in den Eustache-Film eintaucht. Direkt vor dem Fragment sehen wir in einer Großaufnahme Mimmis Gesicht, das zur Hälfte durch den Bildschirm erhellt wird, dem sie ihre ganze Aufmerksamkeit zuwendet. Wie Petzold inszeniert auch Schanelec ein Filmerlebnis, das wir in seiner Konzentration und Größe mit dem Kino verbinden. Das »Verlassen des Kinos« kommt bei Schanelec ohne Vorwarnung [6]. Besonders hart ist der Schnitt auf der Tonebene. Die

sind wir in die Schule katapultiert worden. Petzold inszeniert in vier Sekunden einen Schwebezustand, der von einer meditativen Haltung überleitet zu etwas Bedrohlichem, das sich gewissermaßen an das in der Filmvorführung im Film gezeigte Bedrohliche anschließt [4].

Führt man diesen Gedanken zu Ende, so entsteht eine Verbindungslinie zwischen dem Film und der Welt der Schule. Vor dem Hintergrund der Warnungen, die im Kommentar von NUIT ET BROUILLARD eben noch zu einem Fortleben des Faschismus geäußert wurden, drängen sich beim Anblick des Lehrers mit seinem autoritären Unterrichtsstil Verbindungen auf. Zwar ist der Lehrer kein Nazi, aber man fragt doch nach den historischen »Vorbildern« für sein autoritäres Auftreten, nach der historischen laute Festmusik des Eustache-Films wird nicht ausgeblendet, sondern ist einfach »weg«. Der Filmausschnitt wird unvermittelt beendet und von einer anderen Einstellung verdrängt. Mimmi klingelt an einer Wohnungstür und spricht mit dem Jugendlichen, der ihr öffnet, Schulfranzösisch. Die Sprache bildet ein Kontinuum zwischen den zwei Filmen. Der Schnitt zwischen der »Großaufnahme« von LA ROSIÈRE DE PESSAC und PLÄTZE IN STÄDTEN trennt nicht, wie bei Petzold, das Kino und die Schule, sondern er eröffnet Verbindungen zwischen zwei Filmen, zwei Zeiten und zwei Orten. Er verbindet die 1970er Jahre mit der Jahrtausendwende und die Provinz mit Paris. Er verbindet einen Film über eine junge Frau in Weiß, die ein älterer Mann auf einem Fest herumführt (LA ROSIÈRE DE PESSAC), mit einem Film über eine Jugendliche, die einen Gleichaltrigen besucht und mit ihm und seinem Freund die gleichen Wangenküsse austauscht, die die »Braut« in LA ROSIÈRE DE PESSAC unter dem sichtbaren Druck der Konvention verteilen und annehmen muss.

... Die autoritäre Position des Lehrers

Mimmi scheint den Eustache-Film aus der Schule mit nach Paris zu nehmen und ihn fortan in sich zu tragen. Der Film scheint für ihre Erlebnisse und Handlungen eine Rolle zu spielen, nicht nur, indem er die Klassenfahrt nach Frankreich initiiert. Auch der Zuschauer von PLÄTZE IN STÄDTEN nimmt den Film mit. Seine Bilder beeinflussen die folgenden Bilder des Schanelec-Films, sie bilden eine Folie, durch die wir Mimmis Handlungen neu interpretieren.

Der abwesende Lehrer, die Pädagogik des Films

PLÄTZE IN STÄDTEN zeigt uns schulische Filmvermittlung, ohne die Institution zu zeigen, der im gängigen Sprachgebrauch die Rolle des »Vermittlers«

zugeschrieben wird (vgl. Film clip no. 30). Die entsprechende Sequenz besteht aus drei Einstellungen. Keine zeigt einen Lehrer, dem zum Beispiel die Aufgabe zukäme, die Filmvorführung mit einleitenden Worten zu beginnen oder im Anschluss ein Filmgespräch mit den Schülern zu führen. PLÄTZE IN STÄDTEN demonstriert das eigene Vermittlungspotenzial des Films. »Eine Filmprojektion kommt ohne die Präsenz einer vortragenden Person aus«, schreibt Rainulf Titiweein seinem Vergleich der visuellen Anordnungen in Schule und Kino *Der Kinematograph als Zeigestock* [7]. Er führt aus, dass die Filmvorführung ein eigenständiges, selbsterklärendes Ereignis sei. Das Kino sei selbst ein »Zeigestock«, der an einen »immanenten Lehrer« gekoppelt sei, der als ein »Konkurrent des Lehrers in der Schule – oder sein

Filmvermittlung ohne Vermittler: In PLÄTZE IN STÄDTEN taucht die Protagonistin direkt in den Film ein ...

Doppelgänger« [8] auftrete. Eine solche Doppelgänger- oder Konkurrenzsituation vermeidet PLÄTZE IN STÄDTEN, wenn der Film anstelle des Lehrers eine Leerstelle belässt. Wir sehen, wie Mimmi zu spät den schon abgedunkelten Klassenraum betritt und sich einen Platz sucht. Durch ihre Verspätung hat sie den Unterrichtsbeginn und eine eventuelle Einleitung durch einen Lehrer »verpasst«. Wir sehen Mimmis Gesicht beim Anschauen des Films und schließlich den Film selbst. In dieser langen Einstellung tritt LA ROSIÈRE DE PESSAC nicht nur vor Mimmi, sondern gleichsam vor uns Zuschauern als Vermittlungsinstanz in Erscheinung. Den Unterricht erteilt der Film, und wir sehen Mimmi dabei zu bzw. mit ihren Augen, wie der Film sie unterrichtet. In ihrem Verzicht, die Person zu zeigen, die den Film als Unterrichtsmedium ausgewählt hat und vorführt, konzentriert Schanelec sich ganz auf das Vermögen des Films, Wissen zu vermitteln. Der von ihr gewählte Ausschnitt ist durch viele Bewegungen sowohl der Kamera als auch im

Bild sowie durch Geschrei und Musik gekennzeichnet. Gezeigt wird eine Jugendliche (es könnte sich auch um eine Braut handeln) in Mimmis Alter, die auf einem Festplatz herumgeführt wird. In dieser Situation voller Zwänge erscheint sie steif wie eine Puppe, die herumgereicht wird.

»Macht« [9] gehört zum thematischen Standardrepertoire im schulischen Sozialkundeunterricht. Hätte Mimmi auch in einer solchen Unterrichtsstunde mit den Fragen, die der Film aufwirft, konfrontiert werden können oder in einem Gespräch mit ihrer Mutter? Schanelec überlässt diese Aufgabe dem Film, einem »unpersönlichen Enunziator« [10], der den Zuschauer mit Bildern und Ton konfrontiert, ohne zu »überwachen«, was beim Zuschauer ankommt. LA ROSIÈRE DE PESSAC gewinnt Mimmis Interesse und kann ihr etwas beibringen, weil sie mit ihren durch den Film gewonnenen Eindrücken »für sich« ist und sich nicht – etwa gegenüber einem Lehrer – sofort dazu äußern muss.

154

... und nimmt das Erlebnis ins Alltagsleben mit, wie der plötzliche Schnitt zurück in den Hauptfilm zeigt

Auch DIE INNERE SICHERHEIT zeigt einen Film als Vermittler, einen Film, der unterrichtet. Bis der Lehrer nach dem Fragment aus NUIT ET BROUIL-LARD aktiv in Erscheinung tritt, nimmt NUIT ET BROUILLARD den Platz vor der Schulklasse ein, auf den sich die Aufmerksamkeit richtet. Der Lehrer bildet mit den Schülern das Publikum, er ist selbst Schüler – wenn auch ein unruhiger, wie bei genauem Hinsehen die Halbnahe des Zuschauerraums zeigt. Schanelec und Petzold unterstreichen, dass die Filme keiner weiteren Vermittlung bedürfen, sondern selbst erfolgreiche Vermittler sind. In PLÄTZE IN STÄDTEN »fehlt« kein Lehrer, und in DIE INNERE SICHERHEIT wird der Lehrer zum Störfaktor, wenn nicht zum Zerstörer des Filmerlebnisses. Schanelec stellt das Vermittlungspotenzial des Films in den Vordergrund. Petzold hingegen inszeniert in den Einstellungen, die auf die Filmprojektion folgen und in denen der Lehrer seinen Platz vor der Klasse zurückerobert, die oben angesprochene Konkurrenz zwischen Kino und Schule.

»Chamberlains Appeasement-Tragödie von der Konferenz im *Rheinhotel Dreesen* bis zum Münchner Abkommen. Zwei Nasen hab ich oben im Klassenzimmer gezählt. Ist ja wahnsinnig anstrengend: vier Vertragsseiten lesen und zwei Fragen beantworten. Aber wenn's 'n Filmchen gibt, da seid ihr plötzlich alle da.« In DIE INNERE SICHERHEIT bringt der Lehrer mit einer Spur von Eifersucht die gefühlte Konkurrenz um das Schülerinteresse mit dem Film zur Sprache. Er folgert aus dem quantitativen Erscheinen der Schüler, dass diese sich lieber von Filmen als von seiner Person in Geschichte unterrichten lassen. Er scheint darüber gekränkt, aber vermag diese Kränkung nur seinerseits mit einer Kränkung zu beantworten. Sein Tonfall und das hämisch verniedlichende »'n Filmchen« lassen vermuten, dass die Vermittlungsweise des Films in seinen Augen die weniger anspruchsvolle und die gegenüber der Analyse schriftlicher Quellen zweitrangige ist. Die vom Lehrer in Worte gefasste Konkurrenz zwischen Film und Schule ist eine Konkurrenz zwischen zwei Vermittlungsweisen, die sich in DIE INNERE SICHERHEIT gegenseitig ausschließen, anstatt einander zu befruchten.

NUIT ET BROUILLARD kombiniert Aufnahmen des zerfallenden Vernichtungslagers Auschwitz-Birkenau, die Resnais 1955 in Farbe gedreht hat (und die wir in DIE INNERE SICHERHEIT sehen), mit dokumentarischen Aufnahmen der Alliierten und mit Wochenschau-Archivmaterial in Schwarzweiß. Mit dieser Montage von Filmmaterialien unterschiedlicher Herkunft steht der Film für eine Form der Geschichtsvermittlung, die sich der Medialität ihrer Historiografie bewusst ist. Der Film habe die »Grenzen des Realisierbaren« auf eine bis dahin unbekannte Weise erweitert und eine meisterhafte »Form für die Mitteilung des Nicht-Mitteilbaren gefunden«, schreibt Marcel Oms in *Alain Resnais* über NUIT ET BROUILLARD [11]. Der Film hat einen grundsätzlich anderen Ansatz von Geschichtsvermittlung und auch Geschichtsbegriff als der Lehrer in DIE INNERE SICHERHEIT. Das zeigt uns Petzold in dem Ausschnitt, in dem es um das Sehen von Spuren der Geschichte geht. Die erste Einstellung zeigt einen verrosteten Untersuchungsstuhl auf grüner Wiese, zum Objekt geworden, ein sichtbarer Zeuge des Verbrechens. Dann fährt und schwenkt die Kamera langsam über die Ruinen, deren Trümmer etwas Grausames und zugleich Ästhetisches haben. Die Filmmusik von Hanns Eisler ist voller Pathos, der Kommentar warnt vor »neuen Henkern« und fordert auf, die Verbrechen des Nationalsozialismus nicht als abgeschlossene Kapitel zu behandeln, sondern sie als Aufforderung für die Gegenwart zu begreifen, die Erinnerung als Arbeit an der Gegenwart zu gestalten. Die von Petzold gezeigte Sequenz ist ein Ausschnitt: Sie zeigt nur von Resnais selbst gedrehte Aufnahmen und ignoriert andere Bilder des Films. So zeigt sie beispielsweise nicht die von den Alliierten dokumentierten Leichenberge, die in Resnais' Film direkt vor der von Petzold verwendeten Sequenz zu sehen sind. Seine Auswahl, die für den Zuschauer den Film als Ganzes repräsentiert, zeugt von dem Anliegen, den Film in seiner einzigartigen und vom Lehrplan des Lehrers grundverschiedenen Geschichtsvermittlung vorzuführen. Diese Vermittlung interessiert sich beispielsweise für Materialien und Architekturen,

für Spuren und Räume. Und natürlich steht auch DIE INNERE SICHERHEIT selbst für diese andere Geschichtsvermittlung, wenn der Film gemeinsam mit dem Resnais-Film Geschichte nicht als eine Geschichte der Fakten, sondern als eine Geschichte der Verkettungen und Vernetzungen, die in die Gegenwart hineinwirken, vorführt.

Alain Bergala und die Filmvermittlung in deutschen Filmen

In der Art und Weise, wie Schanelec und Petzold Filmvermittlung inszenieren und wie ihre Filme diese durch die Montage eines historischen Filmfragments selbst betreiben, lassen sich einige Ideen als Alain Bergalas Texten finden. Alain Bergala ist Denker einer neuen Filmerziehung an Schulen. In seinem 2002 erschienenen Buch *L'hypothèse cinéma* [12] (in Deutschland 2006 unter dem Titel *Kino als Kunst*) beschreibt Bergala den filmvermittelnden Lehrer als Grundlage der Filmvermittlung an Schulen. Als *passeur* bezeichnet er den Idealtypus eines solchen Lehrers [13]. Dieser gebe seine Leidenschaften und Überzeugungen weiter, verwirkliche einen Zugang zur Kunst, der »zugleich Initiation« sei. Voraussetzung sei, dass der Lehrer seinen »symbolischen Status« ändere: »Er gibt seine durch die Institution definierte und begrenzte Rolle als Lehrer für den Augenblick auf und tritt von einer anderen, ungeschützteren Stelle seiner selbst her in Beziehung und ins Gespräch mit seinen Schülern.« [14] Unterricht mit Filmen – sei dies im Fach Kunst oder wie in Petzolds Film im Fach Geschichte – soll sich strukturell vom konventionellen Unterricht unterscheiden, nicht nur was die Inhalte, sondern auch was die Kommunikation, die Beziehung zu den Schülern, angeht. Bergalas Konzept des *passeur* als einer Persönlichkeit, die mit einem eigenen »Geschmack«, eigener »Bildung«, eigenen »Überzeugungen und Parteilichkeiten« [15] ausgestattet ist, wirkt bis in seine Ansichten zur Auswahl der im Unterricht vorzuführenden Filme hinein. Diese Auswahl soll nicht etwa einem Kanon, Moden oder dem angenommenen Geschmack der Schüler folgen, sondern dem *passeur*, der einen Film auswählt, um ihn weiterzugeben.

Bergala betont, nicht zuletzt am Beispiel seiner eigenen Biografie [16], dass Filme eine Form von ästhetischer Persönlichkeitsbildung darstellen. Filme prägen nicht nur unser Verhältnis zum Kino, sondern auch zur Welt. Wenn Bergala die subjektive und persönlichkeitsbildende Komponente einer »Begegnung« mit einem Film beschreibt, entkräftet er gleichzeitig den Anschein, eine erfolgreiche Filmvermittlung sei planbar. Bergalas Konzept von Filmvermittlung beruht schließlich darauf, dass ein Film das »Begehren« der Zuschauer anspreche, das Gefühl hervorrufe, der Film »[wisse] etwas von meiner rätselhaften Beziehung zur Welt, das mir selbst nicht klar ist, das er jedoch enthält wie ein Geheimnis, das ich entziffern muss« [17].

Diese hier skizzierten Elemente von Bergalas Filmvermittlung finden sich in den Filmen wieder – und zwar sowohl in positiver, gleichsam illustrierender Form in PLÄTZE IN STÄDTEN als auch in überdeutlich negativer Form in DIE INNERE SICHERHEIT.

Der Lehrer in DIE INNERE SICHERHEIT erfüllt die Anforderungen, die Bergala an einen filmvermittelnden Lehrer stellt, sicherlich nicht. Misstrauisch tritt dieser, kaum ist der letzte Takt Musik verklungen, vor die Schüler und untermauert seine Autorität, indem er tadelt, schimpft und den Film als beeindruckendes Erlebnis ignoriert. Der Lehrer zeigt sich betont unberührt vom Film (»'n Filmchen«). Schon in der ersten Einstellung, einer Totalen des Zuschauerraums, sieht man den Lehrer als Einzigen unruhig auf seinem Platz sitzen; seine Augen sind, anders als die der Schüler, nicht auf die Leinwand gerichtet.

Nach Bergala hätte der Lehrer als *passeur* die Aufgabe, dem individuellen Filmerlebnis der Schüler einen Raum nicht nur zuzugestehen, sondern diesen zu stärken. Der Lehrer in DIE INNERE SICHERHEIT versagt als Vermittler nicht nur, was die unterschiedliche Rezeption der Schüler angeht, sondern auch was ästhetische Fragen des Films angeht. Die Art und Weise, mit der der Lehrer Jeanne, provoziert durch ihre Verweigerungshaltung, auffordert, sich zur Farbigkeit des Films zu äußern, zeugt von einer Herablassung nicht nur Jeanne, sondern auch diesen ästhetischen Fragen gegenüber: »Ist er in Farbe? Ist er in Schwarzweiß?« Wie oben beschrieben,

kombiniert NUIT ET BROUILLARD Aufnahmen verschiedener Herkunft miteinander, was sich an den Bildinhalten, deutlich aber auch an der Farbigkeit des Materials, an den Kamerabewegungen und am Schnitt zeigt. Die Frage des Lehrers nach der Farbigkeit des Films müsste auf genau diesen Aspekt abzielen. Implizit drückt der Lehrer aber aus, dass ihm die Wichtigkeit dieser Frage speziell für den Resnais-Film nicht bewusst ist. Indem er die Beschreibung der Ästhetik als banal abtut, verstellt er sich die Chance auf einen fruchtbaren Einstieg in ein Gespräch über den Film.

Der Lehrer zeigt den Schülern NUIT ET BROUILLARD vermutlich, weil er in den Themenkomplex seines Geschichtsunterrichts passt. Er führt den Film vor, um ein Wissen zu transportieren. Damit setzt er genau die Art von schulischen Filmvorführungen um, die Bergala kritisiert, Filmvorführungen, »bei denen der Film lediglich Anlass zu Diskussion über ein großes Thema ist« [18]. Dass NUIT ET BROUILLARD nicht die Fortsetzung, sondern höchstens eine Erweiterung seines Unterrichts über »Chamberlains Appeasement-Tragödie« [19] sein kann, scheint dem Lehrer nicht bewusst zu sein. Er ignoriert, dass dem Film ein grundsätzlich anderer Geschichtsbegriff zugrunde liegt und dass dieser allein über seine filmische Form auch weitervermittelt wird.

Durch die deutlich negative Darstellung der Filmvermittlung in DIE INNERE SICHERHEIT scheint es, als würde der Film Bergalas Ideen von Filmvermittlung ex negativo bestätigen. Petzolds Inszenierung fordert eine Kritik an der zur Darstellung gebrachten Filmvermittlung heraus: Die Inszenierung unterstreicht die »Fehler« in der Vermittlungssituation. Die misslungene Vermittlungsarbeit, die der Lehrer in DIE INNERE SICHERHEIT leistet, kann durch Bergalas Konzept des *passeur* in größere filmpädagogische Zusammenhänge gestellt werden.

Vor dem Hintergrund von Bergalas pädagogischem Konzept lässt sich die Filmvermittlungssequenz in PLÄTZE IN STÄDTEN hingegen als subtile Demonstration ästhetischer Persönlichkeitsbildung lesen, ganz wie sie Bergala als Begegnung mit Filmen beschreibt. Es geht in PLÄTZE IN STÄDTEN um die persönliche ästhetische Erfahrung, die Mimmi durch LA ROSIÈRE DE PESSAC machen kann und macht. Das zeigt uns der Film, indem er sich ganz auf Mimmi konzentriert und ihr Gesicht zeigt, während sie in den Eustache-Film eintaucht. Beim »Auftauchen« sind wir nicht dabei, dennoch wird ein Eindruck davon vermittelt, wie Mimmi den Film in ihr Alltagsleben hineinträgt. In der Sequenz von PLÄTZE IN STÄDTEN wird nicht gesprochen. Gezeigt wird eine cinephile Begegnung [20] zwischen Mimmi und dem Film, eine Begegnung »ohne jegliches Sprechen« [21]. Schanelecs Bilder setzen Bergalas Idee vom Filmunterricht um, dem das »Begehren« als ein persönliches Interesse, als ein Wunsch zu wissen, zugrunde liegt. Wir wissen als Zuschauer nicht, was genau Mimmi von der Filmvorführung für sich mitnimmt, aber sie scheint darin etwas zu finden, das mit *ihr* zu tun hat.

Mit LA ROSIÈRE DE PESSAC wird in PLÄTZE IN STÄDTEN ein Film gezeigt, der einer subjektiven Auswahl eines Lehrers, eines *passeur*, zu verdanken ist – sicher keinem Kanon [22]. Diese Spur eines persönlichen Geschmacks, der sich in dem unwahrscheinlichen Akt bemerkbar macht, diesen Film in einer Schule vorzuführen, entspricht den von Bergala formulierten Kriterien zur Auswahl von Filmen [23]. Ein unbekannter, vom Film nicht thematisierter *passeur* sucht einen Film aus, der zeigt, wie die Menschen in Pessac um 1979 tanzen, wie sie sich vergnügen und wie sie leiden, welche Kleidung sie tragen, wie sie sprechen und wie sie auf Kameras reagieren. Der Eustache-Film ist kein Film, der Lehrstunden über »die ›großen‹ Themen« nahelegt, sondern einer, der, ganz nach Bergalas Vorstellungen, in der Schule die Möglichkeit eröffnet, über das »Leben [zu sprechen,] das in den Filmeinstellungen brennt« [24].

Die Filmvermittlung in PLÄTZE IN STÄDTEN und DIE INNERE SICHERHEIT lässt sich aber auch von einer anderen Perspektive aus untersuchen, die den Fokus darauf legt, wie die beiden Filme selbst Filmvermittlung betreiben. Die Filme zeigen Fragmente von Filmen und vermitteln sie dadurch dem Zuschauer. Nochmals bietet sich Bergalas filmpädagogisches Konzept an, um diese mit Filmausschnitten arbeitende Filmvermittlung zu beschreiben. »Lob des Ausschnitts«: Bergala plädiert für eine Pädagogik des Fragments [25]. Als »Teaser für die Lust, den ganzen Film zu sehen« bezeichnet er die »willkürlich aus dem Film herausgegriffene[n]

Fragment[e], wobei man die Geste des Herausgreifens als Schnitt, als Überraschung, als leichte Frustration empfindet« [26]. In den beschriebenen Filmen haben die Filmausschnitte, auch wenn sie eben nicht willkürlich aus ihnen herausgegriffen, sondern ausgewählt sind, diese Wirkung. DIE INNERE SICHERHEIT und PLÄTZE IN STÄDTEN sind insofern »filmvermittelnde Filme« [28], als sie über die Fragmente aus Resnais' bzw. Eustaches Film nachdenken und mit ihnen irritieren, Interesse stiften und Zusammenhänge eröffnen. Christian Petzold und Angela Schanelec geht es jeweils um die Vermittlung einer bestimmten Art von Kino, man könnte sie daher mit Bergala auch als *passeurs* bezeichnen.

Anmerkungen

1   Rainer Gansera: Glücks-Pickpocket. In: Süddeutsche Zeitung, 3.11.2001. Mehr dazu: Michael Baute / Ekkehard Knörer / Volker Pantenburg / Stefan Pethke / Simon Rothöhler: »Berliner Schule« – Eine Collage. In: kolik.film, Sonderheft 6, Oktober 2006.

2   In der deutschen Filmgeschichte wurde NUIT ET BROUILLARD schon einmal in ähnlicher Weise als Fragment zitiert. In DIE BLEIERNE ZEIT (1981; R: Margarethe von Trotta) wird ebenfalls das Ende des Films in einem etwas längeren Ausschnitt gezeigt.

3   Alain Bergala: Kino als Kunst. Filmvermittlung an der Schule und anderswo. Hg.: Bettina Henzler / Winfried Pauleit. Marburg 2006.

4   An dieser Stelle drängen sich Fragen zum Sounddesign des Films auf. Ist der Effekt geplant, dass die Zuschauer das Knacken erst als Schallplatte, dann als Schritte identifizieren? Hat Petzold den Ton bearbeitet, damit sich sein Charakter in vier Schritten ändert? Als ein Merkmal der *Berliner Schule* gilt die bevorzugte Arbeit mit Originalton. Auch Petzolds Filme sind in erster Linie »Bilderfilme«, Toneffekte (wie die sphärischen Klänge in YELLA; 2007) sind selten.

5   Auch Schanelec zeigt die letzten Einstellungen des von ihr zitierten Films. Allerdings beendet sie das Filmzitat aus LA ROSIÈRE DE PESSAC vor dem Abspann. Der Zuschauer ist sich also nicht bewusst, das Ende eines Films anzusehen.

6   Weil der Abspann als formaler Abschluss des Films von Schanelec nicht gezeigt wird (ein langsamer Zoom in die Totale des Festplatzes, während der Abspann als Rolltitel über das Bild läuft), weiß der Zuschauer nicht, dass es sich um das Ende von LA ROSIÈRE DE PESSAC handelt und dass Mimmi durch ihr zu spätes

Erscheinen in der Schule nur wenige Minuten des Films zu sehen bekommt. Der Film zeigt Mimmi, als habe sie Zeit, sich in den Film zu vertiefen.

7   Rainulf Titiwee: Der Kinematograph als Zeigestock. In: Winfried Pauleit (Hg.): Das ABC des Kinos. Foto, Film, Neue Medien. Frankfurt/Basel 2009 (Heft 5).

8   Ebenda, S. 11.

9   Mit »Macht« bringt auch Schanelec den Film in Verbindung. Vgl.: Angela Schanelec: Eustache. In: Jean Eustache: Texte und Dokumente. Freunde der Deutschen Kinemathek (Hg.). Berlin 2005.

10   Der Begriff der *énonciation* wurde von Émile Benveniste geprägt und von Christian Metz auf den Film übertragen. Vgl.: Christian Metz: Die unpersönliche Enunziation oder der Ort des Films. Münster 1997.

11   Marcel Oms (Marcel Oms: Alain Resnais. Paris 1988) zitiert nach Georges Didi-Hubermann: Bilder trotz allem. Paderborn 2007, S. 67.

12   Alain Bergala: L'hypothèse cinéma. Petit traité de la transmission du cinéma à l'école et ailleurs. Paris 2002

13   Bergala bezieht sich auf Serge Daneys Definition eines Pädagogen als *passeur*, der selbst seine eigene Persönlichkeit einsetze, um Wissen und Erfahrung weiterzugeben.

14   Bergala 2006, a.a.O., S. 52.

15   Ebenda., S. 58.

16   Ebenda, S. 49-51.

17   Ebenda, S. 49.

18   Ebenda, S. 42.

19   Aus einem Satz des Lehrers in: DIE INNERE SICHERHEIT

20   Vgl. den Beitrag von Bettina Henzler in diesem Band.

21   Alain Bergala: Allein das Begehren bildet. In: Ästhetik und Kommunikation, Heft 125, 35. Jahrgang: Ästhetische Erziehung im Medienzeitalter (2004), S. 22.

22   Anders als LA ROSIÈRE DE PESSAC ist NUIT ET BROUILLARD Teil des *Filmkanons*, der 2003 auf Initiative der Bundeszentrale für politische Bildung von »Experten« zusammengestellt wurde und nach dem Willen seiner Initiatorin »die Basis für eine obligatorische Auseinandersetzung mit dem Film, seiner Bedeutung, seiner Geschichte und seiner Ästhetik im Schulunterricht bilden soll«. Vgl.: Alfred Holighaus (Hg.): Der Filmkanon. 35 Filme, die Sie kennen müssen. Berlin 2005 (Klappentext).

23   Vgl.Bergala 2006, a.a.O., S. 57-60.

24   Ebenda, S. 44.

25   Ebenda, S. 84-89.

26   Ebenda, S. 85.

27   Vgl. den Text von Stefanie Schlüter und Stefan Pethke zum filmvermittelnden Film in diesem Buch.

Über die Autorinnen und Autoren

Núria Aidelman und Laia Colell leiten zusammen A Bao A Qu – einen Verein, der sich der Konzeption und Entwicklung pädagogischer Aktivitäten im Bereich der kreativen Filmarbeit widmet, z.B. *Cinema en curs.*
www.aspaiabaoaqu.org / www.cinemaencurs.org

Cary Bazalgette war als Leiterin der pädagogischen Abteilung des BFI für die Entwicklung neuer Ansätze in der Vermittlung von Bewegtbildmedien verantwortlich, insbesondere für 3- bis 14-jährige Kinder. Seit 2007 arbeitet sie als freie Researcherin, Autorin und Beraterin im Bereich *film literacy* und Kindermedien.
www.carybazalgette.net

Alain Bergala, Lehrstuhl für Filmanalyse an der Fémis und Mitinitiator des Master Didactiques de l'Image an der Sorbonne Nouvelle, Paris. Herausgeber der DVD-Edition für Schulen *L'Eden cinéma.* Er war Chefredakteur der *Cahiers du cinéma* und Kinoberater des französischen Bildungsministers. Publikationen u.a.: »Kino als Kunst« (2006); »Godard au travail, les annés 60« (2006); »Luis Buñuel« (2008).
www.lafemis.fr

Nathalie Bourgeois ist Leiterin des pädagogischen Services der Cinémathèque française. Sie hat den 35mm-Film JEUNES LUMIÈRES produziert. Sie ist Autorin der DVD *Petit à petit, le cinéma* (Kollektion *L'Eden cinéma*) und Herausgeberin der Kinderbuchreihe »Atelier cinéma« (Actes sud, Paris).
www.cinematheque.fr

Peter Decherney lehrt Film an der University of Pennsylvania, Forschungsschwerpunkt ist die Geschichte der Regulierung von Medien und Internet. Publikation: »Hollywood and the Culture Elite: ›How the Movies Became American‹« (2005). Derzeit arbeitet er an einem neuen Buch zu Hollywood und dem Copyright.
www.upenn.edu

Bettina Henzler ist Projektleiterin des Französischen Schulfilmfestivals Cinéfête und arbeitet an einer Dissertation zu Alain Bergalas Filmvermittlungskonzept im Kontext der französischen Cinephilie. Sie ist Mitherausgeberin von Alain Bergala: *Kino als Kunst* (2006) und *Filme sehen, Kino verstehen.* (2008).

Michael Loebenstein ist Filmhistoriker und -vermittler, unter anderem freier Mitarbeiter des Österreichischen Filmmuseums (ÖFM); bis 2008 war er dort verantwortlich für die Vermittlungs- und Forschungsprogramme. Er ist Co-Herausgeber von u.a. »Peter Tscherkassky« (2005), »Dziga Vertov.« (2006) sowie der DVDs *Entuziazm* und *Blind Husbands* (2006).

Winfried Pauleit ist Professor für Filmwissenschaft, Medienästhetik und Kunstpädagogik an der Universität Bremen. Publikationen: »Filmstandbilder. Passagen zwischen Kunst und Kino« (2004); »Das ABC des Kinos. Foto, Film, Neue Medien« (2008). Er ist Mitherausgeber von Alain Bergala: »Kino als Kunst« (2006); »Filme sehen, Kino verstehen« (2008).

Stefan Pethke hat die deutsche Film- und Fernsehakademie Berlin absolviert und arbeitet als Filmschaffender in Berlin. Er ist Projektleiter des Forschungsprojekts »Kunst der Vermittlung«.
www.kunst-der-vermittlung.de

Marc Ries ist Kultur- und Medientheoretiker mit den Schwerpunkten Medien, Kultur, Architektur und Kunst. 2006 bis 2009 Vertretungsprofessor für Medientheorie und Kunstgeschichte an der Hochschule für Graphik und Buchkunst Leipzig. Publikation (u.a.): »Medienkulturen« (2002).
www.hgb-leipzig.de

Nina Rippel ist als freie Filmregisseurin und als Dozentin für Kunst und Kunstvermittlung an der Universität Lüneburg tätig. Zu den aktuellen Forschungsbereichen zählt die Filmbildung, unter anderem als wissenschaftliche Begleitung des Projekts »Die KurzFilmSchule« (mit der KurzFilmAgentur und der Kulturbehörde Hamburg).

Christine Rüffert, ausgebildete Lehrerin für Englisch und Kunst, ist Rätin in der Verwaltung des Senators für Kultur Bremen, seit 2007 Lehrtätigkeit im Institut für Kunstwissenschaft und Kunstpädagogik der Universität Bremen, zuvor Geschäftsführung und Programmierung beim Kommunalkino Bremen.

Heide Schlüpmann, em. Professorin für Filmwissenschaft (Goethe-Universität Frankfurt am Main). Mitherausgeberin der Zeitschrift *Frauen und Film* und Mitbegründerin der Kinothek Asta Nielsen. Publikationen u.a.: »Unheimlichkeit des Blicks. Das Drama des frühen deutschen Kinos« (1990); »Ein Detektiv des Kinos. Zu Siegfried Kracauers Filmtheorie« (1998); »Asta Nielsen« (2009).

Stefanie Schlüter hat Philosophie und Literaturwissenschaften studiert und arbeitet als freie Filmvermittlerin in Berlin. Sie ist filmpädagogische Mitarbeiterin von »Kunst der Vermittlung«.
www.kunst-der-vermittlung.de
www.filmvermittlung.de

Dominik Tschütscher ist Mitarbeiter der Abteilung Forschung und Vermittlung des Österreichischen Filmmuseums Wien und zuständig für die Vermittlungsprogramme für Schulen. Publikation: »Ein neues New Hollywood? Zur Verschmelzung von Independent und Mainstream im aktuellen Hollywood-Kino« (2004).
www.filmmuseum.at

Wenke Wegner arbeitet an einer Promotion zu den ästhetischen Vermittlungsstrategien in den Filmen der Berliner Schule. Publikationen: »Frau unter Einfluss«. In: Rolf Aurich / Wolfgang Jacobsen (Hg.): »Libertas Schulze-Boysen. Filmpublizistin.« (2008); »Hinsehen, Hinhören. Körper und Angela Schanelecs PLÄTZE IN STÄDTEN«. In: *Nach dem Film*, No. 8: »Kino zwischen Text und Körper« (1/2008).

Manuel Zahn ist wissenschaftlicher Mitarbeiter am Seminar für Kunst, Kunstgeschichte und Kunstpädagogik der Universität Oldenburg, Lehrbeauftragter der Universität Hamburg und freier Filmvermittler. Publikationen u.a.: »Film-Bildung«. In: Michael Wimmer / Roland Reichenbach / Ludwig Pongratz (Hg.): »Medien, Technik und Bildung« (2009).

Index

A

À BOUT DE SOUFFLE 34
Ade, Maren 10, 36
Adorno, Theodor W. 41, 43, 44
Aigner, Sophie 149
Alain Resnais (Marcel Oms) 156
ALIEN 93
ALLE ANDEREN 10, 37
Althen, Michael 141
Altman, Rick 30
AMATEURAUFNAHMEN WIEN, FRÜHJAHR 1938 54, 55
AMOUR EN FUITE, L' 38
Amoureux (Charlotte Garson) 100
ANDALUSISCHER HUND, EIN 130, 136
ANKUNFT EINES ZUGES IM BAHNHOF VON LA CIOTAT 123
ANTOINE ET COLETTE 38
Antonioni, Michelangelo 58
Arnold, Jack 98
ARRIVÉE D'UN TRAIN EN GARE DE LA CIOTAT, L' 123
Arslan, Thomas 149
Artaud, Antonin 129
ÄSTHET UND DIE WIRKLICHKEIT, DER 148
Atelier cinéma (Buchreihe) 95, 99, 100
Attenborough, Richard 32
Atwood, George E. 75
AUGE IN AUGE – EINE DEUTSCHE FILMGESCHICHTE 141, 142
AUGEN OHNE GESICHT 138
Aurand, Ute 131
AUSDRUCK DER HÄNDE, DER 148
AUSSER ATEM 34
AVIATOR, THE 9, 10, 123

B

Baacke, Dieter 66
Bach, Johann Sebastian 123
BAISERS VOLÉS 38
Balázs, Béla 13
Balló, Jordi 109
Barthes, Alain 73
Barthes, Roland 9, 65-76

Bazin, André 30, 32, 49, 51
Be my Baby (The Ronettes) 45
Beauvais, Yann 132
Beethoven, Ludwig van 39, 41, 43, 44
Belasco, David 18
Belmondo, Jean-Paul 34
Ben-Hur (Lew Wallace) 18-20
Benjamin, Jessica 75
Benjamin, Walter 13, 31, 43
Benveniste, Émile 159
Bergala, Alain 66, 69-76, 100, 109, 132, 148, 149, 156-159
Bergson, Henri 14
BIG BUSINESS 122, 124
Bild und Film (Zeitschrift) 11
BIS ZUM LETZTEN MANN 96
Bitomsky, Hartmut 138, 139, 143, 148
Blair, Tony 80
BLEIERNE ZEIT, DIE 158
Bogart, Humphrey 34
Bold, Alf 132
BONG JOON HO 59
Borges, Jorge Luis 101
Bourdieu, Pierre 54
Bourgeois, Nathalie 65, 91, 100, 109
Brandchaft, Bernard 75
BROT UND DIE STRASSE, DAS 10, 95
Bruckman, Clyde 122
Buch der imaginären Wesen (Jorge Luis Borges, Margarita Guerroro) 101
Buckingham, David 87
Bunk, Arne 118, 120
BUNNY HOOD. WAHRE LÜGEN – GELOGENE WAHRHEITEN 110, 114-120
Buñuel, Luis 61, 129, 136
BÜRGER UND DIE POLITISCHE MACHT, DER 140
Burger-Utzer, Brigitte 132
Burn, Andrew 87
Burton, Tim 93

C

Caméras (Alain Fleischer) 100
Carl, Doro 118, 120
Cassavetes, John 43
Chamberlain, Neville 155, 157
Chambers, Aidan 87
Chaplin, Charles 129

chat de cinéma, Un (Ghislaine Lassiaz) 100
CHIEN ANDALOU, UN 130, 136
Cinematic Body (Steven Shaviro) 127
CLOCKWORK ORANGE, A 10, 44
Clubb, Issa 145, 148
Conradt, Walther 16
CONVERSATION WITH FRITZ LANG 148
Cooper, Merian C. 98
Coppola, Francis Ford 20
COQUILLE ET LE CLERGYMAN, LA 130, 136

D

Dalí, Salvador 129, 136
DAME IM SEE, DIE 58
Daney, Serge 69, 70, 72, 74-76, 148, 159
Deleuze, Gilles 39, 46
DeMille, Cecil B. 18
Derrida, Jacques 119
Descartes, René 66
DESERTO ROSSO, IL 58
DiCaprio, Leonardo 123
DINOSAURE ET LE BÉBÉ, LE 138
Dinosaurier sehen und nicht gefressen werden (Miriam Hansen) 31
DINOSAURIER UND DAS BABY, DER 138
DOMICILE CONJUGALE 38
Donen, Stanley 92
Douchet, Jean 69-72, 74, 137-139, 141, 142, 148
Dreyer, Carl Theodor 93
dritte Sinn, Der (Roland Barthes) 67, 68, 75
Dulac, Germaine 14, 129, 136
Dütsch, Werner 139-141, 144, 145, 148

E

Ecole et cinéma (Schulkinoprojekt) 73
Eden cinéma, L' (DVD-Reihe von Alain Bergala) 73, 89, 93
Edison, Thomas 18, 19
EDWARD MIT DEN SCHERENHÄNDEN 93
EDWARD SCISSORHANDS 93
Eisler, Hanns 156
ELEPHANT 107

Éloge de la liste (Alain Bergala) 73
enfants de cinéma, Les (Filmheft-Reihe) 74
Erice, Victor 102, 105
Erlanger, A.L. 18
Erste internationale Kinematographen-Zeitung (Zeitschrift) 15, 16
Eustache, Jean 137, 149, 152, 153, 158

F

FAHRRADDIEBE 92
Farocki, Harun 137, 143, 144, 146, 147
Film Curatorship – Museums, Archives, and the Digital Marketplace (Paolo Cherchi Usai u.a.) 128
Fleischer, Alain 100
Fleming, Victor 74
FLUG DES SCHMETTERLINGS, DER 77
Ford, John 96
FORT APACHE 96
Foucault, Michel 53, 54
FRAGMENTS CAFÈ 107
Franju, Georges 139
FRAU UNTER EINFLUSS, EINE 43
Freud, Sigmund 14, 75
Friedkin, William 148
FRITZ LANG 140, 144, 148
FRITZ LANGS DEUTSCHE FILME 148

G

Gabaston, Pierre 100
Gallagher, Steve 132
Garson, Charlotte 100
GENERAL, THE 122
GERAUBTE KÜSSE 38
GLANEURS ET LA GLANEUSE, LES 77
Godard, Jean-Luc 10, 29, 34, 39, 41, 43, 44, 46, 138, 148
Goebbels, Joseph 52
Grafe, Frieda 148
Gramann, Karola 134
Grand/petit (Nathalie Bourgeois) 100
Grisebach, Valeska 149
GROSSE GESCHÄFT, DAS 122, 124
Gruber, Gerhard 122, 124
Gründgens, Gustaf 146
Guerrero, Margarita 101
GWOEMUL 59

H

HA.WEI. 14. MÄRZ 1938 53, 54
Habermas, Jürgen 75
Hansen, Miriam 31, 32, 36
Hardy, Oliver 122, 124, 136
Hawks, Howard 89
Hegel, Georg Wilhelm Friedrich 66
Hein, Birgit 132
Hein, Wilhelm 132
helle Kammer, Die (Roland Barthes) 66-69, 75, 76
HELPMATES 136
HEXENKESSEL 45
Hitchcock, Alfred 10, 61, 73, 99, 124
Hitler, Adolf 52, 53
Hochhäusler, Christoph 149
Hofmann, Felix 143, 144, 146, 147
Holmes Jr., Oliver 18
homme ordinaire du cinéma, L' (Jean-Louis Schefer) 69, 71
Horne, James W. 122
Horwath, Alexander 128, 136, 137
HOST, THE 59
Hou Hsiao Hsien 59
HOUSE BY THE RIVER 148
Hughes, Howard 123
Hüls, Christian 133
Hummer, Julia 149

I

IDEALIST UND DIE ZIVILISATION, DER 148
Imbeau, Élodie 100
IN THE MOOD FOR LOVE 92
INCREDIBLE SHRINKING MAN, THE 98
INNERE SICHERHEIT, DIE 9, 149-159
IT'S ALL TRUE 95, 97, 100

J

Jaganathen, Radja-Rajen 137, 148
Jenkins, Henry 24
JEUNES LUMIÈRES 91
JUNG UND UNSCHULDIG 73
JURASSIC PARK 10, 31-33, 36

K

Kant, Immanuel 120
Kapelle, Julia 118

Keaton, Buster 122
Keitel, Harvey 45
Kelly, Gene 44, 45, 92
Kiarostami, Abbas 10, 102, 105
Kinematograph als Volkserzieher, Der (Adolf Sellmann) 16
Kinematograph als Zeigestock, Der (Winfried Pauleit) 153
Kinematograph vom ethischen und ästhetischen Standpunkt, Der (Konrad Lange) 16
Kinematograph, Der (Zeitschrift) 15
KING KONG 10, 98
Kino als Kunst (Alain Bergala) 66, 70, 72, 149, 156
KINO FLÄCHEN BUNKER 138
Kino macht Schule (Projekt) 13
KINO UND DER TOD, DAS 148
Kino und Ereignis (Sabine Nessel) 127
KINO, DER WIND UND DIE PHOTOGRAPHIE, DAS 148
Kirche und Kinematograph (Walther Conradt) 16
Klaw, Marcus 18
Klerk, Nico de 130
Koerber, Martin 148
Köhler, Ulrich 149
Konlechner, Peter 121
Kracauer, Siegfried 13, 29, 31, 32, 49, 51, 54, 57
Krane, Volker 118
Kreimeier, Klaus 140, 141, 148
Kubelka, Peter 121, 128
Kubrick, Stanley 10, 44, 45, 92, 97
Kunstwerk im Zeitalter seiner technischen Reproduzierbarkeit, Das (Walter Benjamin) 13

L

Labarthe, André S. 138
Lacan, Jacques 67
LADRI DI BICICLETTE 92
LADY IN THE LAKE 58
Lang, Bernhard 129, 136
Lang, Fritz 9, 137-148
Lang, Hartmut 139
Lang, Jack 65
Langlois, Henri 100
lanternes magiques, Les (Élodie Imbeau) 100
Lasky, Jesse L. 19, 20
Lassiaz, Ghislaine 100

Laughton, Charles 138
Laurel, Stan 122, 124, 136
Léaud, Jean-Pierre 35
Lemke, Hermann 11
Lessig, Lawrence 24
Lewis, Jerry 15
Lichtbild-Bühne, Die (Zeitschrift)
  15
*Lichtbildkunst in Schule, Wissen-
  schaft und Volksleben, Die*
  (Zeitschrift) 11
Lichtwark, Adolf 11
LIEBE AUF DER FLUCHT 38
Loebenstein, Michael 128, 136,
  137
Lorre, Peter 143-146
Lucas, Gonzalo de 109
Lumière, Auguste 10, 108, 123
Lumière, Louis 10, 108, 123
Lust am Text, Die (Roland Barthes)
  67, 68
Lvovsky, Noémie 77

M

M – EINE STADT SUCHT EINEN
  MÖRDER 9, 137-148
M VON FRITZ LANG. EINE FILM-
  ANALYSE 137
Mais où je suis? (Alain Berga-
  la) 100
MANN MIT DER KAMERA, DER 73
Marey, Étienne-Jules 7, 11
Maset, Pierangelo 112, 113
Mattl, Siegfried 47
Matuszewski, Boleslas 48, 49, 52
Mayfield, Curtis 33
McCarey, Leo 122
McDowell, Malcolm 45
McLaren, Norman 120
MEAN STREETS 45
Méliès, Georges 9, 10, 32
Menken, Marie 131
MÉPRIS, LE 148
Merleau-Ponty, Maurice 67, 75
METROPOLIS 141
Metz, Christian 30, 159
Möck, Manfred 149
Montgomery, Robert 58
MOSAIK MÉCANIQUE 130, 136
Moving Shorts (Kurzfilm-DVD)
  81
Müller, Martina 144, 145
Müller, Matthias 130-132, 135
Murnau, F.W. 93

N

NACHT DES JÄGERS, DIE 138
NACHT UND NEBEL 149, 150,
  152, 155-157, 159
NACHT, DIE 62
NAN VA KOUTCHEH 10, 95
NEIGHBOURS 120
Nessel, Sabine 127
Nesson, Charles 26, 27
Nietzsche, Friedrich 67
NIGHT OF THE HUNTER, THE 138
Noll Brinckmann, Christine 130,
  132
NORTH BY NORTHWEST 10, 99
NOSFERATU 93
NOTTE, LA 62
NUIT ET BROUILLARD 149, 150,
  152, 155-157, 159
NUTTY PROFESSOR, THE 15

O

Odin, Roger 54
Oms, Marcel 156
Opus 132 (Ludwig van Beetho-
  ven) 44
OSTMARK-WOCHENSCHAU 57

P

Palfrey, John 26
Panofsky, Erwin 32
PANORAMA DE L'ARRIVÉE EN GARE
  DE PERRACHE PRI DU TRAIN
  123
Paronnaud, Vincent 77
Parrott, James 136
Pascale, Christine 77
Patalas, Enno 148
Pauleit, Winfried 69, 153
Pazzini, Karl-Josef 114, 119
PERSEPOLIS 77
PETER LORRE – DAS DOPPELTE GE-
  SICHT 143, 146
Petit à petit, le cinéma (Lehr-DVD)
  93
PETIT PRINCE A DIT, LE 77
Petzold, Christian 149, 150, 152,
  153, 155-158
peur au cinéma, La (Emmanuel Si-
  ety) 100
Pfaffenbichler, Norbert 129, 136
Photographie, Die (Siegfried Kra-
  cauer) 7
PHYSICAL HISTORY OF M, A 145,
  146

Platon 13, 42
PLÄTZE IN STÄDTEN 9, 149-159
Plessner, Helmuth 14, 15
point de vue, Le (DVD von Alain
  Bergala) 9, 58, 60, 61, 65
PRÉNOM CARMEN 39, 42, 44, 46
Prinzler, Hans Helmut 141
PSYCHO 124
Puccini, Giacomo 43

Q

QUATRE CENTS COUPS, LES 34-37
QUAY LANDING 134

R

Rancière, Jacques 48
Real Shorts (Kurzfilm-DVD) 81
Rebelles sur grand écran (Pierre Ga-
  baston) 100
REISE DURCH DAS UNMÖGLICHE,
  DIE 124
Resnais, Alain 149, 150, 156-158
Rohmer, Eric 137
Ronettes, The 45
ROSENKÖNIGIN, DIE 149, 153, 154,
  157-159
ROSIÈRE DE PESSAC, LA 149, 153,
  154, 157-159
ROTE WÜSTE, DIE 58
Rugrats (TV-Serie) 85
Rushdie, Salman 74

S

S/Z (Roland Barthes) 67
Sachs, Stephan 134
SAMMLER UND DIE SAMMLERIN,
  DER 77
Satrapie, Marjan 77
Schanelec, Angela 149, 152-156,
  158, 159
Schefer, Jean-Louis 69-72, 75
Schneider, Alexandra 54
Schoedsack, Ernest B. 98
Schopenhauer, Arthur 44
Schulte Strathaus, Stefanie 134,
  135
Schum, Gerry 135
*Schundfilms. Ihr Wesen, ihre Gefah-
  ren, ihre Bekämpfung* (Albert
  Hellwig) 16
Schuppanzigh, Ignaz 43
Schuschnigg, Kurt 53
SCHWEREN TRÄUME DES FRITZ
  LANG, DIE 144, 148

Scorsese, Martin 20, 45, 123
Scott, Ridley 93
Screening Shorts (Kurzfilm-DVD) 81
Sendung mit der Maus, Die (TV-Serie) 32, 37
Seyß-Inquart, Arthur 53
Shakespeare, William 78
Shaviro, Steven 75, 127
SHINING, THE 10, 97
Shore, Howard 123
Sica, Vittorio de 92
SIE KÜSSTEN UND SIE SCHLUGEN IHN 34-37
Siety, Emmanuel 100
SINGIN' IN THE RAIN 92
Singin' in the Rain (Gene Kelly) 44
Skladanowksy, Emil 129
Skladanowksy, Max 129
Sloterdijk, Peter 39, 46
Sobchack, Vivian 30, 75
Spielberg, Steven 10, 31, 32
Spitzer, Leo 60, 65
Starting Stories (Kurzfilm-DVD) 81
Stinnes, Hugo 141
Stolorow, Robert D. 75
Story Shorts (Kurzfilm-DVD) 81
Sturm, Eva 113
Suzuki, Makiko 137, 148
Szeemann, Harald 132

T

Tait, Margaret 131
Theaitetos (Platon) 42
Thomas, Jammie 24
THREE TIMES 59
TISCH UND BETT 38
Toccata und Fuge d-Moll (Johann Sebastian Bach) 123
Tod des Autors, Der (Roland Barthes) 67
TODESHAUS AM FLUSS, DAS 148
Trautschold, Gustav 15, 16
Trotta, Margarethe von 158
Truffaut, François 34, 35
TSCHELOWEK S KINOAPPARATOM 73
Tscherkassky, Peter 121

U

UNGLAUBLICHE GESCHICHTE DES MISTER C., DIE 98
UNSICHTBARE DRITTE, DER 10, 99
Usai, Paolo Cherchi 128, 136

V

VAMPYR 93
Van Sant, Gus 107
Varda, Agnès 77
VERACHTUNG, DIE 148
Verdi, Giuseppe 43
VERLORENE, DER 143
VERRÜCKTE PROFESSOR, DER 15

VERTIGO 61
Vertov, Dziga 73
VIE NE ME FAIT PAS PEUR, LA 77
VOLK – EIN REICH – EIN FÜHRER, EIN 52
VORNAME CARMEN 39, 42, 44, 46
VOYAGE À TRAVERS L'IMPOSSIBLE, LE 124

W

Wagner, Richard 129, 136
Wallace, Lew 18
Warburg, Aby 46
Weihrich, Christoph 53, 57
Welles, Orson 92, 97, 100
Wenders, Wim 141-143
WIE SICH DAS KINO RÄCHT 15
WIZARD OF OZ, THE 74
WOMAN UNDER THE INFLUENCE, A 43
Wong Kar-wai 92
Wüst, Florian 131

Y

YEUX SANS VISAGE, LES 138
YOUNG AND INNOCENT 73

Z

ZAUBERER VON OZ, DER 74
ZDF.reporter (TV-Magazin) 118
ZUI HAO DE SHI GUANG 59
Zukor, Adolph 19, 20

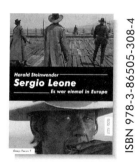

Filmtheorie / Filmgeschichte

ISBN 978-3-86505-187-5

Winfried Pauleit u.a. (Hg.)
Das Kino träumt.
Projektion. Imagination.
Vision
160 Seiten, 196 Fotos
Paperback, 17 x 22 cm
plus CD-ROM m. engl.
Fassung und Filmclips
€ 19,90 [D] / € 20,50 [A]

ISBN 978-3-86505-182-0

Sabine Nessel u.a. (Hg.)
Wort und Fleisch.
Kino zwischen Text
und Körper
158 Seiten, 287 Fotos
Paperback, 17 x 22 cm
plus CD-ROM m. engl.
Fassung und Filmclips
€ 19,90 [D] / € 20,50 [A]

ISBN 978-3-86505-172-1

Pauleit / Rüffert /
Schmid / Tews / (Hg.)
Traveling Shots.
Film als Kaleidoskop
von Reiseerfahrungen
192 Seiten, 201 Fotos
Paperback, 17 x 22 cm
€ 16,90 [D] / € 17,40 [A]

ISBN 978-3-86505-166-0

Christine Rüffert u.a. (Hg.)
**Experiment
Mainstream?**
Differenz und
Uniformierung
im populären Kino
184 Seiten, 132 Fotos
Paperback, 17 x 22 cm
€ 14,90 [D] / € 15,40 [A]

ISBN 978-3-86505-156-1

Rüffert / Schenk /
Schmid / Tews (Hg.)
Unheimlich anders.
Doppelgänger, Monster,
Schattenwesen im Kino
176 Seiten, 176 Fotos
Paperback, 17 x 22 cm
€ 14,90 [D] / € 15,40 [A]

ISBN 978-3-929470-13-0

Rüffert / Schenk /
Schmid / Tews (Hg.)
wo/man.
Kino und Identität
192 Seiten, 190 Fotos
Paperback, 17 x 22 cm
€ 14,90 [D] / € 15,40 [A]

www.bertz-fischer.de
Bertz + Fischer, Wrangelstr. 67, 10997 Berlin
Tel. 030 / 6128 67 41, Fax 030 / 6128 67 51
mail@bertz-fischer.de

BERTZ + FISCHER